はじめに——
アニメを見ながら生きてきたら、60代半ばの高齢者になっていたので、ここいらで人生を振り返ってみることにしました

いろいろなことがありながらも、何とか職業人生を終えることができた。昨今の風潮では定年退職後も何らかの形で仕事を続けたり、社会貢献をしたり、活躍を続ける人は多い。技術の進歩や医学の進歩のおかげで、退いてなお健康に活動できる人が多くなった証左であり、その面では有難い時代に生きていると思う。

私は、根が頑固なところがあり、自分が子どものころ、一線を退いた爺さんたちが昼間から縁側でタバコをくゆらせていたり、庭木をいじっていたりする、そんな姿を見て、人生の一幕にはそういう時期があるものだと思い込んでしまった。そのため、自分も定年後はそんなふうになるものと決め込んでいた。

ところが、いざ自分がその世代に近づくと、もっと長く働きたいという声が上がったり、年金の支給年齢が変更になったり、定年年齢が上がったりして、定年後も年金支給年齢まで特別な雇用形態に移行しつつも働けるようになった。辞め時が逃げ水のように遠ざかるのだ。定年後も生活を考えれば賃金が下がっても働き続けたほうが安心だとは思ったが、やはり、「自分の人生はこういうふうではない」と思い、特別嘱託として働ける年次を半分ほど残して退職した。

時間に余裕ができると、いろいろとこれまでできなかったことにもチャレンジできる。という

ほどマメでもなく、相変わらず趣味のアニメ鑑賞やギター練習など、従来からの日課をこなす日々ではあるが、それで十分日々は過ぎていく。

私たちの世代は、子どもの頃にテレビアニメ放送が始まったこともあり、長じてからもアニメを楽しむ人たちは多いはずだ。私の周りに「アニメ、今でもフツウに見るよねぇ」という人が多いので、それが私の世代的一般だと思っていた。が、案外そうでもないらしい。多くの人は「ジブリ」という映画ジャンル以外は、アニメは年寄りの見るものではないと思うようだ。

言視舎の杉山君から「せっかく今もアニメを熱心に追ってるんなら、同世代の仲間にもその魅力を伝えて、日々の楽しみのひとつにしてもらおうよ」、そんな誘いからこの一文は始まった。

そうはいっても、私は本当にただ面白いからアニメを見続けただけで、特にアニメ作品を体系的に語るスキルを身に着けている研究者というわけではない。ただ、誰もが納得するアニメ作品のカタログや名作紹介集、というものは荷が重いが、それを外した角度からなら何かできるかもしれないと思った。

私は、文化財としてのアニメ作品はきちんと体系的に記録し、後世の評価に残らなさそうな作品でも、その名前を歴史に刻んでおくことは大切だと思う。アニメは日本の特徴的な文化として世界的な名声を得るに至ったのだから、それを後世に伝える作業は手遅れになる前にしておくべきだと確信している。ただ、それは一介のファンや愛好家ではなく、文献学的なメチエを持った人に委ねるべきというのも間違ってはいないだろう。

一方で、名作のピックアップをしてお勧めするということなら、優れた類書はいくらもある。私は、オタクにもなれない半端者で、ただ「好き」だけでここまで来た。それがむしろ強みになるとしたら、作品が生まれた時代と、その時代を生きた自分とが絡み合うところにその作品を配置すると、血肉のある作品史のようなものになるのではないかと考えたのである。

「作品」論として、あくまでも作品は自立的に存在していて、それを生み出した者や時代などに惑わされずに作品そのものを語るべきであるという意見がある。一方で、作品は造り出した者の分身や作り出された時代の鏡であり、そこまで遡及しなければ本当に意図した作品の内実はわからない、という意見もあり、両者はしばしば対立する。私はその件については、両者正論と考える。その二つのアプローチが別々になされ、統合されてはじめて正当な作品論は成立すると思う。

ただ、それはあくまで「論」として、学究としてである。私は自分に可能なのは、あくまでも自分が生きた中での作品との出会いを語ることだと思っている。世界の内奥では、多くの人びとの「同床異夢」とでもいうような作品や時代への思いが充溢している。その思いは、それぞれの人びとの中でとても意味のあるものだ。

この本は、そのようなものが生起するきっかけが作れれば、というささやかな思いでなされた「個人語り」である。目論見の若干の補足は、お読みいただけたことを前提にした「あとがき」で今一度させていただく。

いずれにせよ、それがこの本の唯一の目論見である。その意味で普遍一般はここにはない。何か偉そうにわがままを言っているとか、「思ったのと違う」と嘆かれる方が出ないことを祈りつつ、本書のモットーを語ってみた。

全体を通して、私が気になる、あるいは人と共有したい作品を、アニメとともにあった自分語りをまじえて1999年まで語った。対象は基本的にテレビアニメに絞っている。

その理由は、時代や対象を絞らないと紙数がいくらあっても足りなくなることと、何より2000年代からの作品は、アニメ好きの多くの人にとっては最近の経験であり、十分参照可能な記憶が残っているだろうと考えるからである。

アニメ映画はテレビアニメより歴史が古く、さすがに私はそれを対象にする余裕がないこと、また映画版は広範に見られるし、その意味でもなすべき良い批評がすでにいくらでもあることを鑑みて、テレビアニメを中心にした。

2000年代のアニメ作品に関しては、私なりに心にとどめておきたい作品一覧をつくった。

それでは、アニメに詳しい方は私の浅学に突っ込みを入れつつ、そうでない方は「私が一所懸命世の中と格闘していたころに、なんて間抜けな人生を送りやがったんだ」と、私の人生を呆れ罵ったりしながら、私のアニメ話にお付き合いいただければ誠に有難き次第である。

目次

はじめに　3

第一章　一九六三〜七四　13

Ⅰ　1963 - 67【黎明期〜少女向けアニメの登場】　13

Ⅱ　1965 - 67【怪獣ブーム〜テレビアニメの最初の洪水】　18

Ⅲ　1967 - 68【テレビアニメの大量生産と手塚治虫と石森章太郎】　23

Ⅳ　1968 - 69【忍者アニメの終焉】　27

Ⅴ　1969【『サザエさん』、そして60年代の終わり】　34

Ⅵ　1970（1967）【われわれは明日のジョーである――万博と軍歌】　38

Ⅶ　1971 - 72【大人の階段を上る】　43

Ⅷ　1972 - 74【ヤマト、発進！――「アニメなんて子どもの見るもの？」】　52

第二章　一九七四〜七九　62

Ⅸ　1974 - 77【「ヤマト」と仲間と「同人誌」】　62

Ⅹ　1976 - 77【深夜ラジオとドカベン、そして「浪人たちのヤマト」】73
Ⅺ　1977 - 79【ガンダムが大地に立ち、私は大人の階段を踏み外す】80

第三章　一九七九〜八三　88
Ⅻ　1979 - 81【バスティーユの号砲が鳴り美少女アニメの花が咲く】88
XIII　1981 - 83【「オタク」の誕生と書店暮らし】105

第四章　一九八三〜八五　122
XIV　1983 - 84【「戦わない魔法少女」と「終わらない少女マンガ」そして「救世主が秘孔を突く」】122
XV　1984 - 85【「お笑いブーム」と「不穏な時代」、そしてバブル】131

第五章　一九八六〜八八　147
XVI　1986 - 87【「バブル」と「国鉄の黄昏」】147
XVII　1987 - 88【「トレンディドラマ」と美食の宴、そして時代が変わる】161

第六章　一九八九　175
XVIII　1989【「昭和」と「冷戦」が終わる】　175

第七章　一九八九〜九二　194
XIX　1989 - 92【「バブル崩壊」と新しい国民的アニメ。セーラームーン】　194

第八章　一九九二〜九四　213
XX　1992 - 94【バブル後の喧噪。そしてコメ騒動】　213

第九章　一九九五　226
XXI　1995【1995年という年――オウム、震災、エヴァンゲリオン】　226

第十章　一九九六〜九七　241
XXII　1996 - 97【コギャルとポケモン、そしてパカパカ】　241

第十一章　一九九八～九九　266
XXIII　1998 - 99【人類千年期の終わり、そしてディアスポラ】　266
∞【拝啓、10歳のぼくへ、そして21世紀の私に】　283
附録1　2000年代おすすめアニメ紹介（五十音順）　286
附録2　2000年～偏向的おすすめ作品一覧（年代順）　296
あとがき　301
本書に登場する主な20世紀テレビアニメ　306

60歳からはアニメ三昧——20世紀アニメ年代記《クロニクル》

昭和37（1962）年の年末、家の前で遊んでいた4歳の私に近所の遊び友達が2階の窓から身を乗り出してこう叫んだ。「あのねー、今度アトムがテレビではじまるよ」。

私のアニメとの長い付き合いが始まった。

第一章　一九六三〜七四

I　1963 - 67　黎明期〜少女向けアニメの登場

私は1958年に世田谷で生まれた。すぐに千葉県の八千代台という農村の雰囲気の残る新興住宅地に移り、思春期までをその地で過ごした。物心がつくころにテレビが家にやってきた。私の最も古い記憶の一つである。

当時のテレビ放送は昼過ぎに放映休止の時間があって、放送休止前に各局が各局のコールサインと周波数などをアナウンスしていた。その中で、日本テレビ（関東では4チャンネル、NTV）ではコールサインをアナウンスする前に巣箱の中の鳩が羽を広げる美麗なアニメーションが流れていた。私はこれがとても好きで、これが始まるとテレビの前に陣取った記憶がある。思えば、私が好きになった初めてのアニメーションである。*

*ちなみに、この短い作品はBGMの曲名から「鳩の休日」と呼ばれているらしい。

ほどなく鳴り物入りで、**手塚治虫**の人気マンガ『**鉄腕アトム**』のテレビ放送が始まる（1963年1月）。当時アニメーションという言葉は市井にはなく、「テレビマンガ」と呼んでいた気がする。時期は前後するかもしれないが、『**忍者部隊月光**』（64年1月）や『**ナショナルキッド**』（60年8月）に熱中していた私にとって、テレビマンガも子ども向け実写ドラマもそれほど隔たりなく楽しんでいた。子どもにとってはマンガが「絵のままに動く」ことに特別感があったわけでもない。ただ、この年のうちに『**鉄人28号**』（63年10月）や『**エイトマン**』（1963年11月）、『**狼少年ケン**』（63年11月）が始まったことで、たちまち私の心の大きな部分に「テレビマンガ」が居座ることになる。

翌年になると『**伊賀の影丸**』（63年11月）や『**少年忍者風のフジ丸**』（64年6月）が始まって、紙の手裏剣を片手に子どもたちが忍者ごっこで走り回り、『**0（ゼロ）戦はやと**』（64年1月）で、子どもたちの間で戦争ブームが起こり、「ダダダ……」と機銃掃射の真似をしては良識ある大人たちの眉を顰めさせる。すでに敗戦の痛みや、戦争への後悔・懺悔など、子どもたちの嗜好の前にはスカスカになっていたのである。次第にテレビマンガはその数を増やして、子どもの世界に大きな影響を与え始める。

65年からは、もはや年表でも作らなければならないほどに「テレビマンガ」の作品数が増え、子どもの生活にアニメは大きな位置を占めるとともに、個々の好みでアニメを「選べる」ようになっていく。その一方で、登場するのは「少年マンガ」の「テレビマンガ」版ばかりで、少女向けのマンガが事実上登場していないことに、今となっては驚きを感じる。少女マンガが「テレビマンガ」化されるのは、66年の『**魔法使いサリー**』と、67年の『**リボンの騎士**』を待つしかない。

▼作品内女性キャラから発した「萌（オタク文化）」

それでは、ここに至る約4年間、「テレビマンガ」（当時の呼び方からは外れるが簡便化のために以降、アニメと表す）から、少女たちは疎外されていたのだろうか。私の知る限り、『鉄腕アトム』は兄弟の影響や、子ども向け番組であることから少女たちもそこそこ楽しみにしていた気がする。その他の作品も、少年マンガであっても、妹やヒロイン（淡い形での恋人）が登場し、少女にも共感できる登場人物の余地はあった。そもそも、手塚作品の「平和主義」や「ヒューマニズム」には万人受けする要素があり、画風も中性的な雰囲気で、キャラのフォルムや輪郭線が男女問わず一体に「女性」的な趣を持っている。だから少女マンガも描いている手塚作品は、女の子にもあまり違和感なく受け入れられる余地があった。とはいえ、少女向けアニメの登場が遅れたことは、やはり注目すべき点である。

そういった中、女子への訴求を目指したわけではないだろうが、少年向けとは言いつつも自然に作品内の女性キャラは前面に出てくるようになる。65年の『**スーパージェッター**』や『**W3ワンダースリー**』では、印象的な女性キャラクターが活躍する。しかも、記者やオペレータなどの職業婦人（古い！）という役割で、子どもがあこがれを抱く要素がふんだんにあしらわれている。

そして、特筆すべきヒロインの登場は、66年に始まった『**レインボー戦隊ロビン**』において、である。当時アニメにカッコよさや正義の味方の活躍に心躍らせた多くの少年たちの心性にこの作品は、今でいう「萌え（萌）」という新しい嗜好を芽生えさせる画期になったと思われる。

『レインボー戦隊ロビン』は正義のために活躍するロビン少年と、それをサポートする感情豊かなロボット兵器たちの物語だが、その中で看護を担うリリという美少女ロボットが、大変な人気を博したのである。エンディング曲がリリをテーマにした曲だったことも人気に拍車をかけた。「男もの」「女もの」と作品を区別し、異性のカテゴリーのものを恥ずかしがるという、当時の男の子たちは少年マンガという免罪符を得て、**ひそかにリリに淡い恋心を燃やしていた**のである。特にリリが普段は可憐な少女の姿であっても、戦闘時にはロボットらしく手先から光線を出して仲間を治療するという、メカ・キャラだった点が重要で、リリに心ときめかせる感覚は、オタクの言うところの**「メカフェチ**（機械キャラ愛）**」のさきがけ**となった。

もちろんアトムの妹のウランなど、愛らしいキャラクターはすでに登場していた。しかし、女性キャラに恋慕するほどの感情の動きが「子どもらしくない」という大人の表現上の制限と、子ども自身の羞恥心によって、あらかじめせき止められていた観がある。

リリは敵の攻撃で落命する直前の両親に、幼子だったロビンを託されたという事情があり、母性愛と、おおらかでお転婆な少女リリの女性的魅力が満開になっているのだった。機械、母性、恋愛の要素を盛り込んだ『レインボー戦隊ロビン』こそ、後に花開く「萌（オタク文化）」への主扉であったと私は思っている。*

＊後に「萌」という視点で捉え返した時、「『W3ワンダースリー』のボッコ（二足歩行のウサギ型女性宇宙人）のフォルムのあまりの色っぽさに心ときめかしていた自分がいた」とい

う話をよく聞く。ボッコが先と言えなくもないが、やはり当時かなり自覚的なレベルで恋慕の念が沸いたという点で、ここはリリに軍配を上げておく。

▼男の子を容赦なく切り捨てて純化

そのうえで、振り返ると、1966年の**『魔法使いサリー』**と、67年の**『リボンの騎士』**は文字通り**女子向けアニメの嚆矢**として、少年向けアニメとは一線を画したモニュメンタルな作品である。

不思議と『魔法使いサリー』は当初他のアニメ作品同様、男子も違和感なく見ていたと思われる。一つはキャラクターの年齢が自分と同水準で、魔法というキャッチーな題材、童話などで「魔法＝魔女」的な設定をインプットしていたので、女子が主人公でも受け入れやすかったこと。小林亜星の主題歌がポップで洒落ていたことなど、話が女の子女の子していても受け入れやすかったのだと思う。

反面、多くの少年たちが「女もの」と決めつけて、忌避したのが『リボンの騎士』だったように思う。宝塚歌劇団風のビジュアル、舞台設定。男装の美少女といういかにも少女受けを狙った主人公。それでも手塚作品だからと鑑賞する男子もいたかもしれないが、多くはあの甘ったるい歌謡曲風で女の子っぽい主題歌を聞いた段階で脱落したと思われる。懐メロになってしまえば、冨田勲の名作のひとつなのだが、あれは昭和の男の子には恥ずかしい。

女の子向けアニメとして大胆に踏み出した2作だが、それぞれが嚆矢としての独自性と、すぐれた作品性を持っていることに異論はないだろう。サリーは上手に男の子受けを狙い（それでも、男の子はだんだん見なくなったという記憶がある）、『リボンの騎士』は女の子向けアニメとして男の子の嗜好を容赦なく切り捨て**女の子向け作品として純化**したのだろうと推察する。当時の私は手塚の果断さについていくには稚なすぎたのだろう。

Ⅱ 1965-67 怪獣ブーム～テレビアニメの最初の洪水

１９６６年、私はかつて千葉県習志野市にあった谷津遊園（遊園地）の園内を歩いていた。テレビの科学特撮ドラマ『**ウルトラQ**』のイベントを見に来たのである。

60年代、ゴジラ映画をきっかけに多くの怪獣映画が公開され、「**怪獣ブーム**」が子どもたちを席巻した。私もまたそのブームにまんまと乗せられていた。近所の大人から「怪獣少年」と呼ばれるほど、寝ても覚めても怪獣のことばかり考え、66年の初めに始まった『ウルトラQ』の放送が楽しみで楽しみでしようがなかった。

話は少し遡る、もうすぐ二年生になるというある日、「今日は『ウルトラQ』の放映日」と心躍らせて、勢いよく近所の道を横断しようとした刹那、私は一瞬にして気を失った。車にはねられたのである。気が付いた時には車の下で泣いていて、見知らぬ男性が青い顔で「大丈夫か」と叫んでいた。左ひざの骨が見えるほど肉が削られ、なぜか逆側（右）側頭部に大きな擦り傷ができていた。幸か不幸か、事故にあったのは外科病院の扉前、日曜日にもかかわらず、すぐに処置室に運ばれた。先生が私の左膝を覗くのにつられて、私も自分の足に目をやった。膝小僧の肉が地面にこすり取られて、大きな半球形の白い骨（膝のお皿＝膝蓋骨）がむき出しになって、うっすらと血が溜まっていた。「気持ち悪い」と呟いた。

実はそのとき、たまたま弟が事故を目撃していて、慌てて「お兄ちゃんが車の下に入った！」と家に駆け込んできたそうである。「なんで車の下に入るの？」と、「何のことやらすぐにはわからんかった」と、母は死ぬまで面白そうに話していた。全治1カ月、最低でも入院1週間、個人病院ながら入院施設があり、とても痛い治療が終わると病院のベッドに寝かされた。医者や看護師や母に囲まれて、痛いながらも気持ちが落ち着いてきた。「今日の『ウルトラQ』が見たい」と頼むと、母は烈火のごとく怒った。なるほど、命が縮むような心配をしている母にかける言葉ではなかった。

さて、谷津遊園のイベントは、退院した私を慰めるために、母が連れてきたのであった。イベントが始まると、当時俳優・声優・歌手として子どもにも人気のあった石川進（キューピーちゃんという愛称のほうがしっくりくる）の司会でトークなどがあった後、大きなスクリーンで、『ウルトラQ』の中から「鳥を見た」、「燃えろ栄光」が上映された。「燃えろ栄光」は放映前だったので、観客サービスの一作だった。

「これからも『ウルトラQ』をよろしく」という挨拶もそこそこに、突如舞台に怪獣の着ぐるみが現れ、場内中央扉からウルトラマンの着ぐるみが登場、舞台上の怪獣の着ぐるみと乱闘して退けるという怪獣ショーが繰り広げられた。後番組の『**ウルトラマン**』放映の告知というビッグサプライズだ。帰路の私の頭の中は、間もなく始まる『ウルトラマン』で一杯になっていた。

さてさて、怪獣ブームに浮かれていた私だが、テレビマンガに夢中であることにも怠けていなかった。

ただ困ったことが起きていた。怪獣にチャンネルを奪われただけではなく、放映されるアニメの量が増えすぎて、放映される作品のすべてに目を配れる状況ではなくなっていた。見る作品と見ない作品が仕分けられた。ひとたび仕分けを始めると、自分の嗜好を吟味して仕分けたのか、仕分けたから自分の興味のない作品になったのかが不分明になり、そのうち、自分の嗜好が自然と固まっていく。

66年末~67年は女の子アニメの画期であったが、テレビアニメーションの放映作品数がどんどん増えてきて、**見たいアニメを絞らなくてはならなくなる画期**でもあった。特に67年は、放映中の作品と新たに始まった作品とが入り混じって、子どもの頭には覚えきれないほどの作品数になった。67年はアニメの放映数が極端に増えた特筆すべき1年である。

▼原作ものとオリジナル脚本

手塚治虫や横山光輝などビッグネームの**人気マンガをアニメ化**して手堅く人気を獲得するテレビアニメと、原作者や版権に縛られない**オリジナル脚本のアニメ**という二つの方向は、アニメ黎明期に既に走り出していて、アニメ作品が急増する要因になった。大小新古さまざまな動画制作

（関連）会社が総出でやりくりをする状況になったそうだ。それでも制作現場は人手不足と制作時間の不足に汲々としていた。実のところアニメ業界の苦難は今日に至るまでしばしば話題になる。気楽にアニメを云々している身としては、時々後ろめたくなるのである。

さて、原作を持たない**オリジナルの脚本によるアニメの嚆矢**であり、印象の強い作品が『**スーパージェッター**』（65年1月）である。未来（30世紀）から来たタイムパトロール隊員ジェッターが、悪人退治に大活躍するという作品である。特に、愛機「流星号」は放映の前年に運行を開始した「新幹線ひかり」を思わせる流線型のオープンカー、そのフォルムのかっこよさはたちまちのうちに子どもたちを虜にした。作画が丁寧で、設定や物語も子どもだましではないということも、長く記憶に残る要因であろう。

オリジナル作品の系譜では、CX系（フジテレビ）で放映された『**宇宙エース**』（65年5月）、『**遊星少年パピイ**』（65年6月）、『**遊星仮面**』（66年6月）など、食品・製菓会社の「グリコ」の提供枠で放映された一連の作品は、子ども心に異色を放っていると感じた。正義が悪を撃つという明朗で素朴なコンセプトの作品達であるが、最初は話が単調で、絵も荒っぽく、全体的に子ども向けが露わなテイストに軽い軽侮の念もあった。**子どもは「子どもっぽさを嫌う」**という節理に対応したのか、66年に開始した『遊星仮面』はヒーローの設定が大人っぽくなっていて、対象年齢を上に広げた観がある。子どもは得てして背伸びをしたがる。私もそれまでの丸っこいフォルムのヒーローより、遊星仮面のかっこよさにしびれた。

時代を問わず子ども向けのテレビ番組は、**提供元の商品と作品とのリンク**が強い。オリジナル作品ならば設定の段階からアニメと自社商品のより強いタイアップができる。CX系の「グリコ」の提供枠アニメには、それを見込んだ戦略があったのかもしれない。しかし、コンスタンスに同系統のオリジナル作品を次々と繰り出し、キャラクター像も視聴者の嗜好にターゲッティングをしていくという、一貫したチャレンジ精神があったとすれば、後代に与えた影響は大きいだろう。

しかし、グリコが提供したこれらの少年ヒーローシリーズは、67年には終了する。今に残る強い印象の割には短い歴史である。ただ、最後にもうひとつ**『宇宙エース』の制作がタツノコプロ**だったことは特筆しておきたい。『宇宙エース』はタツノコプロの手がけたシリーズアニメの初作である。そしてその後も長くCXとの強い関係を保ち、67年に**『マッハGoGoGo』**という記念碑的作品を制作している。これも原作を持たない（創業者でマンガ家の吉田竜夫のマンガ作品がベースになっているという）オリジナル作だったが、非常に人気を博した。以降タツノコプロは名作を次々と発表していく。

CXが『マッハGoGoGo』の放送を開始した年は、**『オバケのQ太郎』**（65年8月）、**『宇宙少年ソラン』**（65年5月）、**『ジャングル大帝』**（65年10月）、**『おそ松くん』**（66年2月）、**『レインボー戦隊ロビン』**（66年4月）**『ハリスの旋風』**（66年5月）等が、放映中でそれぞれ人気があった。また、66年末に**『魔法使いサリー』**が、事実上最初の少女向けシリーズアニメ作品として放映が開始されたのは先に述べたところである。

そして迎えた67年。開始されたアニメをざっと数えると14本（把握しきれていないものもあるかもしれない）。放送中の作品や終了する作品もあるので、トータルで何本とは決められないが、録画機がない時代、もはやこのすべてを見ることができる人はいなかっただろう。アトムが始まってからたかだか5年目、テレビアニメ業界はいきなり大量生産の時代に突入した。

Ⅲ　1967 - 68　テレビアニメの大量生産と手塚治虫と石森章太郎

テレビアニメが大量に放映された１９６７年、先にあげた14本にあえて加えていない作品がある。**『001／7 おや指トム』**（67年4月）、**『キングコング』**（67年4月）の2作品である。この2作品は、セットで放映された異色作で、後年までアメリカで制作したアニメを吹き替えたものだと誤解していた。トムのキャラクターの造形がバタ臭く、アメリカンジョークに満ちた会話など、さすがアメリカ製と素直に受け入れていたのである。

『キングコング』は有名な「大きな山をかき分けて……」という主題歌が鮮烈だったが、人物もキングコングもおよそ日本人の描く造形とは思えなかった。だから、この作品が「アメリカのビデオクラフト社と日本の東映動画による日米合作」と知った時は、長く信じてきた何かが折れるような気がしてちょっとショックだった。「それでは？」と**『チキチキマシン猛レース』**を調べてみると、こちらは海外作品だったので、なんだか安心した。ちなみに『チキチキマシン猛レース』は70年に放映されてかなりの人気番組だった。

テレビアニメは、ジャンルを増やし、少女向けアニメへの進出など、幅と量を広げながら子どもをどんどん取り込んでいった。また、早くから海外への売り込みや、海外からの引き合いもあって、『001/7 おや指トム』や『キングコング』のように海外との提携や、海外の人気アニメの輸入など、現場の逼迫にもかかわらず、業界としての成熟が進んでいく。

とはいえ、68年には新番組の数が減ってくるようになる。作品数の飽和状態から適正な作品数への道であれば良かったのだが、実際には制作費が跳ね上がって、「テレビアニメは採算が取れないどころか作るだけ赤字になる」と揶揄されるような状況に陥ったらしい。東映動画の労働争議(72年頃)は有名だが、斜陽化する映画産業に伴う合理化の一環で動画部門に過酷な人員削減策が取られたことが主な要因だった。これを機に多くのクリエーターが東映動画から離れることになる。その一員である宮崎駿や高畑勲が、日本のアニメを高い水準に引き上げ、世界的に日本のアニメ(ジャパニメーション)を認めさせる大きな役割を果たすことになる。

▼超有名作の誕生

しかし数が減ったといっても、アニメを見ていた子どもたちにとっての68年は、むしろ輝かしい年になるのだ。まずは1月に始まった『**ゲゲゲの鬼太郎**』である。いうまでもなく、今日に至るも次々新作が生まれる超人気作である。貸本屋時代に初期の原作が生まれ、アニメになるまでに絵が洗練され、怪奇色が薄まったとはいえ妖怪ばかりが出てくるこの作品がテレビに向いていることを見抜いた人は勲章ものだ。元々のタイトルは『墓場の鬼太郎』だったが、さすがに

「墓場はないだろう」ということで、主題歌の「ゲゲゲ」という歌い出しからとられたと、テレビドラマの**『ゲゲゲの女房』**（NHK、2010年）では描かれているが、諸説あるようだ。

さて、3月に始まった**『巨人の星』**。日本のアニメ史においてこの作品はただの野球アニメに留まらない記念碑的作品だろう。主題歌、登場人物、ストーリー、スポ根というジャンルの確立、どれをとっても後世に範を垂れる存在である。

私は生来スポーツに関心がない人間だが、その私が子ども心に『巨人の星』だけは絶対に見逃すまいとしていたし、そこに描かれる野球と人間ドラマに飽きることはなかった。それは何より原作の完璧さがあってのことで、**梶原一騎**は少なくてもこの作品においては「天才」以外の何物でもない。私のような他愛のない人間にとっても「大リーグボール」という魔球が存在しないし、実現不可能な大ボラであることぐらいすぐにわかった。それを物語上で可能であるかのように語られると、自分でもそれをまねてボールを投げてみたくなる程に魅了されたのである。

野球の勝ち負けが人のアイデンティティを左右し、あたかも武士の斬り合いのような生死をかけた死闘として描かれるのは、鬱陶しくも馬鹿げているはずだが、**その厚かましいまでの人生の押し売りが、多くの子どもたちを引き付ける世界観になり得た**。野球に無縁な少年にとっても、この物語にコミットすることが狭いながらも複雑に絡み合った自分の「子ども社会」に与えられたドラマツルギーだった。

続いて、**『サイボーグ009』**が4月に放映開始される。原作マンガの作者**石森章太郎**は、手塚治虫とのライバル関係でしばしば語られるが、ふたりの作風の差というのが子ども心にも明確で、そのどちらを好むかで贔屓が分かれた。贔屓はあっても、どちらも画力があり、ストーリーテラーとして優れており、そもそもを言えばどちらかだけが好きだという偏食が起こる余地はなかった。

あえて**このふたりを子どもの目がどう見ていたか**、を思い起こすと、振り幅のある彼らの個性を単純化して捉えることは危険だが、大きく言えば「科学」と「進歩」に肯定的で、「紆余曲折があるにしても人はより良き未来に向かう（はずだ）」。という手塚に対し、「科学」の「進歩」には肯定的であるが、人間には善と悪の側面が分けがたく存在していて、必ずしも「科学の進歩」が人の善性の進歩を意味しない、むしろ「科学による不幸」や「悪にとっても科学の進化は等しく訪れる」ことによるダークな要素に力点が置かれる石森ということになる。子どもたちは、それを「作品のテイストの違い」として楽しんだ。

しかし、アニメ初期の両者の代表作**『鉄腕アトム』**と『サイボーグ009』は、その最終回で、まるで双子のような運命をたどる。**どちらも地球と人類を救うために、自らの命をかける**のだ。

私は、少し成長してこの結末を思い出した時、**何とも言えない疑問**を感じるようになった。この作品が作られたころは、まだ日本社会に戦争の記憶が色濃く残っていたし、従軍して戦場や戦地の惨状を目の当たりにした人、焼き払われる街並みを逃げ惑う銃後の民だった人がかなりの割合を占めていたはずだ。「戦争を知らない子どもたち」と半ば揶揄される戦後世代との感覚の差が新聞や雑誌で随分と喧伝されるたびに、「戦争体験の有無の断層の大きさをしっかりと認識しなければ戦争の過ちが繰り返される」と、警告する声もあった。世代間の違和は時代を問わず常なることだが、「平和や争いのない世界を生み出すための尊い自己犠牲を無造作に語る」ことは、自らの命は天皇や国（や家族）を守る大義に十分釣り合うという自己犠牲的な精神が称揚された時代を経た者たちにとって、これが自己の体験に照らして痛みを伴わずに語りうる物語構造の美学のパターンでありえたのか？と疑問に感じるのである。

お涙頂戴の自己犠牲譚に無邪気に涙させられる「戦争を知らない子どもたち」にとっては、当座は物語類型として無批判に受容されるだけかもしれない。しかし、戦後80年近くなって、戦争に対する生々しい拒絶感や非倫理感が急速に失われ始めたのは、経験世代が減ってしまったことが第一の原因ではあるだろう。が、「一人の自己犠牲が世界を救うという物語に美学以上の正当性はあるのか」という「答えのないテーマ」に、大人がセンチメンタルな誤答を繰り返した責任も大きいと感じるのである。

この手の類型はその後も大量に生産され、そして私自身「お話ってこういうもの」と飲み込んでしまっている。物語世界の「都合」に丸め込まれて、自ら思考停止の袋小路に逃げ込むに等しいことだったかもしれない。

Ⅳ　1968 - 69　忍者アニメの終焉

『巨人の星』や『サイボーグ００９』が放映開始された１９６８年には、『サスケ』、『怪物くん』、

『妖怪人間ベム』、『バンパイヤ』、『佐武と市捕物控（さぶといちとりものひかえ）』といういずれも忘れがたい名作が生まれている。放映開始の作品数が前年より減ったといっても、作品名を見れば非常に実りの多い一年だったことは明らかである。

藤子不二雄原作の『**怪物くん**』は、ホラー映画の代表的なキャラクターのフランケンシュタインや吸血鬼などが登場するコメディで、怪物が非常に可愛らしく描かれており、屈託なく見ることができる、家族で安心して見ることのできる作品であった。

どうしても、アニメ史において通り過ごすことができない作品として、『**バンパイヤ**』には一言触れておこう。この作品は水谷豊（！）のデビュー作にあたる実写ドラマで、アニメ作品ではない。しかし、主人公が狼男に変身する様子が実写とアニメの重ね合わせで表現され、変身後はアニメの狼が実写の世界を暴れまわるという**合成手法**を用いており、しばしばアニメ作品の一種として取り上げられる。物語は原作者の**手塚治虫**のダークな一面が現れているが、狂言回しのように手塚治虫本人がドラマ内に登場したり、暗さが偏重しないようにする配慮がある。また、狼をアニメにしたのは着ぐるみ等では表現が困難だったためと思われるが、手塚の柔らかい線で描画された狼は実写に重ねられることで、画面に適度の軽さを与えており、合成の効果は大きかった。

このように実写とアニメを組み合わせる手法は、前年に放映開始された『**コメットさん**』でより積極的に多用されていた。明るく親しみやすいキャラクターで人気者だった歌手兼女優、**九重佑三子**が主演したこともあって割合広い世代に受け入れられて、一世を風靡した。子ども心にも実写とアニメを上手に組み合わせていることに驚いた。60代のアニメ好きにとっては九重佑三子こそがコメットさんなのだが、私より一回り下の世代だと、1978年にリメイクされた**大場久美子**のコメットさんの印象が強いだろう。2001年に『**Cosmic Baton Girl コメットさん☆**』（コメットさん役の声優を女優の前田亜季が務めたのが話題になった）というタイトルでリメイクされた作品は、文字通りのアニメ作品であった。

▼忍者アニメの盛衰

さて、アニメの話に戻ろう。すでに忍者物をはじめとする時代劇系の作品は数々現れていたが、1968年には『サスケ』が少年向け忍者アニメの王道として、『佐武と市捕物控』がニヒルでスタイリッシュな雰囲気のあるクールな時代劇として登場する。

『**サスケ**』は、主人公サスケの声をあてた子役俳優の雷門ケン坊が、まさに当たり役でアクションシーンが多いことやストーリーの秀逸さも相俟って大人気であった。

一方、『**佐武と市捕物控**』はかなり大人びた雰囲気を持っていて、子どもからの評判が今一つ盛り上がらないという意味では万人向けではないところもあったが、マンガ雑誌を愛読する青年層にまで視聴者層を広げていたこともあり、ハマる人は熱狂的に支持したのだった。銭形平次と座頭市をコンビにしたような設定がバディもののバランスとしては実に上手いと思う。**やや直情的な熱血漢と世慣れした相棒がコンビを組む設定**は、アニメやドラマの「**バディもの**」としては鉄板の方程式だ。原作者の**石森章太郎**の持ち味である影のようにまとわりついてくる鬱感が、作品中にキザな雰囲気を醸し出して、「ハイセンス」な作品になっている。

このまま時代劇アニメで69年に話をつなぐと、この年に『どろろ』と『忍風カムイ外伝』の放映が始まる。どちらも記念碑的な作品であり、今でも評価が高い。しかし、あらかじめ言ってしまえば、この2作の後、シリアスな時代劇アニメがほぼ姿を消すのである。ギャグやコメディ色の強い忍者ものやチャンバラものは生まれているが、それらを時代劇の系譜に入れるのは違和感がある。

『どろろ』は手塚治虫の原作によるもので、百鬼丸という不思議な少年（青年？）とどろろという幼い泥棒が協力して妖怪退治をする物語である。百鬼丸は戦国の覇者になるために非情にも生まれ来るわが子の身体の48の部分を魔人に差し出したため、身体の多くの部分が欠損した姿で生まれた。数奇ないきさつを経て、体中に武器を仕込んだ百鬼丸は身体を奪った魔物を倒すたびに身体の一部分を取り戻していく。

暗い話だが設定が斬新で、小狡いが根っから明るいどろろが、作品を明るい方向へ導いており、私としても好きな作品であった。原作マンガでは、一貫して百鬼丸の魔物倒しのモチーフが描かれたが、テレビアニメ版はあまりに暗い設定が子ども向きではないと判断されたらしく、途中でどろろ視点から描かれる活劇の要素が強くなった。皮肉なことに、どろろが中心になった路線変更の際に『どろろと百鬼丸』というタイトルに変更されている。路線変更はありつつも、今も評価が高い作品である。多くの人が今も『どろろ』という変更前のタイトルのままに覚えているはずだが、そのほうが作品には似合っている。

『忍風カムイ外伝』は、放映期間も長くはないしその後、忍者アニメ（チャンバラアニメ）が途絶える画期になった作品である。時代劇が子どもに受けなくなっていたことを考えると、早晩時代劇ものは衰退したことは容易に想像できるので、むしろこのような名作で締めくくることができたのは喜ばしいことかもしれない。私はこの作品が大好きであるし、再放送のたびに心ときめかした。当時のアニメが、「子どもにだけターゲッティングする」状況から脱していた背景もあって、この作品全体に大人っぽい無常感が漂っているし、おおむね悲劇的な展開で話が進む。日曜の夕飯時に放映されていた作品だったので、この作品を放映し続けることにスポンサーもしり込みしたのだろう。あまりにも早く放映期間が終わってしまう。

▼表現の世界にも関係することになる時代状況

時はまさに、翌年に大阪万博が迫っていて、社会的には高度成長期の最盛期である。経済的には多くの人が将来に希望を持っていた。しかし足許を見やると、「戦後」の終焉が意識され、アメリカの意向を受けて日本が再軍備化に舵を切り、「いずれは再びあの忌まわしい『戦争』に道を切り開いてしまうのではないか」との危機感を持つ人々が社会変革欲求と、真の平和主体制の創出をスローガンに大声をあげていた。

特にアメリカとの軍事提携を定める日米安保協定締結（事実上は既存の条約が先行しており、改定・延長）を危険視した労働者や学生、市民が大規模なデモで阻止しようとした１９６０年の「第一次安保闘争」は時の内閣を退陣に追い込むほどのたかまりを見せた。しかし、条約の規定により安保そのものは時間切れで自然延長されてしまった。協定有効期間の10年を迎えようとしていた70年に向かって、「**第二次安保闘争**」の再燃が予感されていた。とはいえ、まがりなりにも労働者、学生、その他の組織の共同戦線が成り立っていた第一次安保とは決定的な違いがあった。

第一次安保闘争の総括や評価をめぐり、労働者と学生、林立する政治組織や社会活動グループがそれぞれ闘争手法や路線にこだわり、共同戦線は四分五裂した。とりわけ学生組織を主な母体として生まれたさまざまな組織（セクトと呼んでいた）の闘争手段がそれぞれ先鋭化し、権力側に振るわれるはずの暴力が、自らの正統性を主張するためにセクト間で行使される（内ゲバと揶揄された）という混沌とした状況に陥っていた。

その象徴的な事件が「**東大闘争**」であり、68年から69年にかけて闘われたが、反体制側の各組織が学内で互いに争うという事態がしばしば起こった。また警察権力との攻防でも次第に劣勢が明らかになり始め、遂には東大の「安田講堂占拠」で最後の抵抗を試みた末に学生側は敗北した。学生たちの正義感に共感を寄せていた人々の多くが、この内ゲバや闘争の敗北を見て心離れていくようになる。

その後「学生」（大学を拠点に活動しつつも、すでに学生ではない者、各セクトのオルグも多かった）を中心とした反体制運動は、「全共闘」や「全学連」などの結集軸を標榜するけれども、定常的に連帯や団結ができる状況ではなくなり、各派閥ごとに先鋭化して、より排他的な組織に陥ってしまった。

かなり荒っぽいまとめ方だが、**このような状況が70年代以降、さまざまな場面で陰に陽に表現の世界にも沁み出してくる**ことがあるので、以降あえてその要素を引っ張り出すことはしないが、一応まとめてみた。

カムイに戻ろう。「おきて」に縛られた忍者組織に疑問を覚えて、命の危険を顧みず「抜け忍」となる反逆者、自らの命と信念を守るために人を斬らなくてはならない不条理、被差別部落に生まれたという境遇、当時の社会に漂うリアルな事件にリンクすることを意図したものではないだろうが、**60年代末の日本の底流に敷衍していた諦念や不条理感**が『忍風カムイ外伝』には横溢していた。

小学高学年の私にさえ、ある程度世相の雰囲気が理解できたし、お話としてもハッピーエンドを語らない無常感がとてもかっこよいものに思えた。学校で同級生と会話していてもカムイは人気があって、放映時の人気は高いほうだと思っていた。ほぼ打ち切りのような形になったと聞くと、小さい子どもにとってはシリアスすぎたのかも知れないなとは思う。とはいえ、幅広い年齢層で見れば十分に人気作のような感触のあった作品であるのに、視聴率が不振だったというのが今でも不思議である。カムイは女性にも人気があり、のちのち同世代女性の「私の初恋はカムイ！」との、正直どうでもよい告白を何度聞いたことか。

V 1969『サザエさん』、そして60年代の終わり

『忍風カムイ外伝』の後番組が『**サザエさん**』である（1969年10月）。

ついにこの超・長寿番組が始まるのだが、周到に放映時期が計画され、満を持しての放映開始というわけでもなく、カムイの予定外の短期終了の後を受けて、急遽放映が決まったといういきさつには、歴史の皮肉を感じる。

『サザエさん』に関しては多言を要しないだろう。日曜日の6時半というお茶の間に家族が集まる夕食時に放映されるのにまさにふさわしい落ち着いた日常コメディであり、原作者長谷川町子の人気はお父さん・お母さんに留まらず、おじいさん・おばあさんの層にも届いていた。この作品はまさにファミリー向けテレビアニメとしての王座が予め与えられていたといってもよい。

世相や流行を追わない、無理に「現代」を取り込まないなどの配慮が行き届いており、しばしば時代遅れ感や古い価値観が指摘されるが、そもそもが広大な時間軸をものともせずに悠然と反復し続けている物語なので、きわめて完成された伝統芸能として評価すべきことである。

今日に至るまで放送枠を替えることなく続いているというのも特筆すべき特徴で、視聴者の生活リズムを保つ役割さえ果たしている。そのために「『サザエさん』が始まると、日曜日の残りがあとわずかだと思って（明日から仕事だと宣告されているようで）**憂鬱になる**」という、『サザエ

さん』のゆるぎない安定感や定常性が、本末転倒な精神症状を引き起こす事例もしばしば報告されている。言うまでもなく、それほどに作品が定着しているということを笑い話にしているのである。

『サザエさん』と同時期に始まった『**タイガーマスク**』は、『巨人の星』（１９６８年3月）型のスポーツアニメだが、そのキャラクターの造形や物語の圧が強く、すぐに多くの子どもたちを虜にした。プロレスブームも相まってファンも多かったが、私は表面をなぞる程度にしか見ていなかった。先にも述べたが、元々スポーツに関心がなく、プロレスは好まないスポーツの上位にあったからだ。『巨人の星』には、同じ時間を生きる子どもたちの社会と自分との紐帯（ドラマツルギー）をもたらす何かがあったが、『タイガーマスク』は作品としては素晴らしかったが、子どもの社会を支配するまでには至らなかったきらいがある。

誤解を避けるために言い添えると、テレビアニメが多様化して、子どもたち相互の共通の共感地盤を規定するほどの絶対的な作品が生まれにくくなっていたことと、個人的なことで言えば私自身がアニメ作品に縛られるほど純粋な年齢ではなくなっていたことが主な原因である。

この年の作品で、私にとってどうしても欠かせないのが『**もーれつア太郎**』である。**赤塚不二夫**の面目躍如たる矢継ぎ早のギャグと面白キャラの炸裂は飽きることのない30分を与えてくれた。とにかくハマった。あまり絵が得意ではない私が、今でもニャロメとべし、ケムンパスだけは描くことができるのである。まさに身体に刻み込まれた一作と言えるだろう。

さて、一旦69年の初めに戻るが、少女向けアニメの代表作『**ひみつのアッコちゃん**』が放映開始している。既に少女アニメは、男の子たちへの忖度なく、もっぱら女の子だけのものになっていた。主題歌も男の子には恥ずかしい乙女チックなもので、家族がいるとこの作品を鑑賞し続けることは精神的なダメージになるほど恥ずかしかった。後の再放送などでいくつかの話数を見て、大変に面白い作品だということはわかったが、69年の女兄弟のいない小学生が女の子向けのアニメを見るという選択肢はないに等しかった。

そして、この年末に、スポ根少女アニメの金字塔『**アタックNo.1**』(69年12月)が始まる。64年の東京オリンピックでは日本のバレーボール女子チームが金メダルを獲得し「東洋の魔女」として一世を風靡したことから、女子児童のバレーボール熱が沸騰、この年に実写ドラマの『サインはV』(69年10月)が岡田可愛の主演で放映開始され、ほどなくテレビアニメの『アタックNo.1』が始まるという女子バレーボールブームの過熱ぶりがわかるラインアップになっている。どちらもあまりに有名な上に、アッコちゃんの項でも触れたようにこのころの私は思春期の羞恥心から女子向け番組はほとんど見ることができていないので、この時期のトピックスとして、名前を挙げるに留める。

女子がバレーボールに夢中になっているころ、『ムーミン』(69年10月)と『ハクション大魔王』(69年10月)の放送が開始された。

『**ムーミン**』は、「**カルピスマンガ劇場**」の第2作で、第1作は先に触れた『どろろ』(途中から『どろろと百鬼丸』に改題)である。家族で楽しめるシリーズをスポンサーは望んだが、『どろろ』には暗い要素が多く、改題とともに路線変更しても、スポンサーの意を汲むことはできなかったようだ。

落ち着いた童話的な原作を持つ『ムーミン』は、北欧の神秘的な雰囲気も相俟って大人からも支持された。ムーミンの声を担当した岸田今日子の声質と穏やかなせりふ回しは今でも耳の奥に記憶されている。ところが、原作者にとっては、我々の目から見れば十分に穏やかな作品に思えた本作が「刺激的」と感じ、意に添わなかったと、後にさまざまな人が語っている。調整や意見交換がおこなわれたが、最後まで意見の折り合いはつかなかったようだ。幸いなことに「日本のムーミン」と飲み込むことで、原作者は作品の使用を許可し続けてくれ、第2作以降の「ムーミン」シリーズが続くことになる。いうまでもなく、「カルピスマンガ劇場」はその後のアニメ史に大きな足跡を残すことになる。

『ハクション大魔王』は、CXとタツノコプロの名コンビが生み出した、人情ギャグアニメで、そのキャラクターは今でも人気があり、さまざまな商品の意匠として用いられている。ギャグの要素が強いけれども、ところどころホロっとさせるところもあり、バランスの良い作品である。なかなかに泣かせる最終回も実に見事であった。

さて、63年に始まった**テレビアニメはわずか7年間で大きく成長した**。その成果を携えて、テレビアニメは1970年代にその系譜をつないでゆくことになる。

Ⅵ 1970（1967）われわれは明日のジョーである——万博と軍歌

１９７０（昭和45）年３月24日、少年マガジンで連載されていたボクシングマンガ『**あしたのジョー**』の主要な登場人物で、主人公のライバルであったボクサーの**力石徹の葬儀**が行なわれた。少年マガジンの２月22日号で、激しい戦いの末、力石は主人公矢吹丈に辛くも勝利するが、無理な減量がたたって、試合直後にリング上に斃れてしまった。劇作家**寺山修司**の呼びかけで、架空の人物であるにもかかわらず力石の葬儀が執り行なわれたのである。これは、寺山という優れた感性がなければ起こり得ない事件だった。そして、**マンガやアニメ作品の世界がダイレクトに現実世界に浸潤していることを暴露する儀式**であり、作品世界と現実とが等価に切り結ぶことを違和としない心性が、いずれは日本文化の一大勢力（例えばオタク文化）となることを預言するものでもあった。

さて、その１９７０年は何よりも３月から始まる「**大阪万博**」に向けた期待感やお祭りムードの中で明けた。１９６０年に紛糾した「安保闘争」から10年がたち、更なる改定が目論まれており、再び改定反対の闘争が盛り上がる予感で不穏な空気も漂っていた。しかし、すでに10年前のような統一感のある反対運動が起こる可能性は低くなっていたので、70年の幕開けは、楽観的なムードのほうが大きかったように思う。

3月14日、遂に「大阪万博」の幕が開いた。華やかな開会のセレモニーは全編生放送され、映し出される民族衣装に身を包んだ各国の代表が踊り笑う姿に、海外旅行など高根の花だった私は、目の前に繰り広げられる「外国人」に心打たれていた。

4月になると『あしたのジョー』がテレビアニメとして放映開始される。**尾藤イサオ**の歌う渋い主題歌がかっこよく、歌手・俳優の**あおい輝彦**の当てる矢吹丈の声が若々しくリアルだった。スポーツマンガの域を越えてクールな青春物語の要素も強く、私にも受け入れやすい作品だった。

アニメの放送が始まる直前に、力士徹の葬儀が執り行なわれていたことはすでに述べたが、その数日後の3月31日に日本初の航空機ハイジャック事件である「**よど号事件**」が起こる。北朝鮮に亡命した犯人らが「われわれは明日のジョーである」と声明文に記しており、この作品がいかに多くの人々に影響を与えたかという皮肉な証拠になっている。

▼グローバルとローカル

さて、同年4月にサッカーを題材にしたアニメ『**赤き血のイレブン**』が始まる。実話をもとにしたマンガが原作だが、今のようなサッカーブームが予想もつかない時代だった。子どもたちの多くはサッカー自体は知っていても詳しいルールがわかるほど馴染みはなく、「手でボールを持ったら反則。足でボールを蹴り、ゴールにシュートするスポーツ」程度の知識しかなかった。日本にサッカーを広く知らしめる一助を担った作品なのだが、さすがに私は、ルールもわからないスポーツのアニメを見るには関心がなさ過ぎた。しかし、日本ではマイナーなスポーツだったサッカーを取り上げたことで、後のサッカーブームを先取りしたと言えるだろう。

9月13日、大阪万博が無事に終了する。閉会式も生放送され、万博を担った国内外の関係者が次々別れを告げていく様子に再び心を打たれた。期間中、両親に万博に連れて行ってもらいたいと繰り返し懇願したものの、遂に足を運ぶことができなかった。

70年10月4日、万博でグローバルな世界観を満喫した私の前に、**ローカリズムの権化**ともいうべきアニメ作品が登場する。**『いなかっぺ大将』**である。私は小学館の学年誌を毎月取ってもらっていて、マンガではなじみの作品であった。青森の田舎から強い柔道家になる志を抱いて上京してきた風大左衛門（かぜ　だいざえもん）が、田舎の流儀と都会の流儀のギャップや、生来のおっちょこちょいな性格で騒動を起こすというギャグマンガで、師匠にして相棒の猫「ニャンコ先生」の魅力も手伝って、すでに人気マンガだった。現在からみるとコンプライアンス的にアウトなシーンが多いのだが、当時の私には作品の一コマ一コマが面白く毎月楽しみにしていたマンガだった。主人公の声を当てた野沢雅子、ニャンコ先生の愛川欽也をはじめ、優れた声優の繰り広げるアニメの世界に私は笑い転げた。

▼軍隊ものの復活

70年10月、**『のらくろ』**の放映が開始する。原作マンガは戦前に連載されていた軍国調の濃いマンガで、万博が行なわれ、何か未来を展望する雰囲気に満ちていた70年にいきなりこのような復古調の作品が現れることに驚かれるかもしれないが、これもまた**70年という時代を象徴して**

いるのである。

少し遡って67年を振り返る。この年は「**明治百年**」ということで、明治以降の日本の歩みを振り返るという風潮が生まれた。それまで敗戦後の日本社会で、「戦中戦前」に対する後ろめたさが薄まって「戦争中は苦労した」的な懐かし話がしやすくなってきた。そして、今でいえば懐メロ感覚で、空前の「**軍歌ブーム**」が訪れる。

映画やテレビドラマではすでに戦争を批判的、反省的、悲劇的に描くのではなく、単にかっこよい活劇の視点で描く作品が多く表れていた。軍歌が突出して流行ったわけではない。映像作品であれば、作中に戦争に対するネガティブな意見をエクスキューズ的に入れておけばとりあえずは戦争礼賛の誹りをかわせるかもしれない。一方で軍歌は、戦前戦中の戦意高揚や好戦的な精神論がそのまま標本のように保存されているので、軍歌をあからさまに楽しむというのは戦前戦中を解凍するようなものだった。

この頃に**日本人の「侵略戦争」に対する反省や懺悔の念が過去に追いやられ始めた**ことを暗に示すものだろう。当時いかに軍歌が流行ったかについて一例をあげよう。

60年代末からテレビ東京で元NHKアナウンサーの木島則夫が司会する「あゝ戦友、あゝ軍歌」という番組が放映されていた。毎週軍歌ばかりが紹介される、今考えると冗談のような番組だが、遂には武道館でコンサートを開催するという過熱ぶりで、当日は全国各地の戦友会のメンバーが一堂に集まって、さながら過去の栄光を誇るかのように、館内を行進しながら大声で軍歌を歌うのだった（当日を記録したレコードも発売された）。

なぜこのようなことを覚えているかというと、私の毎度の乗せられやすい性格がこの時も私を無類の軍歌好きに仕立て上げていたからである。それまで近所で「**怪獣少年**」と呼ばれていた私は、70年前後にはひたすら軍歌を聞きまくる少年になっていた。近所の大人たちは、「怪獣少年」から「**軍国少年**」と私の呼び名を変えていた。だが、幸いにも軍歌はただのブームにすぎなかった。ブームはいつかは醒める。しばらくすると軍歌がテレビで歌われる機会はなくなっていく。私もすぐに軍歌に飽きてしまったが、長じてから大人たちとの宴会の席で大抵の軍歌が歌えるということが一芸として役に立った。

さて、『のらくろ』だが、一匹の犬が軍隊に入って、持ち前の機転で二等兵から大将へとどんどん出世していく過程を面白おかしく描いたマンガのアニメ化である。子ども向けであるとはいえ、実のところ「自分たちが幼いころ読んだマンガ」ということで、父親世代への訴求効果も大きかった。また、このアニメを見ながら父親が昔語りをすると、母親も当時のことを懐かし気に話し出す、という団欒を温める効果さえあった。とはいえである。軍歌ブームなど、懐古調・復古調の嗜好が顕著な風潮があったとはいえ、さすがに軍隊における出世話が長く関心を引き付ける時代ではなかった。アニメは通常のクールで終了し、その後続編が作られることもなかった。*

＊1987年に「のらくろ」が現代に出現するアニメ（『のらくろくん』）が作られたが、キャラクターを借りた別作品とみなす。

Ⅶ 1971 - 72 大人の階段を上る

1971年になると、アニメ作品の新作が始まったという記憶がいきなり少なくなる。実際一時期ほど一挙にたくさんのアニメ作品の放映が始まるという多作の傾向が弱まっていたところもあるが、何よりも私が中学生になって、両親の教育方針がぶれたことが私をテレビから遠ざけたのである。

それまでは、「義務教育の間は学校の勉強をしっかりしていれば良いんだ」と、鷹揚に構えていた両親は、高校受験を視野に入れた周囲の親たちがわが子を塾にやったり、家庭教師を付けたり、と慌ただしくしているのを見て突如不安になってしまった。私は大学の先生だったというおじいさんの私塾に3カ月ほど通わされ、続いて駅前のビルに新設された小さな塾に通わされた。もともと高校受験などもう少し先で考えればよいと思っていた両親が、「うちの子も人並みに何かしておかなければ手遅れになるのではないか」と慌てて手を打つことになった。急場しのぎで、思いつくまま、目につくままに動かされる私にすれば随分と迷惑な無駄鉄砲の玉にされたものだ。

このような親のぶれぶれの教育方針は、私の生活に大きな影響を与えた。テレビを見る時間が削られたのである。

先に述べた私の軍歌ブームは醒め切っていたが、幼いころからのプラモデル作りの副産物で、戦争映画や戦争マンガへの愛着は強かった。71年の4月に、アニメーションとドキュメンタリーを融合した「アニメンタリー」という造語を誇らしく掲げて『**アニメンタリー　決断**』という番組が始まった。これは「太平洋戦争（真珠湾攻撃から終戦まで）」の重要な局面で、リーダーたちがいかなる決断をし、その結果から私たちはどのような教訓を学ぶべきかをドキュメンタリー風にアニメーション化した作品である。『決断』の放映時間と塾の時間が重なっていたため、私はこの作品が見たいという理由から塾に行くことに抵抗を試みた。しかし、そんな理由は私が親でも許さない。結果的に、塾の休講日などで数話しか見ることができなかった。

すでに私も生意気盛りで、見ることのできた数話に関しては、画面に迫力はあるけれども、ナレーション主体でアニメそのものは紙芝居のように動きが乏しいと思った。また、史実に基づくドキュメンタリーの体をとりつつも、話を盛り上げるためか話に脚色が多く、貧しい知識を偉そうに振るって、「これは本当ではない」などと、戦闘機のフォルムや塗装、ご都合主義な史実の改竄にケチをつけていた。

今にして思えば**タツノコプロ**の製作で、**児島譲**も部分的にではあるが関与している注目すべき作品なのだ。再放送に出会う機会もなく、後に再確認する機会がなかったので、辛口の感想は「見たい」という思いが反転した負け惜しみかもしれない。同時に、数話しか見ることができなかった悔しさゆえに、この作品の存在は私の記憶に強く刻まれているのである。

親の意向で塾通いを始めたのも束の間、突如、父に転勤の辞令が下り、金沢に引っ越すことになった。半年の塾通いで私の学力が目覚ましく伸びるという奇跡も起こらない平凡な一少年のまま、夏休みを利用して家財道具の一切合切を整理し、それを業者に預けた後金沢に向かった。休み明け初日、担任の先生に連れられて、私は教壇のわきに立たされた。自分でも驚くほどに自己アピールのポイントが思いつかず、おそらく誰の心も打たないようなありふれた自己紹介をした後、席につかされた。緊張でおなかが痛くなったが、転校初日にトイレに行って、変なあだ名をつけられるのが怖くて耐えに耐えた。

71年の9月に『天才バカボン』が放映開始される。あの『巨人の星』の後番組である。熱血スポ根マンガから一挙に脱力系ギャグアニメに転換したのである。

『天才バカボン』は言うまでもなく**赤塚不二夫**の代表的なギャグマンガだが、赤塚の天衣無縫な才能はそのままテレビアニメにするには過激すぎる面もあった。かなり柔らかく嚙み砕かれたアニメでは、原作そのままの破壊力のあるキャラクターの大暴れを見ることはできなかったが、むしろそのほうがテレビでは面白いようにも思った。とりわけ「西から昇ったおひさまが」と歌いだされるパロディー調の主題歌は一度聴いたら忘れられないインパクトがあり、**不世出の名曲**といっても過言ではなかろう。家族で見るのにもちょうどよいギャグアニメでもあり、毎回楽しみに見ていた。

しかし、このころになると、「アニメは子どものもので、大人になったら卒業するものだ」と漠然と考えていた。金沢の気風が肌に合ったのか、東京を離れて友人を一挙に失った私は、元々はそんなに社交的ではないはずだがすぐに多くの友人ができて、彼らと過ごす時間がアニメに割く時間を更に少なくしていた。

▼当時は斜に構えて評価できなかった作品もある

2月に「札幌オリンピック」が開催されるというお祭りムードの中、1972年がやってきた。「日の丸飛行隊（スキージャンプ日本代表のあだ名）」の活躍、アメリカのフィギュアスケート代表のジャネット・リンのしりもちなど、数々の話題を残して、オリンピックが終わると、4月に**『海のトリトン』**というテレビアニメ番組が始まった。

私は、そろそろ「アニメは子どものもの」という生意気な気持ちにとらわれ始めていて、いかにも少年の冒険譚を予感させるタイトルから、この作品を敬遠してしまった。学校で級友と話していても、このアニメの話が出てこないので、見なくて正解とさえ思った。後々になって、アニメを語り合う仲間ができると、必ずこの作品の話が出るのだった。「あれを見てないなんてアニメファンじゃないね」とまで言われるのだった。**「富野幸喜（現由悠季）が監督したんだぜ」**（初監督作）と、タイトルだけで作品を判断した私の不明を笑われた。

また、「トリトンがとにかくかわいかった」と、トリトン愛だけで見ていたとまで言い切る女性ファンが多く、再放送のたびに女子人気がヒートアップしたのだという。まったくの余談だが、ビデオも作品のソフト化もない時代、私の妻は親にねだって一眼レフを買ってもらい、テレビ画面のトリトンを激写していたらしい。当時のテレビは目には見えないけれども画面を走査線が上下に走る形で映像を映していたので、カメラで撮ると、シャッター速度が走査線の動きより早く、現像すると画面の半分ぐらいしか映っていないのだった。好きな作品を手もとに残す手段がない時代、中途半端に写ったテレビ画面を貴重なお宝にしていた人も多いのではないだろうか。

遡るが、小学生のころ、マンガ雑誌は友人間で回し読みするのが普通だった。しかし、子どもたちのお小遣いではさほどたくさんの雑誌が読めたわけではない。結局お気に入りのマンガの連載を読めるのは主に月に1回通う散髪屋だった。今と違って、予約制などという便利なシステムはなく、大人たちに混じって長い時間順番を待った。その時間はマンガ雑誌を一気読みする至福の時だった。順番が来たら雑誌を数冊携えて、髪を切ってもらう間に読みふけった。

10歳ごろのことか、**永井豪**というマンガ家が『**ハレンチ学園**』（68年8月）という破天荒なマンガの連載を始めた。今風に言えばセクハラ、モラハラ、暴力等の玉手箱。コンプライアンス一切無視のギャグマンガだった。すぐにＰＴＡに問題視され、非難囂々となった。しかし、子どもたちはこの作品が大好きで、大人が怒れば怒るほど子どもの支持は膨らんでいった。その後、永井は『**あばしり一家**』（69年）という作品で、畳みかけるようにＰＴＡを逆なでする。

大学生になってから、これらのマンガの文庫版が出た。懐かしくて購入したが、古臭いところがなく、社会秩序や既成の道徳や常識に対する痛烈なアンチテーゼが、むしろ「まじめさ」にさえ感じられた。

72年の7月、その**永井豪**の原作による『**デビルマン**』の放映が開始された。悪魔（デーモン）に身体を乗っ取られた不動明という少年が、ひとりの少女への愛のために、人間の味方となって妖獣たちと闘う、熱血ヒーローアニメである。身体と心をデーモンに支配されているという一筋縄ではいかないヒーロー像で、ストレートな正義のヒーローものではない魅力のある作品である。なお、永井豪のマンガの原作は、テレビアニメと並行する形で連載されており、読み返すと意外なほどにアニメとは違う設定と展開を繰り広げる。物語の質だけで比べれば、救いのない終焉を迎えるマンガ版に軍配が上がるだろうが、マンガ版の内容はとてもではないが子ども向けのテレビアニメにはそぐわないだろうから、**テレビアニメは原作とは別作品として鑑賞するべきである。**

『デビルマン』は永井作品ということで期待して見始めたが、やはり生意気な中学生には単調なバトルものに思えたし、絵柄と内容がすこぶる親に不人気で、いつしか見なくなっていた。普通の家庭には茶の間にテレビが1台あり、親兄弟が一堂に会してテレビを見るのが当たり前の時代だったので、チャンネル権を子どもが握ったとしても、家族の目は無視しにくかったのである。

私が文字通りの中二病の真っ盛りであったということは、病がつくかつかないかの違いこそあれ、私の級友もすべて斜に構えた生意気な中二であった。『トリトン』がそうであったように、『デビルマン』も、中学二年生の関心ある話題にはならなかった。

▼アニメ文化とジェンダー

そして、『デビルマン』もまた後になって、アニメファンの中では評価の高い作品であることを知らされる。さらに、この作品のファンを標榜するかなり多くの割合を、女性が占めていることにも驚いた。**女子のアニメファン**は、自分の嗜好に集中しがちな男の子があれこれ選り好みをしているすきに、少年向けを含むさまざまなアニメの再放送にアクセスし、独自の目線で好みのキャラクターや世界観のすぐれた作品を回収していたのである。

後に「根暗（ネクラ）」だ、「ダサい」と揶揄されながらも、一気に日本のサブカルチャーの代表格に成り上がっていく「オタク文化」は、メガネ、バンダナ、リュック、半袖白シャツ（ないしはキャラクター柄の半袖白シャツ）のもっさりした男性像をイコンに認知されていくマンガやアニメなどを愛好する者たちへの蔑称であった。そのイコンの背後は膨大な作品知識と熱烈なキャラ愛によって噴火のタイミングを待つ女性たちが控えており、彼女らが一斉に認知され始めたときのエネルギーによって、**「オタク文化」は層の厚い若者文化の一形態であり、経済効果もあれば創作性もある、豊かな市場を持つ表現文化の現代的なあり方である**ことを知らしめたのである。

オタクには男性もいれば女性もいるという当たり前の事実が「オタク」という蔑称を浄化したのである。その過程には、女性オタクを揶揄した「やおい」、「腐女子」などという呼称も存在し、男女問わず「オタクはキモい」と一蹴される時期もあったが、性差を問わず存在しているという意味では、他のジャンルで「愛好者」や「マニア」と称される人々と変わらぬ嗜好ジャンルとの了解が進み、**蔑称から無色化とまではいかないが、一般的な呼称にな**ったのである。

付け加えるならば、「オタク」や「やおい」、「腐女子」が蔑称であったとしても、当の本人たちがそれらを自嘲的に、偽悪的に自称し続けたということも大きかった。世間の認知が進んで、彼らに対する見方が和らいだ瞬間に、忌語として拒否していなかったどころか自称していた呼び名であったために、これらの言葉が差別語として廃棄されるのではなく、いわば言葉のパラダイムシフトによって、ネガティブな印象がほとんど払拭された呼称になったのである。* そればかりか、今では、かって「愛好家」や、「マニア」、「ファン」と呼称されていたものも、おしなべて「オタク」と呼ぶようになっている。

＊ただ、「やおい」「腐女子」は前者は意味不明、後者はさすがに「腐」はないだろうという、使いにくい面があったためかいつしか「ＢＬ」という言葉に置き換わった。

72年が続く。10月に『**科学忍者隊ガッチャマン**』が始まった。いうまでもなくその後のＳＦアニメに大きな影響を与えることになる名作である。**タツノコプロ**が手掛けており、変身後の意匠や、メカニックのデザインなど、非常に洗練されていてかっこよい作品だった。これは、学校でも話題になった。私はというと、**「テレビアニメは子どものもの」という妄執**に囚われていて、順調に大人の階段を昇りつつあった。そのため、この大人気作品でさえ、ところどころの記憶しかない。しかも、このころの私はタツノコプロのキャラデザ（キャラクターの造形）にアメコミのようなバタ臭さを感じていて、有体に言って好きではなかった。熱狂的にガッチャマンの魅力を語る友人もいたが、私にとってこの金字塔は遠くに聳え立つのみだった。

12月には『**マジンガーZ**』がスタートする。永井豪はもともとＳＦ味のあるマンガ家だったので、荒唐無稽なロボットアニメではあっても、非常に手の込んだ設定やメカニックを工夫して、子どもたちの人気をさらっていたことは間違いなかった。いうまでもなく、私は「大人の階段を上る」のに一所懸命だったので、それこそ後に再放送で視聴するまでほとんど内容も知らない状態だった。

ただし、**水木一郎**の歌う主題歌は、しばしば耳にする機会があり、「随分面白い曲だなぁ」と感心した。この曲を含め、豪快で熱のある歌唱で次々とアニメの主題歌や挿入歌をヒットさせ「**アニソンの帝王**」とまで呼ばれるようになる水木一郎だが、この「**マジンガーZ**」という主題歌は水木一郎の生涯を飾る代表作である。誰もが彼の「マジンガーZ」を聴きたがったし、水木一郎もこの曲を格別に大切にし、「マジンガー、ゼ〜ット！」という聞かせどころは、後年になるほど熱量が高くなっていった。

明るく親しみやすい性格で、歌唱力も抜群な彼なら「アニメの主題歌」をテコに、さらに広いジャンルに打って出ても成功しただろうし、念頭になかったはずがない。にもかかわらず、結局は彼を愛しアニソンの伝道師としてリスペクトするアニソンファンのために最後まで誠実に歌い続ける彼の姿は、私のアニメ史の中でも特に心動かされる記憶として残っている。この主題歌の存在だけでも、『マジンガーZ』は決しておろそかにできない作品なのだ。

なお、２０２２年の年末に、水木一郎は世を去った。病を得るまでは文字通りの現役、病の中でさえ歌うことを諦めていなかった。享年74はやはり悔しい。

Ⅷ 1972-74 ヤマト、発進！――「アニメなんて子どもの見るもの？」

金沢の冬は寒い。関東で育った私には北陸の冬は何もかもが珍しかった。融雪のために一定間隔でシャワーのように水が噴き出していて、バス通りに雪が積もることはめったにない。中学校から家までは歩いて1時間ぐらいかかるので、基本バス通学だった。金沢の初めての冬、雪の日の多さに興奮した。初めて腰下ぐらいまで雪が積もった時は、一面の雪景色がうれしくて、学校が終わるとバスに乗らず家まで歩いた。途中広い畑が真っ白な平野になっていて、わざわざそこを突っ切って歩くことにした。時々雪に隠れた浅い側溝に足を取られたが気にもならず、ズボンを水浸しにして帰ってきた私を母はあきれ顔で迎えた。

およそ身体を使う運動やスポーツに関心のなかった私だが、このころは「歩く」ことに凝っていた。１９７２年の1月に始まった、テレビ時代劇『**木枯し紋次郎**』の速足にすっかり魅了されていたからだ。中村敦夫が演じる、ニヒルでめっぽう強い天下無宿の渡世人の姿を重ねて、意味なく歩くこと自体がかっこよく思えたのだ。上条恒彦が歌う「誰かが風の中で」という主題歌もミスマッチ感が作品の殺伐とした雰囲気にむしろふさわしかった。頭の中で主題歌を再生しながら、この日に限らず、しばしば一時間以上の道のりを歩いて帰ったものだ。

『木枯し紋次郎』は大ヒットした。暗い世界観であったにもかかわらず、一家団欒で見ていてもそれほど気まずいものではなかった。第1シリーズは72年のうちに終了したが、すぐに第2シリーズが始まった。第2シリーズは年をまたいで翌年まで放映された。

73年、1月早々に放送が始まったのが『**バビル2世**』である。太古に飛来した宇宙人の末裔バビル2世が、祖先の残した超先端技術の結晶であるバビルの塔と、3匹のしもべ（クロヒョウ、怪鳥、巨人の姿をもつ）を駆使して、地球の平和を乱すヨミと戦う。SFヒーローものだが、SFファンタジーらしい壮大な設定と、敵役のヨミが悪一辺倒に描かれないところに深みがあった。

とはいえ、塾や部活に追われる中学生にとって、この作品は放送時間が早かった（東京ではゴールデンタイムに放映されていたが、北陸地方では時間帯が前のほうにずれていたと記憶する）。そのためにこの作品は途中からは見ることができなくなった。

さて、お正月気分が抜けるころ、父に「4月から東京に戻れ」という辞令が下った。せっかく仲の良い友達ができ、金沢という町が大好きになっていた私は、「あと一年でみんなと一緒に卒業できるのに」とごねた。両親は「父だけを先に返して、子どもたちはあと一年金沢で暮らせるようにしようか」と悩んでくれたが、卒業後金沢の高校に進学するのでなければ、元の学校に戻って受験に臨むほうが得策だという結論になり、友人に3年生は一緒に迎えられないと打ち明けた。

3学期の終業式を終えると慌ただしく引っ越しの準備を整え千葉の家に戻った。帰京の日、金沢駅に友人が見送りに来てくれて、その中のひとりは、電車が動き出すと恥ずかしげもなく手を振りながら追いかけてくれた。今となっては幼く見える友人の笑顔とちょっとふざけるようなしぐさで懸命に走ってくれた姿を、私は絶対に忘れない。

千葉に帰って、元の学校に復学する手続きも終えて一息つくと、すぐに4月がやってきた。復学した学校には一学期のみとはいえ、同級生だった友人もいたのですぐになじめた。

金沢に転校した時に、自己紹介で手痛い無能ぶりを発揮した反省から、「恥ずかしながら帰ってまいりました*」というせりふを用意しておいたが、新学期のクラス替えで、私が殊更に自己紹介する謂われはなかった。

*前年の1972年、グアム島で残留日本兵の横井庄一さんが発見された。帰国時に語った言葉の一部分が流行語になっていたのである。

▼高校受験直前に

73年4月に『**ドラえもん**』の放映が開始される。いうまでもなく今日に至るまで圧倒的な人気のあるマンガ、アニメで「**国民的**」といってもいいぐらいの地位を獲得している。私も、原作を読んでいたので、この作品のアニメ化はうれしかった。転校で凹んでいた私にちょうどよい甘さのチョコレートのような慰めになった。しかし最初の放映時は期待したほどの人気が出なかったようで、この時はわずか半年で放映が終了した。新聞で読んだのだったか、製作していた会社がつぶれたという事情を知って、「視聴率が問題でないとしたら、なんだかもったいないことだ」と思ったりした。

10月になると『**ど根性ガエル**』が始まった。中学3年生、夏頃には高校受験戦争の真っ只中にいるといってもよかった。呑気な私にも緊迫感がのしかかり、受験勉強に熱が入っていた。それだけに、かつて愛読していたユーモア溢れるコメディマンガの『ど根性ガエル』をアニメで見ることができるのは嬉しかった。「受験」が常に頭のどこかで気分を圧迫している時期に、「アニメは子どもっぽい」という年齢バイアスよりも、普段の生活の安心感を与えてくれるありがたみのほうが大きいのだった。

『ど根性ガエル』の世界観は当時から見ても少し古臭く、人情や意地といった古風な生活信条をベースにしたギャグ作品だった。受験勉強で現実逃避への渇望が渦巻いていた私には、生活のリアルからある程度距離を置いた少し古めの日常のほうが共感しやすかったのかもしれない。

ちょっとした事故で、シャツに張り付いてしまった平面ガエルという設定が秀逸で、シャツに張り付いたまま動きしゃべるピョン吉は、可愛らしくもあり時々頼もしくもあった。『ど根性ガエル』は今でも、さまざまな形でリメイクされたり、CMのキャラクターに採用されたりして活躍している。懐かしい友人が活躍しているのを見ているかのような誇らしい気分がする。

同じ10月に、これも**長く愛されるキャラクター**がアニメ作品に登場する。**『キューティーハニー』**である。健康的でセクシーな少女が主人公で、少年マンガの要素もあれば、女子にも受け入れやすい変身少女ヒーローものの要素もあって、今から考えると上手いところを突いた作品である。並行してマンガも雑誌連載されていたので、私は散髪屋でマンガ版を読みながら、**永井豪**のお決まりのお色気路線と決めつけられる危険性があるのに「よくテレビアニメになったな」と思った。

いずれにしても、私の家ではこういうテイストは好まれなかったし、そもそも高校受験直前の精神状態で「ハニー、フラッシュ！」などと聞いている余裕はなかったのである。しかし、リメイク版が多く作られ、**佐藤江梨子**による実写映画化もされて、人生の各シーンで『キューティハニー』は私の前に登場するのだった。

このアニメの主題歌も、**後世に残る名曲**で、**倖田來未**など当代の一番おしゃれな雰囲気のある歌手がカバーするなど、今も古びない斬新さのある曲である。また、高校野球のブラバン（ブラスバンド）の応援ソングの定番となっていることでも知名度は高い（アニメ曲は「巨人の星」はもとより、「ルパン三世」などブラバンの応援ソングに取り上げられることが多い）。

73年は高校受験のために、重い気分で明けた。ところが中学生活も残りわずかということで、不思議な連帯感が私のクラスに湧き上がった。クラスに和気あいあいとした雰囲気が横溢した。金沢時代に続いて私は良い学友に恵まれたのだ。思春期の自意識が男女間にはあるものだが、テンションのおかしくなったクラスの空気で気まずさが霧散し、男女相混じってさまざまないたずらをしては教師にたしなめられた。結局は担任も、クラスのおかしな雰囲気を最後まで尊重してくれた。

▼ベトナム戦争が終ろうとしていた

73年の1月27日は土曜日だったと記憶する。テレビで「**ベトナム和平パリ協定**」の締結式が中継された。生中継で見ていたつもりだが、定かではない。**ベトナム戦争**は、戦後の日本人にとって、ほぼ毎日ニュースで取り上げられる、大きな関心事だった。その意味については、他国の戦争と割り切る人も多かったが、日本の基地から米兵が送られていることを問題視する人や、戦争そのものへの忌避感、アメリカの若者徴兵拒否運動への連帯など、ベトナム反戦運動が国内でも激しく闘われていた。長い戦争だったが「ついにベトナム戦争が終わるのか」という感慨を持って私は調印式を観ていた。かつて近所で軍国少年と呼ばれていた私は、ベトナム戦争のニュースや、戦記物などを通じて戦争の実態を知り、考え方が急激に変わっていく最中だった。調印後、実際には戦争は終わることなく、「アメリカが体よく戦場から逃亡しただけの話ではないか」と、半可通ながらもアメリカの無責任さに憤慨した。国は国民の味方ではないという実感が湧いた。

高校受験は散々だった。私は千葉に住んでいながら、越境入学で都内の公立中学校に通っていた。したがって、受験するのは東京の公立高校だった。このころの都内の公立高校は地区ごとに「群」制度を取っており、千代田区なら1群、などという形で志望校を選ぶのだった。私は意中の公立高校には受からず、第二志望の学校に何とか引っ掛かった。いきさつは覚えていないが、父の心に何か響くものがあったらしく、「第二志望の公立に行くよりは」と辛くも合格していた私立の男子校への進学を勧めた。男ばかりの入学式。どちらを向いても黒い制服という異様な光景は、控えめに言っても「**煉獄**」という言葉がお似合いだった。

少し時間を戻す。受験が今や始まらんとする中、カルピスまんが劇場の新番組として『**アルプスの少女ハイジ**』がスタートした（74年1月6日）。先に述べた『ムーミン』から続く枠だが、その後『**アンデルセン物語**』（71年）、『ムーミン』（第二次、72年）、『**山ねずみロッキーチャック**』（73年）と、順調に名作路線を培ってきたこの枠を代表する決定打であるとともに、その後の**高畑勲**、**宮崎駿**の名声が語られるたびに言及される、ふたりにとってもメルクマールになる作品である。

放映開始と同時に、大変な評判になったという印象があるが、私にとっては、すでにそれどころではない時期で、その後の再放送で飛び飛びにだが見ることができたときも、やはり子どもっぽさを感じてハマるところまではいかなかった。ただ、アルプスの雄大な自然やスイスの町並みなどには、「それっぽく描かれた」安っぽさがなく、**しっかりと取材されたリアリティ**があった。

この作品は、日本のアニメーション史を語るときに必ず触れられる名作であるとともに、児童文学を、視聴者受けを狙った大げさな脚色抜きにしっかりと作れば、ちゃんと視聴者が評価してくれるという確信を、作る側、受ける側にもたらした作品ではないかと思う。

また、感動を誘う名作アニメにもかかわらず、さまざまなパロディのネタとなっている。最近では進学塾のCMで、大真面目なシーンにパロディ化されたせりふを乗せるという手法で、次々と新作CMが作られるなど、作品そのもののキャパシティの大きさや、ファンのすそ野の広さにびっくりする。

4月には『**ダメおやじ**』の放送が始まる。これこそ「どうしてアニメ化しようとしたのか？」と思う作品だ。原作は70年に連載が始まっており、「ダメおやじ」とあだ名される主人公は、家族からはいびり倒され、しばしば暴力にさらされる。会社に行けば罵倒の嵐、逃げることなく

「家族を養うため」と会社でも家庭でもひたすら耐え続ける。「いじめ」に対するコンプライアンスが認知されている現代なら一発アウトな設定である。ましてや、「家族の一体感」などと余計な世話を焼きたがる議員センセイに至っては「父親を大事にしないなんて！」と青筋を立てて、規制などしたがるのではないだろうか。

連載当時も、「何でここまでダメおやじは馬鹿にされるのか？」と訝しく思ったことも確かだ。しかし、不思議と読んでみると嫌悪感よりは素直に「面白い」と感じてしまうのだ。それをあまり深掘りすると、いじめる側の心情やいじめられる側の心情といった拗れた話になるし、「どんなことがあってもいじめはいけない」という大原則の話にもなるので、おいておく。また、原作も途中から急展開をし、いじめられない「ダメおやじ」の話になるのだ。この連載は12年という長きにわたるのだから、本当に度し難い性質を持った作品である。

アニメは、毒気を抜かれたようなところもあるが、刺激を薄めて作品の面白味をピックアップしたギャグアニメとして十分に成り立っていた。一方で、どうしても見なければならないというほどの執着もなかったので、次第に見ない回が増えていき後半の印象は特に薄い。

『ゲッターロボ』（74年4月）や**『グレートマジンガー』**（74年9月）という、当時の少年たちを熱狂させたアニメもこの年に放映が始まったが、すでに私の自意識はこれらの作品の対象年齢ではないと主張していた。これらの作品は、アニメの歴史の中では重要だし、後にアニメ仲間ができたときに、これらの作品に語るべき経験がないことで苦労もした。しかし、これはまさに作品がど真ん中で響いたであろう世代が、同時代を生きた作品として語るのを待とう。

▼ドラマティックでメカ感満載

そして、74年10月6日、**『宇宙戦艦ヤマト』**の放映が開始される。裏番組が『アルプスの少女ハイジ』ということで、随分とチャレンジングなことをしたものだ。「**せっかく松本零士がやるんなら『パニックワールド』**（近未来の東京で第三次世界大戦がはじまる物語）**か『男おいどん』**（田舎から出てきた不器用な主人公が、ぼろ下宿屋で極貧生活を送りながら、歯を食いしばっていつかは花咲くという信念を持ち続けるというギャグコメディ）が良いのになぁ」とも思ったが、ＳＦもの、戦争ものを書くのが得意で、メカの描写が抜群に巧い松本零士が戦艦大和をモチーフに描くＳＦ作品は期待するに十分だった。

私は松本零士というマンガ家が大好きだった。多くの友達は彼の描く女性の美しさをほめていたが、私にしてみれば、彼の描くメカ、特に軍用機の絵の巧さに惚れこんでいた。細々とだがプラモデルを作る趣味を持ち続けていた私にとって、写真のようにリアルに戦闘機が描けてもそれほどありがたみはなかった。松本零士はただ絵がうまいだけのマンガ家ではなかった。**彼ほど機体の描線の美しい飛行機を描くマンガ家はいなかったし**、必要ならばリベットの一つ一つの丸みまで描き切るディテールへのこだわり、とにかく魂のこもったメカを描くマンガ家であった。

そして、その画風は、人物を描く際にも縦横に発揮されていて、手足を長く見せるために描線を中細りにしたり、体躯のフォルムやポーズを誇張して動きと遠近感のある構図を作ったり、構図や描線の効果的な演出にたけていた。『男おいどん』のように、本来かっこ悪い人物として描かれているはずの主人公も、重要なシーンでは手足が細く長く描かれ、大げさなまでに肘や膝を伸ばし曲げして、悲しい時ほど奮い立つ我慢の美学を絵に籠めて、結果的にかっこよく見せてしまうのだ。

かくも愛したマンガ家の描くアニメである。かなり自覚的に「アニメなんて子どものもの」と、遠ざかろうとしていたことをすっかりなかったことにして、私は『宇宙戦艦ヤマト』の放送日を心待ちにした。

期待通りのドラマティックで、松本零士のデザインが生かされたメカ感満載のアニメだった。若干古代進が、型通りのアニメ主人公だったのが不満だったが、むしろその凡庸さが、話が進むにつれて成長していく主人公という作品の重要なテーマを、リアルに描いていくうえでの巧妙な仕掛けになっている。

ヤマトのオープニングは、物語の進行に伴って数パターンが用いられていたと記憶するが、なんといっても干上がった海底の泥に半ば埋もれたヤマトが、砲塔の泥を吐き出しながら力強く起き上がるという前振りを持つ勇壮な主題歌が強い印象を放つ。**宮川泰**によるこの主題歌は、クラシカルなマーチの様相を呈しており、伴奏のオーケストレーションの魅力が作品への没入感を高めたと言ってもよいだろう。

アニメのヒットの秘訣は実は、主題歌のよし悪しによる、という説もある。**ヤマトの主題歌が、アニソンの域を越えて「音楽」として広まっていった過程**は、日本のアニメがさらに進化を遂げていく上で重要な意味を持ったことを、いずれ語ることになるだろう。

第二章 一九七四～七九

Ⅸ 1974 - 77 「ヤマト」と仲間と「同人誌」

『宇宙戦艦ヤマト』は、私にとっては松本零士のキャラクターやメカが動画でみられるという喜びから始まったが、初回はやや釈然としなかった。第二次大戦中に撃沈された「戦艦大和は」沈没時に大爆発を起こして原形をとどめることなく海底に眠っている。その戦艦大和をベースに強力な宇宙戦艦を作るという発想は、戦史に詳しい松本零士らしからぬご都合主義に思えたのである。

しかし、そんな難癖を吹き飛ばすように、「宇宙戦艦ヤマト」は勇壮に空を上っていった。その後の展開は、当時の太陽系の科学的な知見や、俗説を上手く取り入れた宇宙冒険活劇としては、物語の壮大さやSF的味わいの点で十分に満足できるものだった。

高校に進学して、私自身「子どもっぽい」趣味は脱しつつあると思っていた。一方で、子どものころに親しんだマンガやアニメの影響で、「科学」的なものへの関心が強くなっていた。根が文系なので、数字や数学的な公式が出てくると、理解しようとする前に脳のシャッターが下りてしまうような心性の持ち主のくせに、講談社のブルーバックス（一般向けに科学知識を解説する新書のシリーズ）を読みまくっていた。特に都筑卓司（物理学者、1928〜2002年）の著作は、いかにも面白そうなテーマ選びとタイトルが秀逸で、文章もわかりやすかったので、片端から愛読した。

「恒星間ワープ航法」、「遊星爆弾」、「反射衛星砲」だとか、移動方法や兵器や戦法には実現可能性はともかく、話としては「なるほどと思わせる」巧妙な語り口で、松本零士のメカニックデザインのかっこよさも際立っていて、『宇宙戦艦ヤマト』は夢見がちな高校生のSF趣味に水を差すところがなかった。

それ以上に上手いのは、敵のガミラスに対しても安直な「悪」とするのではなく、滅びゆく自星の延命のための侵略であること、「敵ながらあっぱれ」と思わせる志のある敵将が描かれること、大ボスのデスラーは残忍さを示す一方、独裁者なりの芯の通った美学の持ち主として表現され、善悪に留まらない奥行きのある物語、など見る側にいろいろなことを考えさせる作品だった。

しかしながら、よく知られているようにこの作品は裏番組（『アルプスの少女ハイジ』）があまりに強力だったことなどから視聴率を延ばすことができず、予定話数をかなりショートする形で、端的に言えば打ち切られてしまう。終了したのは75年の3月末だったので、私の高校1年生は「ヤマト」と共に幕を下ろす。

なお、『宇宙戦艦ヤマト』を苦しめた『アルプスの少女ハイジ』は74年末で終了し、後番組が、これまた、大変に人気を博した『フランダースの犬』だった。この強力なラインナップの強力さに「ヤマト」は撃沈したのである。

▼私立男子校の（と）フォークロア

さて、『宇宙戦艦ヤマト』に熱中している頃、高校生活を始めた私は男子校という独特な雰囲気の中で、受験から解放された解放感と、私立高校ゆえの厳しい校則に対する不満や閉塞感を感じながらも、次第に学校に馴染んでいった。

担任の先生は、やや堅苦しい校風の中では異色のおおらかな人柄で、背が高くないこともあって文字通り生徒の目線で接してくれる良い人物だった。劇作家志望で、常に変なことを考えている人でもあった。夏休みの林間学校に出かけたときは、合宿所で海外旅行の様子を写した8ミリ映画の上映会を催してくれたが、そこでBGMとしてかける予定のレコードをバスに置き忘れたと言って、大層悔しがっていた。撮影に凝ったつもりか、シーンが変わるたびに必ずズームイン・ズームアウトをかける当時の私の目から見てもへたくそな撮影で、みんなで「またズーム」と笑いながら見た。

また、ある時は、出席簿を両手に掲げて、「面白いことを発見した。痛いぞ痛いぞと懸命に思っていると、叩かれても痛くないんだ」と珍理論を披瀝し、「叩かれたい人」と挙手させた。面白そうなので、叩かれてみたが、そもそも出席簿で叩かれてもそうは痛くないので、効果のほどはわからなかった。このような、自分の好きなことを好きなようにやる姿は、私にとって人生の模範になった。

そんな担任の影響か、隣の席のSが仲の良い友達と語らって文芸誌を作ると言い出した。文章を書くのが好きなことを知っていたSに誘われて、私も参加した。ガリ版づくりの文芸誌は学年終わりの3月（75年）に発行され、以降クラスが別々になってもこのメンバーは「文芸部」を名乗って、空き部室に勝手に居つき、卒業まで生ぬるい活動をしていた。この、あてもなく付かず離れず過ごしたメンバーとは、今日に至るまできわめて緩い関係で繋がっている。

私は、安部公房にかぶれており、文芸誌に寄稿する作品は、安部公房のシュールな作品世界に範を求めるところが大きかった。そして、そのシュールな世界観の窓口が民話・伝説にあるのではないかと推測していた。愛読していた『**遠野物語**』や**宮澤賢治**の作品にある土俗的な幻想や漠然とした信仰は、地方的な民話に結晶していると思った。さらに幼少のときに父に与えられた『**ちいさいモモちゃん**』という本は私にとっては人生最初の愛読書で、作品に漂う想像力豊かなふわふわした雰囲気を生んだ**松谷みよ子**を長く尊敬していた。その彼女が民話や伝説を集め研究しているということをそのころ知って、自分の民話への関心は間違っていないと確信した。

そんなこともあり、『**マンガ日本昔ばなし**』（75年1月、今のテレビ朝日系）は私に訪れた民話ブームに狙いを定めたかのようなナイスタイミングで始まった番組だった。素朴だが情感たっぷりの動画と、名優市原悦子と常田富士男が各話交代で語りとせりふをひとりでこなす。ふたりの見事な声の演技に舌を巻いた。

『マンガ日本昔ばなし』の歴史はここから始まった、と長く記憶していたが、今回調べてみるとこの時はわずか3カ月で番組が終了している。後の長寿番組は翌年の1月に放映局を変えて（76年1月、TBS）新たに始まった同名の番組だった。ただ、番組の中身はまったく同じ体裁であることから、この短い『マンガ日本昔ばなし』は兄弟番組ということでよいだろう。ちなみに、純粋にアニメとして楽しんだが、民話への知見を深めようという私にしては殊勝な目論見は早い段階で挫けてしまった。

このころ非常に話題になったアニメ作品に**『みつばちマーヤの冒険』**（75年4月）がある。原作はすでによく読まれていた童話で、可憐なキャラ絵やテレビ用に脚色された物語が幅広く受け入れられて人気があった。私は、さすがに年齢的な壁を感じて思い入れのある作品にはならなかった。後に再放送をチラチラ見ることがあったが、子どもっぽいなどという偏見を捨てられなかった自分の幼さを思い知った。当時、子どもも親も楽しんでいたのが十分に納得できる作品だった。

同時期に**『ガンバの冒険』**（75年4月）も評判になった。私は、『みつばちマーヤ』の冒険もそうだったが、児童文学に関してはどうしても、活字で読むことへの執着のようなものがあった。そのため、この作品も当時は見ていない。放映時には視聴率が稼げずに苦戦したと言われているが、この作品を楽しみにしている友人がいて、「演出が凝ってるんだよ」と褒めていた。先見の明があった。

発表時に苦汁をなめた作品が、後になってから大いに評価されるようになるというのは、表現や芸術の世界ではよくある。**後で高評価に変わるのに「放映中は低視聴率」**という定番の不遇を『ガンバの冒険』も味わったのである。

なにしろ『ガンバの冒険』は『あしたのジョー』や『エースをねらえ！』などを監督し、アニメファンの尊敬を集めた**出崎統**（でざき おさむ、43年11月18日〜2011年4月17日）が総監督を務めたのだ。「出崎演出」とまで呼ばれる、画期的なテレビアニメの表現法を確立した出崎は、2000年代初めに、テレビアニメの人気作『**とっとこハム太郎**』の劇場映画版4本作すべてを監督している。

本来はほのぼのとした作品であった『とっとこハム太郎』だが、**映画版**は劇場アニメにふさわしいドラマティックな展開がみられた。やや臆見ではあるが、映画版のハム太郎は「動物アニメーション」の共通点があるからか、端々で「ガンバ」のセルフパロディを楽しんでいるようなところがある。勝手な深読みかもしれないが画面を眺めながら、ちょっとうるっとしたのである。*

*なお、このような個々のクリエーターに関しての論説は、すでに多くの優秀な書籍があり、この本の趣旨からも離れるので必要な場合のみ最小限触れるに留めている。アニメの技法やクリエーターの功績は、それ自体が非常に重要なテーマであり、書籍や雑誌も多く出ているので、ぜひそちらをお読みいただきたい。日本のアニメの奥深さや、驚きの「裏事情」など発見が多いはずである。

そのような、名作ぞろいの75年を彩るテレビアニメ作品の中で、最も成功したものの一つが『**タイムボカン**』（75年10月）、**タツノコプロ**が生んだギャグアニメである。先に「ガッチャマン」のバタ臭いキャラ造形が私は苦手だと述べたが、この濃い口のキャラデザはギャグになると、俄然面白い要素の一つになる。

タイトル通り時間旅行を中軸に、3人の主人公たちと、それに対抗するちょっとドジで愛嬌のある悪党3人組との追っかけっこや対決を描いている。タツノコプロならではの癖のある描線が、ギャグやコメディを殊更に大げさに際立たせてくれるのである。基本的には子ども向けだったが、タツノコプロならではのアダルト感（エロいというのではなく、子ども向けのアニメにありがちな丸みを帯びたフォルムではなく、等身がしっかりとしたリアリティのあるフォルムで描かれる）があって、比較的広い層に受け入れられ、物語もマイナーチェンジを繰り返しながら人気を衰えさせなかった。

結局、『タイムボカン』は、翌76年の年末まで放映される。約2年間。人気ぶりがわかるというものだ。『タイムボカン』の成功に気をよくしたタツノコプロや製作会社、スポンサーは、この人気を後につなぐために、『タイムボカン』を土台にしたシリーズ化を図った（「**タイムボカンシリーズ**」）。そして、その第2弾が更に成功作となる。**『ヤッターマン』**（77年1月）である。

あまりに有名なこの作品の登場は、その後のギャグアニメへの影響も含め、『タイムボカン』をさえ凌ぐ衝撃を、アニメ界やアニメファンたちに与えた。

『ヤッターマン』の成功の秘密は、まず大枠としては比較的単純なストーリーだが、毎回、さまざまな国をめぐるなど舞台のバラエティが豊か、物語には文学作品などのパロディを持ち込むなどの工夫があり、**「ブタもおだてりゃ木にのぼる」**、**「ぽちっとな」**など**心に残る決め台詞**を豊富に生み出したことにある。「漫才のつっこみ」もそうだが、パターン化されたギャグのほうが受けを狙いやすい、という効果を巧みに利用して飽きの来ないギャグ作品に仕立て上げ、特に悪役のやられ方には伝統芸能のような様式美があった。この作品も約2年間続くことになる。

さて、話の流れで『ヤッターマン』まで話が進んでしまったが、『タイムボカン』の75年に一旦戻ろう。

▼「世界の片隅」の無数の同志たち

75年の4月から私は高校2年生になり、文芸部の仲間とはクラスが別々になる。新しいクラスはやんちゃな連中の多いクラスだった。私の通う高校は、2年のクラスがそのまま3年に繰り上がるので、ここに集う人たちが高校生最後まで級友になる。髪を庇のように前方に盛り上げた「ツッパリ」を自称する者たちがつるんでいた。はじめは脅威に感じたが、彼らはクラスの中では気の良いお調子者のようにふるまっていて、教師と揉めることはあっても、同級生と軋轢を起こすことはなかった。平和に日々が過ぎていった。

文系志望のクラスだったので、芸術肌とでもいうのか絵を描くのがめっぽう上手い者も集まっていた。なかでもHという陽気だがあまり表に立つことを好まない級友は群を抜いて絵がうまかった。Hはデッサンや風景画など絵画の才能に関して教師にも認められて、美術の道での成功を嘱望されていたが、大のマンガ・アニメ好きでひそかにマンガ家になりたいようだった。

彼は松本零士を崇拝していて、私は『宇宙戦艦ヤマト』を熱を込めて語る話し相手にようやく出会えた。仲間たちにはHを含め美大を目指す者が3人ほどいた。夏休みが終わってしばらくすると「下見もかねて武蔵野美術大学の学園祭に行こう」と誘われた。私は美大に全く関心はなかったが付き合った。

関心がないのだから、その時の記憶はおぼろだ。ただ、Hがまっすぐ目指したのは漫研（マンガ研究会）の部室だったことは覚えている。部員たちが描いた「マンガ」を集めた機関誌（同人誌）が数種類積まれていた。私は、A判できちんと印刷、製本された厚めの冊子を記念にと購入した。

部員たちが6人ほど1作ずつ掲載していた。ほとんどが、商業誌ならラフ絵と言われてしまいそうな画風で、物語としては冒頭部分の途中で終わっており、作品というには断片的過ぎた。しかしながら、「自分が描きたい絵を描いた」というような粗い情熱は、作品の稚拙さよりもこちらに訴えかけるものがあった。不思議なことに、それからしばらくは時々読みたくなったものである。

しばらくすると、Hが学校に自作のマンガのラフ絵を持ってきた。騎乗型ロボットの出てくるマンガだった。「同人誌を作る」と宣言した。「せっかくだからみんなで作品を持ち寄って印刷しよう」と言うのだ。「（印刷代が）高いんじゃない？」と心配する声もあったが、「折半ではなく、自分のページの組版分だけ出してくれればよい」と、基本的に参加費だけ取ってHが印刷製本まで負担すると胸を張った。「お金持ちってこういうことなんだな」とちょっと妬んだ。

私は短い小説のような詩のような小品を書いて参加した。絵を伴わない活字の組版だけなので、月々のお小遣いで払える程度のちょっとした出費ですんだ。しかし、待てど暮らせど製作が進んだという話は聞けなかった。H自身まとまったストーリーのマンガを描いた経験がなく、最初の2、3ページで詰まってしまったのだ。また、マンガを描くという他のメンバーも描き出すことができなかったようだ。詳しいいきさつの記憶があいまいだが、結局Hは3ページほどの原稿を印刷所に入稿して、続きを書くことは諦めたようだった。Hが、多分「ゲラ」なのだろう、かりそめに印刷された物を人数分持ってきた。これを校正して印刷所に戻すというのが通常の流れだったろうが、Hはそれ以降何も言わなくなり、同人誌計画はこの段階まで頓挫した。どういう形であれ、自分たちの描いたものが印刷されたのだから、友人たちはそれで満足していた。

きっとこのころ**「世界の片隅に」は数多くのHがいて、多くの失敗や挫折があっただろう**。その中から、これからのコミケを支えることになる人々、「オタク文化」という海外にまで轟くサブカルチャーの一大現象を盛り上げていく人々が、マグマのように噴出することになる。まだ静かで密やかではあるが確実に胎動の振拍が動きを活発にしていた。

▼マンガ(アニメ)同人誌との遭遇

同人誌で、忘れられない思い出がある。私は、父の影響で本を読むのが好きだった。父が新潮社の「日本文学全集」(全50巻、ケースが赤かったので、「赤本」と呼んでいた)を所有していたので日本文学の基本的な作品は読み放題だった。また読書家の父は息子が本を読むことを喜んで、本を買いたいというおねだりに関しては大甘だった。タイトルさえ申告すれば、父の一存でお小遣いとは別に書籍代を出してもらえる特権があった。

あちらこちらに本を買うお気に入りの店をキープしていたが、御茶ノ水（神保町）は大小新古、さまざまな書店があって特にお気に入りだった。御茶ノ水橋口を出てすぐのところにあった「茗渓堂」という書店は、3フロアぐらいあるものの、各フロアがあまり広くなく目当ての本が探しやすくよく利用した。名前の通り「山の本」が充実しているのが売りだった。とはいえ、三省堂や書泉グランデ、御茶ノ水の聖橋口そばの丸善と規模の大きな書店が控えており、「山の本」一本で勝負はできなかったのだろう。品ぞろえや展示に工夫があった。また、店内に特別なコーナーを設置して来店者のすそ野を広げようとしていた。

いつ頃だったか、2階に行くとマンガ同人誌のコーナーができていた。種類は少なかったが、書店で同人誌が売られていることにびっくりした。特に目立つように『宇宙戦艦ヤマト』のパロディ同人誌が平積みされていた。学内サークルの機関誌などではない、純粋に販売目的で作られた**マンガ**（**アニメ**）**同人誌**を見たのはこれが初めてではないかと思う。ヤマトのヒロインである森雪の入浴シーンなどが描かれており、「これは買えないなぁ」と思った。

75年の12月21日、アニメであれマンガであれ、今の「オタク文化」に繋がる歴史的な狼煙が上がる。**コミケ**（**コミックマーケット**）**が誕生**したのだ。今では、しばしばテレビニュースでその光景が映し出されることもあるが、当時はまだマンガやアニメーションをパロディにしたり、批評・研究したりする「同人誌」についての世間の認知度は高くなく、大学の部活動や研究会、同好会が学園祭などで発行販売する機関誌を見かける程度であった。しかし、「本当の」ファンやマニアはすでにそういった枠を超えて活躍の場を広げていたのだ。ほぼパンピー（一般ピープル

＝「オタク」側からの非オタクの呼び名）の高校生はまだ、そこまでの知識はなかった。したがって、私にとっては当時自分には関係のない別世界の出来事だったが、やがて時が来ればこのムーブメントと私の人生は交差することになるであろう。

年が改まると高校3年生、それなりに楽しく過ごしたが、むさくるしい男子校には舟木一夫の歌のような甘酸っぱい青春模様は似つかわしくなく、私の差し当たっての未来には、ただただ大学受験という暗雲が垂れこめていた。

X　1976-77 深夜ラジオとドカベン、そして「浪人たちのヤマト」

本屋目当てで通っていた御茶ノ水には、高校2年生の冬休みになると駿台予備校の冬期講習を受けるために通うようになった。予備校通いで年が暮れ、正月気分の抜けぬまま予備校通いがはじまった。

そんな1976年、さすがにアニメ作品をのんびりと鑑賞している気分ではなかった。新しく始まったアニメには、飛びつかないようにしていた。『**マンガ日本昔ばなし**』や『**元祖天才バカボン**』（75年10月）等、これまでに見ていた作品は継続して見ていたが、テレビのバラエティでは、視聴者参加型の番組が多くなって、特に視聴者（特に子ども）の歌合戦番組が多くなって辟易した記憶がある。

また、芸能人にいたずらを仕掛ける「ドッキリ番組」も多く、これは両親にはいたく不評だった。受験生にとって、テレビは食事時のバックグラウンドのにぎやかしで、テレビの前にのんびり座っているよりも、机の前に座っているほうがむしろ落ち着いた。そのころは、夜中の12時になるとFM東京の「**ジェット・ストリーム**」を聴き、それが終わるとAMの深夜ラジオにチャンネルを変える、というのが習慣になっていた。日付を越えて勉強をしている受験生にとって、深夜ラジオで楽しく盛り上がっているパーソナリティの存在は何より心の支えになった。

当時、「**オールナイトニッポン**」（ニッポン放送）と「**パックインミュージック**」（TBS）がしのぎを削っていて、リスナーもその「どちらか派」に分かれる傾向があった。私はパックインミュージック派だった。とはいえ、パーソナリティ目当てで聴いているわけだから、好みのパーソネルが出るほうを随時選んでいた。

76年10月、「オールナイトニッポン」に恐るべきパーソナリティが現れた。**タモリ**である。記録が見つからないので、記憶だけでいうと、このレギュラー放送が決まる少し前、どこかのラジオ番組で「面白い男がいる」とタモリが紹介されたのを偶然聞いている。紹介者はタモリと出会った経緯を面白おかしく話して、「ちゃんとしたラジオ番組に出るのはこれが初めて」と言っていた。そこに**山下洋輔**がいたことだけは確かだ。

出会いのエピソードトークが終わると、スタジオ内にタモリが招き入れられた。挨拶もそこそこに「4カ国麻雀」を披露した。タモリ一人で、麻雀卓を囲む4カ国のプレーヤーを演じ分けるという芸で、言葉はそれ風のインチキ外国語、各国の人たちへのステレオタイプなイメージを誇張して演じるのだった。ラジオだから、顔つきも身振りもない。声だけで、ゲームの進行が（しかもあまり麻雀に詳しくない私にさえ）手に取るようにわかる。未だ、ほぼ素人といってもよい男の芸に、スタジオは笑いに包まれ、聴いている私も家人に気づかれないように声を押し殺しながらも、腹が痛くなるほど笑った。これこそ天才だと思った。

とはいえ、基本的には「パックインミュージック」派であった私は、特に「金曜パック」と呼ばれる**野沢那智**と**白石冬美**という当時人気のあった俳優兼声優コンビが大好きだった。「なっちゃこ（あるいは「なち・ちゃこ」）パック」の愛称で、長く続いた人気番組だ。

「オールナイトニッポン」に比べ、**愛川欽也**やＴＢＳアナウンサーの**小島一慶**や**林美雄**など、パーソナリティに落ち着きがあって、受験生の身には聞きやすかった。ちなみに一番好きだった金曜パックは、ほかに比べややテンションが高く、白石冬美の朗らかな笑いが印象に残っている。

深夜のラジオ番組はリスナーからの投稿というのが重要な位置を占めていて、毎回投稿される失敗談や、悩み相談などは、同世代のリスナーとしても共感が多かった。面白おかしく書かれた投稿に「世の中には話の上手な人が多いなぁ」と感心しつつ、凡庸な我が身に気落ちするところもあった。

もう受験まで数カ月、崖のふちを歩いているような気分になっているころ、**『ドカベン』**（76年10月）が始まった。不思議だった。原作マンガは72年に始まった人気作で、「なぜ今頃始まるのか」というのが第一印象だった。私は、スポーツマンガは関心が薄いほうだと思うが、連載当初からこの作品は楽しみにしていた。**水島新司**というマンガ家は野球の面白さそのものを丁寧に描くのはもちろん、ストーリーもしっかりしていて、面白い性格のキャラクターたちが活き活きしているのである。もちろん、岩鬼の悪球好みや殿馬の「秘打」などはややトンデモ要素だが、決して魔球や人間離れした打法ではないし、作品を面白くするための癖や特技の範囲である。

一番驚いたのは、ドカベンと呼ばれる主人公山田太郎の体躯であって、それまでの野球ヒーローはシュッとしたハンサムな選手が多かったが、ずんぐりむっくりの体型でお世辞にもハンサムではなかったのである。しかも、連載当初はその体躯にふさわしく、柔道をテーマにしたマンガの体で始まる。柔道マンガとしても、十分面白くなりそうだった。それが、途中で野球マンガに切り替わる。ポカンである。しかも、『七人の侍』よろしく個性的な選手たちを集めながら強豪チームへと成長していくストーリーは秀逸極まりない。

そんな作品を長く放っておいて、**「なんで今頃テレビアニメで始めるのか」**という気持ちを持ちつつ、結局放送を楽しむことになる。しっかり原作を貯めての出発なので、割合長く続いた。視聴率もよかったのだと思う。

「原作を食う」というのがテレビアニメの宿命で、連載が長く続く原作の場合は、視聴率が取れれば原作の分だけ長く放送できる。しかし、たいていのアニメは1回の放送分を連載1回分で補えない。結果的にテレビアニメは原作の進行に追いついてしまう。広く使われているかは知らないが、これを「原作を食う」と称している。原作を食い尽くせば、あとはオリジナルストーリーで放送を続けるか、とりあえずの結末をつけて放送を終了するかの選択に迫られる。

『サザエさん』や、**『ちびまる子ちゃん』**(90年1月)、**『クレヨンしんちゃん』**(92年4月)は、オリジナル化で長期の放映を可能にした代表格だろう。『ドカベン』は、原作を食い切るタイミングで放映を終了している（79年12月終了）。水島新司が丹念に紡ぐストーリーマンガであることを考えれば、賢明な判断だったと思う。

同じ月に『**キャンディ♡キャンディ**』（76年10月）の放映が始まっている。女の子向けアニメなのでこれは見てはいないが、主題歌、物語、登場人物など多くの要素で人気があり、かなり長い期間女の子の持ち物や、女性のファンシーグッズでこの作品のキャラクターを見かけたものである。海外でも人気になったということで、日本のアニメーションの普及に大きな功績を残した。残念なことに後に原作者とマンガ家の間で「著作権をめぐる訴訟」騒ぎが起き、現在に至るまで原作マンガもアニメ作品も見ることができない。

▼不思議な出会いと別れ

77年、ついに受験の本番がやってきた。緊張で毎日胃が痛かった。自分でもどう評価してよいのか、そこそこ頑張ったつもりであったが、数校挙げていた志望校のすべてに落ちた。浪人を決めてからはむしろ晴れ晴れして、級友たちと高校生最後の日々を満喫した。

この年の初めに、今も人気のあるテレビアニメーションが登場する。『**あらいぐまラスカル**』（77年1月）である。「世界名作劇場」シリーズのひとつであり、系譜としては『**アルプスの少女ハイジ**』や『**フランダースの犬**』の後継にあたる。とにかくラスカルが可愛らしく、今でも何かとマスコット的に取り上げられる。

それまで、アライグマとタヌキの区別もつかなかった人々が、突如としてアライグマの虜になった。いかにも人懐っこく、サイズ感も飼いやすそうな外見をしていることから、アライグマをペットに迎える人が少なくなかったらしい。ところが、アライグマの実像は乱暴というより凶暴で、鋭い爪を容赦なく飼い主に振り下ろすぐらい気が荒い動物である。

アライグマをペットにしている商店が近所にあって、時々檻に入れて店先に出していた。道行く人々は「可愛い！」と、口々に褒めつつも、機嫌悪そうなその様子に檻に近づこうとはしなかった。酔狂にも檻に近づく人がいると、アライグマは歯をむいて威嚇した。私は動物好きで、多少の危険を感じてもとりあえず触りに行く習性があるが、このアライグマには手を出す気にはならなかった。アニメではあんなにうるうると愛おしい輝きを放っていた瞳だったのに、リアルなアライグマの瞳に宿るのは殺し屋の狂気だった。

4月から、浪人生の生活が始まった。通いなれていることもあり、駿台予備校に通った。選択したコースのメニューに従って、決められた教室に行っては講義を受けるのだが、これまでのような学級という概念がなく、だだっ広い教室に番号順に座っているだけの無表情な浪人生の塊だった。お互いに関係を持つ必然性もないので、教室に入っても誰ともあいさつを交わさず、ほぼ一言も発しないで1日が過ぎる。

ところが、不思議なもので何がきっかけになったか、何百人といる無表情・無記名な人々の中で2人の男と仲良くなった。休憩時間には校舎の外階段で街並みを眺めながら雑談をし、昼は弁当を共に食べた。8月になると、**『宇宙戦艦ヤマト』の劇場版**が公開された。偶然にも、3人ともヤマトファンだった。予備校生のくせに、だんだんサボることも覚えてきた時期だったので、2コマぐらい授業を受けた後で、3人で新宿の映画館に行った。

公開されて1週間も経っていなかったので、平日の昼間だったがほぼ満席で、友人が目ざとく3人分の席を見つけてくれた。大画面に映し出されるヤマトはあまりにもかっこ良すぎて、浪人の身を忘れて画面にくぎ付けになる。また、大口径のスピーカーから大音量で鳴り響く音楽が血を湧き立たせた。

興奮冷めやらぬ3人は、喫茶店でしばらく感想を述べあった後、帰路についた。そして、それが私たちの友情のピリオドでもあった。8月が終わると、成績順に席替えが行なわれ、教室中の表情が一段とこわばって、会話が志望校の情報や不得意科目の愚痴ばかりになった。それぞれコートを羽織る季節になると、自分のことで精一杯になり、先の2人ともすれ違いざまに軽く挨拶をする程度の関係になり、そしてクリスマスムードが街に漂い始めるころには顔を合わせることもなくなっていた。

受験が始まると広い教室も人影まばらになった。予備校に卒業式があるはずもなく、受験が終わった者から自然消滅するように予備校を去っていく。今でもたまに、一緒に劇場版ヤマトを見た友人の幼げな笑顔を思い出すが、あれほど不思議な出会いと別れは生涯でもめったにない経験である。

受験で、テレビアニメどころではなかったが、77年は劇場版『宇宙戦艦ヤマト』の衝撃が重苦しかった日々の印象をコントラストに、忘れられない年になっている。

XI 1977 - 79
ガンダムが大地に立ち、私は大人の階段を踏み外す

映画館の大音響の中で、『宇宙戦艦ヤマト』の魅力のひとつに劇伴音楽があることを改めて感じていた。昔から映画にとって音楽は重要な位置を占めていて名作映画のサウンドトラックは一つのジャンルといってもよいぐらいである。

ただ、ヤマトの劇伴が特にアニメファンにとってモニュメンタルなものとなったのは、劇場版が公開された1977年の12月に『**交響組曲　宇宙戦艦ヤマト**』というレコード（まだＣＤが登場する前なので、ＬＰ盤）が発売されたことによる。

これまでも「映画音楽」というジャンルで、サウンドトラックのみならず、イージーリスニング・オーケストラや、クラシック・オーケストラが名曲を演奏する例はあったが、録音用に劇伴を再構成・再編曲したうえで、本格的なオーケストラ曲としてレコードを作るという念の入った音盤は珍しかった。しかも、あたかもクラシック音楽のように「交響組曲」という形式をとったことも、かっこよかった。松本零士はクラシック音楽の大ファンとして知られており、「それっぽい」音楽ではなく、大真面目に交響楽、すなわちクラシック音楽をイメージしたことは明らかだった。

この試みは大当たりした。『宇宙戦艦ヤマト』の音楽は、そもそもが名曲ぞろいで、**宮川泰**は

作曲家としても優秀だが、数多くの歌謡曲やスタンダードミュージック、ジャズなどの編曲者として辣腕をふるっており、その経験とセンスを生かしてクラシック音楽ファンにとっても納得のできるオーケストレーションであった。

『交響組曲　宇宙戦艦ヤマト』は、**アニメ作品とクラシック音楽との相性の良さ**を改めて実証した（古くはディズニーが、日本では手塚治虫がすでに示しているので、嚆矢とまではいわないが、ここまで商業的に成功させた功績は大きい）。

翌年には**『交響組曲　科学忍者隊ガッチャマン』**（78年）が登場する。クラシック音楽ファンでもあった私は、当時日本でナンバーワンを誇るクラシック・オーケストラＮＨＫ交響楽団がアニメ音楽を演奏するということに驚いた。ヤマトとガッチャマンの交響組曲は、アニメ音楽のオーケストレーション化という大きなムーブメントを生み出すきっかけの双璧をなしている。

▼松本零士作品の愉しみ

78年、正月気分もそこそこに予備校と深夜ラジオを聞きながらの試験勉強。そののち、寒風に吹かれながら大学受験に向かう日々が続いた。２月29日、「東西線が葛西のそばの鉄橋で脱線した」というニュースを聞きながら試験会場に向かった。これが出願校の最後だった。とことん入試に弱い私は、最後の試験は39度近い熱を出していた。ふわふわした気分で帰宅すると、２日ほど寝込んだ。幸い数校の合格通知をもらえ、私の受験は終わった。

気が抜けてぼんやりすると同時に私の中にはひとつの目標が湧き上がっていた。「ひとり暮らしをすること」である。これから通う学校は高校に比べてむしろ近いところにあり、家を出る必然性はなかったのだけれど、「20歳になったら家を出て、家族の庇護なしに生きる」というのは、かなり小さいころから人生の行程表の重要ポイントだったのである。ちなみにそのあとは、「大学を出たら働く」、「定年になったら隠居する」という目標しかなかった。行程表と言えた代物ではなく、理由があるわけではないのだが、幼少時に見ていた大人の姿から、一番しっくりくる人生像となっていたのだと思う。

20歳になるまで半年以上あったので、まだその目論見は誰にも話さず、ぶらぶらしていた。3月に**『宇宙海賊　キャプテンハーロック』**（78年3月）が始まった。ハーロックは**松本零士**のマンガに幾度も登場する代表的なキャラクターである。

松本零士の作品は、**さまざまな作品に同じ人物が出てくる**。宇宙ものでは、宇宙海賊キャプテンハーロックや、女海賊のクイーン・エメラルダスが有名だが、彼らは諸作品で主役級で描かれることもあれば、他のキャラクターが主役の作品に、カメオ出演のように現れることもある。同じキャラクターなので、大まかな人格設定は崩れることはないが、物語に応じて柔軟に変化する部分もある。

松本零士はクラシック音楽が好きで、**ワーグナー**の**『ニーベルングの指環』**への傾倒を隠さなかった。実際非常に短縮したものではあるけれども『ニーベルングの指環』のマンガ化を試みてもいる。ワーグナーの楽劇の特徴として、登場人物や、道具や武器、概念や事件に固有のモチーフを付与して、物語と音楽との有機的な統合を図るという手法（ライトモチーフ）があるが、松本零士もまた、非常に魅力的な個性と外見を持つキャラクターが、さまざまな作品に時には名を変え、時には他の作品との整合性をあまり持たせずに、繰り返し起用される。*

そのため、テレビアニメでどういった「キャプテンハーロック」の物語が展開するのか楽しみだった。基本的にはマンガ版の『宇宙海賊キャプテンハーロック』のアニメ化であったが、若干人情味が強い気がした。とはいえ、松本キャラが画面上で活躍するのは嬉しかった。

*なお、同じ登場人物をさまざまな作品で共通させる手法は、早くからマンガの世界では常套になっていて、**手塚治虫の「ひげおやじ」**などの例がある。「スターシステム」とよばれることもある。

▼成田空港の管制塔占拠事件

大学の入学式を数日後に控えた日曜日、寝ころんで本を読んでいると、テレビからアナウンサーの物々しい絶叫が聞こえてきた。「成田空港に過激派が侵入し管制塔を乗っ取った」というのである。私は千葉育ちなので、ニュースなどでしばしば取り上げられた三里塚の農民たちとその支援者たちの闘争を、「割合近所で起きている事件」という認識をしていた。雑誌や新聞で農民たちの抵抗の様子や、機動隊と激しくぶつかる「過激派」の写真が特集されることがあった。私の目には、**黒澤明**の『**七人の侍**』で、自分の土地を守ろうとする「百姓」（映画内の呼び名なのでこの用語を踏襲する）と、それを蹂躙しようとする野武士（野盗）の構図とそっくりに見えた。

繰り返し放送される映像〈**破壊された管制塔の窓から真っ白い書類（?）が外に向かって投げ**

捨てられ、まるで紙吹雪のように空を舞う〉。「日本でもまだこんな光景を見ることがあるんだ」と思った。良い悪いではない。純粋に美しい光景だと思った。受験が終わり、嬉しいでもなく、新しい生活に向けて気張るでもなく、ただ安堵のあまり虚ろだった私にも、これから始まる大学生活に向けて少し気合が入った。

私にしてはちょっと異色な作品を紹介したい。5月に放映が開始された『**マンガはじめて物語**』(78年5月)である。実写とアニメが組み合わされて、主に産業に関する事物の「はじめて」を紹介する番組である。民放の子ども向けの啓発番組ではあるが、私はこの番組を楽しみにしていた。心に余裕ができて、少年時代に図鑑に読みふけった、ああいった感覚が戻ってきたのだろう。ずいぶん長寿番組になったと思うが、熱心に見たのは最初の二年ぐらいで、あとは惰性になってしまったかもしれない。

そして、何よりも78年を彩るアニメ作品が『**銀河鉄道999**(スリーナイン)』(78年9月)である。松本零士の長編マンガのアニメ化。健康と長寿を身体の機械化で獲得した上流市民と、上流市民に獣のように扱われる下層市民の存在する世界で、永遠の体を獲得して上流階級の人々を見返そうと、謎の美女メーテルと宇宙を航行する蒸気機関車に乗って銀河の旅をする星野鉄郎の物語。さまざまな星をめぐるので、話が単調にならない上に、乗車している人々の物語も織り込んで奥行きのあるストーリー展開で、最後まで目が離せなかった。

同時期に『**宇宙戦艦ヤマトⅡ**』(78年10月)も放送開始されている。これは、劇場版の『宇宙戦艦ヤマト』が大ヒットしたことを受けて、劇場オリジナル映画として『**さらば宇宙戦艦ヤマト**

愛の戦士たち』（78年8月）が公開されたことに端を発する。この**劇場版のテレビアニメ版として、ヤマトⅡが生まれたの**である。映画版では地球を救うために主人公たちはヤマトともに敵の白色矮星に突入して相打ちになるのだが、**テレビアニメ版は生還する形で終わる。**主人公たちを生かすことで、さらに続編を作りたかったからだとも、松本零士が特攻攻撃を思わせる終わり方を好まなかったからだともいわれている。

私は映画版を見て、ややナショナリズムの度合いが増したことと、『鉄腕アトム』や『サイボーグ００９』以来、折に触れて私の心をかき乱す「自己犠牲」という安易な世界救済譚だったことなど、初代の『ヤマト』に比べると甘いセンチメンタルな作品になったことに軽く憤慨していたので、テレビ版の結末修正版のほうが好きだった。ただ、一体に感傷的で甘ったるいテイストはテレビ版でもそれほど薄まらなかった。

▼私は「階段」を踏み外す

78年の中ごろには、両親との小さな争いの末に私は無事ひとり暮らしを始めることになった。学費と家賃の一部を負担してもらい、その他はアルバイトで賄うという約束だった。このときの私の自己評価では「親がかり」を脱して、年齢相応に子どもから「大人の階段」を上り始めていた。

79年が明けた。教養課程が1年で終わり、専攻を決めなければならなかったが、率直に言うと、受験という壁を越えた後、私にはさしたる目標がなかった。学生としては、「大好きな宮澤賢治の作品について、土俗的な地域性からそのイマジネーションの源泉を探る。同時に現代の歌謡（曲）にも通じる、文学的な表現の日常語化の過程を賢治の作品から解明する」という大それたテーマを掲げていたが、学校の講座の中で、それを可能にするものが何かがわからなかった。

学校が与えるものがテーマへの明確な道筋ではなく、あくまでもその基礎知識や思考手段のドリルだということが当時まったくわかってなかった。あんなに苦労して入った大学なのだから、すでに多くの答えが用意されているとでも思っていたのである。

なにより、将来自分が何をしたいかもわかっていなかった。漠然と本に関する仕事をするしか、自分の道はないだろうとは思ったが、何が自分にできるのかの自信がなかった。

なんとか、選択肢の多そうな専攻科目を選んだ。次第に、大学の授業の多くが受験勉強の時のような合格点を得るための試練のようなものに見えてきて、もう受験のような勉強の仕方は嫌だと次第に軌道を外れ始めている自分がいた。

そんな時あの作品がやってきた。**『機動戦士ガンダム』**（79年4月）である。最初は、「ああまたロボットアニメね」と、凡百の作品のひとつとして、何ら期待していなかった。ところが、この作品はすぐに多くの人々の胸ぐらをつかんで離さない吸引力を発揮する。日頃アニメ作品を見ないような友達までも巻き込んで、燎原の火のように口コミで評判が拡散していった。私もまた、『機動戦士ガンダム』の圧倒的な迫力と、SF趣味に魅了されてしまった。

私は自分の将来には何の展望も見えないくせに、なぜか**この作品の先にアニメという表現ジャンルが広範に受容される主要な表現手段が生まれるのではないか**と妄想した。

家族から中途半端ではあるが独立し、相変わらず先が見えないとはいえ普通に卒業して流されるように就職して働くようになると予想しながら、何とか這いつくばるように上り始めた「大人への階段」だった。『宇宙戦艦ヤマト』や『機動戦士ガンダム』の衝撃で、当面自分を取り巻く面白い状況にこだわって、見えない先行きのことは成り行きに任せようと思うようになった。要するに、階段を踏み外して、今ある関心にかかずり合う子どものような心性に戻ったのである。

学業への志が薄れ、アルバイトに時間を取られるようになっていった。何もかもが本来の自分に課せられたものではないと、空虚な気持ちに陥るとき、いつも思い出されるのが、「成田空港の管制塔占拠事件」で放映された管制塔から舞い散る白い紙の光景だった。

第三章　一九七九〜八三

XII　1979-81　バスティーユの号砲が鳴り美少女アニメの花が咲く

いったい自分は何を生業にして生きていくのだろうか、と先行き感のなさに途方に暮れている一方で、当面する自分の課題は学内でひそかに活動していた「読書会」の運営だった。当時の大学は、１９７０年代前半まで吹き荒れた学生運動が当局や官憲の弾圧と、活動団体（セクト）同士の正統争い（内ゲバ）で、大半の学生からは恐怖と嫌悪の対象になり、組織員が減り続けていた。

また、学生の自治や政治への関心を持っても、学校や学部ごとに主力のセクトが幅を利かせ、目を光らせていたので、迂闊に活動すると、セクトからの攻撃にさらされる恐れがあった。そのため、学内の主流派のセクトとは別の考え方を主張するグループや、他のセクトのシンパと決めつけられた活動団体は、学内で公然と活動することができず、地下に潜った。

私は、とあるきっかけから、「セクトに依拠しない反体制運動の可能性を探る」ための勉強会を主宰する羽目になっていた。活動の趣旨が反セクト的で、学内の主流派の主張ともぶつかる内容を議論していた。公然的に活動することは危険だというので、廃部同然になっていたサークル部室をわがものとして使い、元のサークルを隠れ蓑にしていた。高校時代の文芸サークルも空いている部室を占拠したのだが、相変わらずヤドカリのような図々しいことをしたのだった。

元々が顔見知りだけで結成されていて、唯一の掟はセクトや組織形態がセクト化している活動団体とは一線を画すということだけの、スカスカな行動規範しか持たない数人の集まりだった。集会やデモに参加する時には安全を確保するために、市民団体やノンセクトの隊列に加えてもらった。

とあるセクトに加盟している「すしや」というあだ名の男が、このいい加減な活動の仕方を面白がって半ばメンバーのように顔を出すようになった。内心、自分の属する党派へのオルグを目的にしていたのかもしれないが、そのお人好しな性格がわざわいしてか、ついに、すしやは自分の所属する組織に誰一人持ち帰ることはできなかった。

▼ガンプラと吉本隆明

ある日すしやが、ガンプラを数箱持ってきた。ガンダムは放送終了後にむしろブームが過熱して、ガンダムに出てくるモビルスーツのプラモデルがバカ売れしていた。入手困難と言われていたガンプラをどうやって入手したのか、またそれをなぜ持ってきたのかさっぱりわからない。ただ、私が軍事系のプラモデルを時々作っていることを隠していなかったので、それを慮ってくれたのだろう。ガンプラを1箱ずつ私たちに渡して、「みんなで作りっこしよう」と言う。わたしは、やすりやニッパーを使って継ぎ目を消したり、彩色をしたりする基本的な作法を知っていたので、完成したものを持ち寄ったときには大層褒められた。

かつて、学生運動の華やかなりし時、彼らがスポ根マンガや任侠映画等々への嗜好を露わにして、サブカルチャーと学生運動の闘士たちの不思議な親和性が語られていたが、そういうところはまだまだ健在だった。

私は、当時**吉本隆明**のさまざまな著作を愛読していて、彼の難しい思想の仔細がわからないながらも、**政治的なあるいは目的達成のための規律ある人生を選択するのは誤りだと教わっている**と考えた。要するに恋愛したり、趣味のプラモデルを作ったり、おしゃれをしたり、普通の人と同じ日常生活がベースにある人生の上に、「活動」する自分を置くというのはいびつな倫理であり欺瞞である。では、普通の生活を送りながら、社会を変革するほどのインパクトで「よりまともな社会や人生」などというものを考えることはできるのか、ということを突き詰めたかった。しかし、そういった議論はあてどなく、実のないものになりがちで、理論武装したセクトや市民団体の人々に対抗出来たものではなかった。

すしやは、ほとんどの時間を私たちと共に活動をしていて、組織に戻ると「わけのわからない連中とつるんでいる」ことをずいぶん批判されたようだ。幸いそのセクトは穏健で各人の行動に厳密な縛りを与えていなかったので、すしやも「そのうちにオルグして連れてくる」などと弁解しながら切り抜けていると言って、私たちの前ではケロッとしていた。

▼ベルばらのアニメ化

79年の冬には、アルバイトと部室通いで、学業はかなりおろそかになっていた。

そんな79年の10月に**『ベルサイユのばら』**の放映が始まった。『ドカベン』の時も「なんで今なのか?」と思ったが、「ベルばら」も**あまりに遅いアニメ化**だった。

『ベルサイユのばら』の原作マンガは72年に始まっている。私はまだ中学生だった。その時点で、クラスの女子がかなり騒いでいたが、よく知られているように、74年に宝塚歌劇団が演目にしてからは、「社会現象」とまで言われるほどのブームになって、以来50年を経ても宝塚歌劇団と言えば「ベルばら」と条件反射的に答えてしまうほどの重要な演目になっている。

私にとっては「ずいぶんと長いことアニメ化されずに来たな」という印象だったが、むしろ満を持してのアニメ化だったのだろう。非常に話題になったし、なによりアニメの歴史を振り返るテレビ番組でもよく取り上げられるほど多くの人の心に残った。作品としては、先にも紹介した**出﨑統**の監督であり、劇的かつ美術的な出﨑演出が作品の人気を押し上げた。ただ、記録によると最初の数話は別の監督が担当しており、その監督の降板により出﨑監督の出番になったとのことである。フランス革命の前夜から革命直後を題材にした、この壮大にしてロマンティックな作品を描くには、出﨑統の才能は絶対に必要だったはずだ。交代劇の真相は噂以上のことはわからぬが「災い転じて」の一例である。

80年になると、大学生としての「私」はほぼ存在せず、単位が取れる最低限を計算しながら授業に出る始末だった。ひたすらアルバイトに「読書会」の活動にと、学外のあちらこちを飛び回っていた。アニメ作品も家にいるときは見ている、という程度になってしまった。

▼ジョーと安下宿共闘会議

ふたつだけ例外があって、そのひとつが『**あしたのジョー2**』(80年10月)である。これは第1作目同様**出﨑監督**のテレビアニメであるが、これまでの話しぶりでおわかりのことと思うが、このころまでの私は監督や演出担当などをほとんど気にしていなかった。『あしたのジョー2』も、たまたま始まったときにチャンネルを合わせていたという程度の巡りあわせである。しかし、ハマった。物語も懐かしかったが、第1作のころに比べて、作画や演出が一段と洗練されていた。

特に第2期とでもいうのだろうか、オープニングとエンディングが新しくなったところで、主題歌となった**荒木一郎**の「**Midnight Blues**」は、アニメのオープニングとして以上に楽曲として大好きになった。荒木一郎は歌手兼俳優で60年代から70年代ごろにかけて、特に人気があった。代表曲の「空に星があるように」(66年)は今の60歳代より上の人には懐かしく思われるだろう。キザでニヒルな雰囲気を持ち、私はテレビドラマの『木枯し紋次郎』で、準レギュラーとして出演していたのが特に記憶に残っている。

『Midnight Blues』は、声を張ることなく呟くような美声で歌われる荒木一郎の持ち味が存分に発揮された曲で、アンニュイだが深いところに光があるような雰囲気が、『あしたのジョー』の世界観にぴったりだった。あまりにも好きすぎて、このオープニングに変わってすぐにこの曲を収録したライブ盤LPの『CONCERTRICK』（81年4月）を購入して、文字通りレコードが擦り切れる程聞いた。*

＊CDが出てからの世代のために補足しておくと、これは比喩ではなく本当に擦り切れるのである。CDとは違い、レコードは盤面に刻まれた音の溝を、針がトレースすることで音が出るので、再生するたびに少しずつレコードの溝が細かく削られ、そのうちに溝の傷を針が音として拾って、サーッという雑音が聞こえるようになる。

もうひとつが同じ10月に始まった『**おじゃまんが山田くん**』（80年9月）である。いしいひさいちによる4コマギャグマンガが原作のテレビアニメ。どこにでもいそうな家族の日常を面白おかしく起承転結にまとめたアニメで、ほぼその線上に現在朝日新聞で連載されている『ののちゃん』がある（91年の掲載当初のタイトルは『となりのやまだ君』、97年に現タイトルに変更）。

私は、いしいひさいちが大好きで、かなり早い段階で彼の作品を愛読していた。いしいは関西の出身で、地元のアルバイト情報誌に連載していた貧乏学生の生活を面白おかしく描いた四コママンガの『**バイトくん**』で人気が出た。関東では読むことのできない媒体だったが、近畿地方の地方情報誌を発行していたプレイガイドジャーナル社が、単行本で『**バイトくん**』（77年）『**バイトくん2 東淀川ひん民共和国**』（79年）『**バイトくん3 名もなく貧しく美しくもなく**』（81年）を刊行したおかげで、まとめて読むことができたのだ。

「プレイガイドジャーナル」（「ぷがじゃ」と呼んでいた）は、近畿地方の興業・チケット情報やサブカル系の読み物を掲載して関西では一世を風靡していたが、もちろん関東では流通していなかった。ただ、その存在は関東でもかなり話題になっていた。薄い記憶だが、先に述べた「茗渓堂」がバックナンバーを扱っていたかもしれない。最初の単行本の『バイトくん』は茗渓堂で購入した。商品コードが記されていなかったので、同人誌と同じように、取次を通さない独自ルートで仕入れていたのかもしれない。

「バイトくん」シリーズは、関西の三流大学に通う冴えない主人公が、ぼろアパートに住みながらアルバイトに、貧乏生活にユーモラスな悪戦苦闘を繰り広げるという、変則的な4コママンガ（形式的には4コママンガだが、必ずしも起承転結4コマでまとめるのではなく、いくつかの4コマを通して、エピソードを語る）で、落ちこぼれ大学生であった私には心にしみた。

また、主人公たちが所属する学生運動組織「**安下宿共斗会議**」がしばしば活躍し、本人たちは大真面目なのだが全くピントの合わない闘争方針や戦術で、周りから迷惑がられている姿に自分たちを重ねた。私が、管制塔占拠の白い紙で心奪われた「三里塚闘争」にも彼らは出向くが、空港を守る機動隊に「あいつらは過激派ではない、喜劇派だから放っておけ」とまで酷評され、管制塔を占拠しようと見学者を装って侵入するも、たちまち見抜かれ、管制室と貼り紙された機動隊の詰め所に騙されて案内されると、意気揚々と部屋に突入するも返り討ちにあってボコボコにされる。このぬるさに痺れた。

また、これもよく知られた作品で『**がんばれタブチくん**』は、阪神（のち西武）の野球選手をモデルにしたギャグマンガだが、登場人物がほぼ特定できる作品であるにもかかわらず、その誰もが極端でどこか抜けていて、モデルになった選手のイメージとの共振関係が見事なパロディマンガだった。こちらは早くも79年に**アニメ映画化**された。

「マルチラウンド方式」という上映方式が目玉だった。これはそれぞれ独立した短編を繋いでいるだけで全体的な流れがないので、上映時間に縛られず「どこから見ても大丈夫」「どこで退場しても大丈夫」という、得なのか損なのかがよくわからないシステムである。私はタイムテーブルの第一話を狙って入場したが、それでもあまり席が埋まっておらず、どこのタイミングでも出入りする人たちはなんとも居心地悪そうだった。案の定、その後この上映方式は聞かなくなった。ふと気づいたが、タイパ（タイムパフォーマンス）を気にする最近の若者たちなら、案外すんなりと受け容れるのではないだろうか。

脱線が長くなってしまったが、そのいしいひさいちの毒が薄められているのではないかという不安はありつつも『となりの山田くん』の放映は楽しみだった。ちなみにこのアニメに関しては特定の原作があるわけではなく、これまでのいしいひさいちの作品の中からエピソードを拾ってくる形で作られた。いしいひさいちの観察眼や皮肉なギャグセンスは、テレビアニメでも十分に面白く、どこかアングラな雰囲気があったいしいひさいち作品が、ファミリー向けのアニメとして受け入れられ長期に放映されたのは嬉しかった。

▼「読書会」の解散

1981年になった。毎年年末年始は実家に戻って家族と過ごすという約束があったので、私は八千代台で年を越した。私が学業に身が入らない状態であることを、親は感付いていたので、何かと親子の会話がとげとげしく、私は早く東京に帰りたかった。

また、この年の3月にひとつの山場を迎える闘争があり、私たちが活動していた「読書会」も参加を予定していたため、そもそも私の心はかなり緊張した状態にあった。さまざまなセクトや市民運動、社会運動の団体が総がかりで行なうことを宣言しており、さすがに暢気に構えていた私たちのグループも、「ことによったら捕まってしまうかもしれない」という雰囲気まであったのだった。

実家からほうほうの体でアパートに帰ると、いつもの仲間と相談し合ったが、すしやが、今回の闘いは帰属する組織が優先だと言ってグループから離れた。ただ、私たちが参加する無党派グループへの道筋を作ってくれていた。

大げさな語り口になったが、世間的に見れば、すでに開港していた成田空港に関するまったく認知度の低いムーブメントでしかなかった。すでに、学生運動であれ、反体制運動であれ、社会運動であれ、世間で大きく騒がれるような大きな問題を盛り上げる力は持っていなかった。今回の運動も、共闘する多くの組織間で調整をして、成田空港の問題点を改めて露呈させるべく、党派・組織横断の集中的な行動で闘うものと位置づけられたが、仲間内の悲壮な決意以上のアピール力は生まれなかった。当然、私たち末端は「大規模な実力闘争」という以上の具体的な戦術は知らされなかった。

事前の説明では闘いの山場は深夜であった。夕方から三々五々それぞれの集合場所に集まり、夜9時ごろから「現地」に向かった。まずは真夜中の線路わきに集結して機動隊に対峙した。今回は「航空燃料を通常の列車と共有する線路で運ぶという危険で挑発的な行為を、実力で阻止する」という呼びかけだった。しばらくして我々は近くの鄙びた駅舎の前に移動し、呼応するように駅を背に機動隊が並んだ。駅の明かりと街灯で、駅の前の空き地にひしめく200人程の色とりどりのヘルメットと、鈍色に反射する機動隊のヘルメットが闇の中にゆらゆらと浮いていた。

日付を越えてしばらくしたころ、前方の一群がざわめき出し、「来るぞ」という声が波のように伝わってきた。突如、最前列の各部隊のリーダーがシュプレヒコールを唱導し始め、わけのわからぬまま全員が従った。部隊ごとに団子になって駅前をぐるぐるとデモ行進をし、駅側にはみ出てくるデモ隊を機動隊が押し戻した。ふいにある党派の一群が整然と密集したデモ隊の輪を抜けて、少し離れたところからデモ隊を見守るように並んだ。デモ隊の中から「日和るな！」と罵声が飛んだ。騒然とする中、航空燃料を積んだと思しき貨物列車が通り過ぎていった。貨物列車を見送りながら、再びシュプレヒコールの掛け声が上がった。しばらく狭い空間をデモ隊がひしめき合うようにうごめき、やがて総括の演説が始まった。それがあの大がかりに呼びかけられた闘争のすべてだった。

この闘いを組織した各党派や団体の幹部は、はなからこの程度の目的に実力闘争を行なうリスクを取ろうなどとは考えていなかったのだ。正直ホッとしたことも確かだが、「これはいくらなんでも違う」と思った。力攻めをしなかったことがではなく、口では勇ましいことを言って、**「組織を守るため」**を口実にカンパニア（実力闘争を伴わない戦術）闘争でみんなの気持ちを空振りさせるのは裏切りだと思った。本音を言えば、しぼみかけた運動を再活性化するために、大がかりな（実力）闘争を組むこと自体に私は反対ではあった。しかし、グループ内での議論の末に参加した身としては、「ホッとした、助かった」では収まらない気もした。

そういうこともあって、緩い紐帯で結ばれた「読書会」というグループはそろそろ維持が難しくなってきていた。初めは怪訝な目で変な奴らと思われていた我々も、互いに見知った顔になると、党派などのオルグを頻繁に受けるようになっていた。実務的なムードメーカーとして協力してくれていたすしやは、元々の繊細な性格が心を疲労させてしまったようで、すべての活動の一線からしばらく身を引くことになった（半年ほどで復帰）。

楽しく集まり、楽しく出かけていく、というスタイルが崩れたところで、「読書会」は解散した。名目上は、「3月の闘争の総括をめぐり組織的活動の維持ができないと判断した」と言っていたが、特に話し合いもなく自然消滅に近い終わり方だった。

学年が改まり、4月から学生に戻った。学内でのブランクは長かったはずだが、友人たちは私の不在も帰還もあまり気にならないように接してくれた。とはいえ、学校は私の素行を大いに気にしてくれた。3年生の成績表は、私の計算違いでいくつかの科目で決定的に出席日数が足りていなかった。4年生が始まったばかりなのに、留年を覚悟するしかなかった。

普段の生活に戻ったこともあり、私のアニメ人生も再び活気を帯びてきた。
ちょうど81年は、日本のアニメの歴史においてふたつの大きな作品が、新たな時代を告げることになるのだ。

▼「美少女アニメ」のはじまり

まずは、**『Dr.スランプ アラレちゃん』**（81年4月）である。言わずと知れた少年ジャンプに連載されていた**鳥山明**による大人気マンガ**『Dr.スランプ』**を原作にしたアニメである。80年に連載を開始しているので、アニメ化としては早いほうだろう。

80年、私はいくつかのアルバイトを掛け持ちしていたが、主な収入源は日本橋にある老舗の喫茶店だった。ここは賄いというのか、休憩時間にサンドイッチやトーストを出してくれるのがありがたかった。お金をもらって食費も一食分浮くのだ。また、お客さんのためにマンガ雑誌を各種揃えていたので、多くの連載マンガも読むことができるのだった。

そこで『Dr.スランプ』に出会った。初回の連載を見たとき、まず思ったのは「なんて絵の巧い人なのだろう」ということであった。デッサンがしっかりしているとか、表情の捉え方がうまい、ということならほとんどの人気マンガ家は絵がうまい。鳥山明の巧さは、それに加えて**オシャレでポップな軽さ**があることだった。一コマ一コマがマンガというよりもイラストのように素材や構図、描線が巧みに計算された均整美があり、曇りのない明るさが読者をハッピーな気分にする。話も面白いし、主人公のアラレが発する素っ頓狂な造語は**「アラレ語」**と呼ばれて流行した。登場人物、特にアラレを除く女性キャラはアメリカナイズされた洗練された姿で描かれて、オシャレであった。

次に登場するのが**『うる星やつら』**（81年10月）である。これも多言を要しないであろう。78年に少年サンデーに連載開始をした**高橋留美子**のマンガが原作である。浮気症な色好みで軽薄・無責任な性格の諸星あたると、異星からやってきてあたるに一途に愛のアタックをし続けるラムによるドタバタコメディ。

ラブコメの要素と変人・怪人だらけの登場人物がハチャメチャな事件を起こすギャグ要素がバランスよく配されており、時には情緒的・感動的なエピソードを挟み込んで飽きさせない。また、この作品の最大の魅力は、**女性キャラの可愛らしさ**にある。ラムをはじめ、登場する女性キャラのほとんどが高橋留美子風美女とでもいうのか、風貌・造作はかなり定型化されているのだが、キャラクターそれぞれの性格や職属に合った表情の描きわけが高橋留美子は抜群に巧く、個性的で活発な女性を。多数登場させた。この安定した絵柄の美女像は、高橋作品の魅力のひとつだと思う。

アニメは軽快なラテン調の主題歌（**「ラムのラブソング」**）で始まるが、この初代の主題歌は今でも『うる星やつら』を象徴する名曲である。私は高橋留美子のキャラクターが動いているという事実だけでも嬉しかったが、原作から入った人の中には違和感を感じる人もいたらしく不満の声もちらほら聞いた。たしかに、原作マンガのアニメ化の際に絵柄の変化や、声優の声がイメージとずれる、といった違和感があることは少なくないが、たいていの場合、「慣れ」の問題に着地して終わる。このアニメに最初不満に感じた人も、だんだんにテレビアニメとしての『うる星やつら』を受け入れていったのではないだろうか。

声優の問題に関しては、ラムの声を当てた**平野文**のちょっと大人っぽい色気のある、それでいて勝ち気で元気な女の子らしい美声は、最初からかなりの当たり役に思えた。対するあたるの声を当てた**古川登志夫**も、軽薄で無責任、そのくせ人情家なところも男前なところもあるという、なかなか振り幅のある役を見事に演じ切った。この作品のほかの声優陣もイメージ通りで、原作ですでに大人気だった『うる星やつら』のアニメ化としては大成功だったのではないかと思う。

さらに、このテレビアニメは**押井守**が監督（後にやまざきかずおに交代）したことでも有名で、**映画版**の『うる星やつら』の第1作『**うる星やつら オンリー・ユー**』（83年2月）、第2作『**うる星やつら2 ビューティフル・ドリーマー**』（84年2月）も監督して押井守の名前が広く知られるようになった。

私の考えでは、『うる星やつら』は、**次にやってくる「美少女アニメ」ブームの号砲**になっているように思える。高橋留美子の描く女性は、風貌的には和風美人なのだが、ラムのような露出のファッション、制服や洋装、普段着、どのような衣装も似合う。そして表情やしぐさをいかようにも描き分けられる巧さによって、キャラの引き出しがとても多かった。また、いやらしくなるひとつ手前の色っぽさで留める手際は、作品の読者層を選ばない人気の秘密でもあった。『うる星やつら』は男女問わず親しめる作品で、女性キャラは個性も鋭く、自己主張が強めで、男性とやり合うようなセクシーで活発な魅力を持っている。*1

しっかりとした自己と発言力を持ち、健康的なセクシーさを持った、**女性から見ても共感しやすい個性を持った女の子の闊歩**が、「美少女アニメ」（そしてその根幹をなす美少女マンガ）の扉を開くのである。[*2]

＊1たとえば、アニメ草創期の萌えキャラ『レインボー戦隊ロビン』のリリはお転婆で活発な少女であることを強調されているが、あくまでも戦闘ではなく治癒の職性に特化されており、ロビンの母親代わりという属性まで付与されている。「999」のメーテル、「ガンダム」のミライ、セイラ・マス、フラウ・ボゥなど、次第に女性の発言力や自立傾向は顕著になっていく。

＊2ただし、これは決して女性の立場が強くなったとか、男女の同等性の考えが育ってきたとかいう状況を示すものではなく、あくまでも「男性から見て都合の良い程度に」という枕詞抜きに語れない問題のレベルにとどまることは注記しておきたい。また、その事実は、「美少女」ブームを語る際に、今後も必ずついて回る問題でもある。

▼さらに少女ものとエッチもの

女の子が男性に対抗していく作品としてなら、テレビアニメ版の『**じゃりン子チエ**』（81年10月）は代表的な作品だろう。

『じゃりン子チエ』は78年10月から連載されていた**はるき悦巳**の人気マンガである。81年の4月に**高畑勲**が監督した**劇場アニメ版**が先に公開されていて、その時のキャストやスタッフがほぼそのまま引き継がれる形で**テレビアニメ版**ができた。

大阪の下町で働きもせずぶらぶらしている父親テツの代わりに、ホルモン屋を切り盛りしながらたくましく生きている小学5年生の竹本チエの物語で、飼い猫の小鉄（人語を解するが会話まではできない）など個性豊かな人々の織り成す人情コメディとして人気が出た。小学生の女の子がたくましく生きているという意味では女性の自立譚だが、父親の尻ぬぐいをさせられているという意味では、男に苦労する恋女房話の変形でむしろ古いタイプの女性像を象徴しているだけなのかもしれない。

81年を代表するアニメ作品として、もうひとつ取り上げておきたいのは、**『まいっちんぐマチコ先生』**（80年10月）である。

えびはら武司の原作（80年より学研「少年チャレンジ」連載）をテレビアニメ化した作品である。担任の教師であるマチコ先生に、小学生の主人公が子どもっぽい悪戯（セクハラ）を仕掛けるという物語。話の骨格には子どもたちの友情と信頼関係のほほえましさ、友達との協力関係の大切さなどがあるとはいえ、今でいうところのセクハラが必ず描かれるという際どい立ち位置にある作品である。

アニメ化はかなりの覚悟がなければできないと思われた。たしかに、子ども（特に男の子）はこういう**「エッチ」な作品**に関心を持っているし、この作品ではマチコ先生は困惑を示しながらも、結局は大きな問題とは思わず、ある意味彼らの子どもっぽい悪戯心を理解して許容している節があり、その明るくカラッとした作風で、当時の子どもからは大変に好評を得ていた。視聴率は稼げるとは思ったが、あえてリスクを拾うようなテレビアニメ化は驚きだった。当然予測されたことではあるが、**全国のＰＴＡはカンカン**で、その抗議の声を重く受け止めて放映打ち切りになった地域もあった。

とはいえ、放映を続けた地域では約2年間放送されるほどの人気を博し、放映終了後も、折に触れて**リメイクのアニメや実写版、舞台版**などのバリエーションを再生産し続けている。

かつて、『ハレンチ学園』が性的表現で物議をかもしたことに触れた。当時は「エロ・グロ・ゲバ」という表現ジャンルに、アングラ的・反正統的・反体制的な「反逆」精神を込めていると見ることができた。もちろん、この時も、そのような反権威主義の内実は単なる性的表現をもっともらしくラベリングしたに過ぎなかったのかもしれないが、**80年代になると、社会的な言葉、政治的な言葉は大衆性を持てなくなり**、より率直に感情の方向性が作品に映し出されるようになっていた。

それまでもマンガやアニメの世界に恋愛対象としてであれ、憧れや理想の対象としてであれ、物語をより魅力的に彩るために据えられた「美少女」はたいていの作品に存在した。そこには読み手の性的な関心を吸引する意図も存在した。しかし、80年代にあらわれた「美少女アニメ（マンガ）」の「美少女」は、主人公や副主人公などの位置に置かれた重要な登場人物であるなしにかかわらず、どういう形であれ作品を牽引する魅力的な核として作品世界に投下される。

つまり、「理想の彼女像」「〈健康的な〉容姿」「色っぽい」など、約《つづ》めていってしまえば「**性的な嗜好**」を、ラブコメ、パロディ、ギャグ、ＳＦ・ファンタジーといった**物語構造に回収したも**

のが**「美少女アニメ（マンガ）」**なのだ。これは日本のアニメ（マンガ）の大きな系譜のひとつとなった。どのような意匠や独自性を加えて「美少女」を作品に投下するか、そういう工夫を重ねた「美少女アニメ（マンガ）」が、アニメ界においてかなり大きな位置を占めることを今後見ていくことになる。

XIII 1981 - 83
「オタク」の誕生と書店暮らし

1981年の秋が深くなったころ、知り合いから「書店で働かないか?」との誘いを受けた。聞くと、賃金はそれほど高くはないが、アルバイトにもボーナスが出るらしかった。もとより本を扱う仕事を希望していたので私は二つ返事で、面接を受けた。

それは吉祥寺にある恐ろしく売り上げの良いことで有名な書店だった。年末になると、進学や入試のために学習参考書（学参）コーナーが忙しくなるので、その補助が欲しいとのことだった。この店は立地もあって「異常」なほど棚回転率の高い店だった。学参コーナーは平台に積んで2、3時間で売り切れる書目が多数あるありさまで、始終補充をしなければならなかった。店と在庫を保管してある倉庫の間を網のついた大きな台車を押して何度も往復した。

入社後1カ月もしない頃、社員のひとりに呼ばれて、「組合に入らないか?」と言われた。この書店はオープンショップ制（自由意思で組合に加入するタイプの労働組合。入社と同時に組合員になるユニオンショップ制の組合もある）で、アルバイトも加盟できるので個別にオルグされるのである。**労働運動は市民の権利**とでもいうものだろうから、ためらいなく応諾した。

当時の書店業界のトピックスは、この年の春に発売されて大ベストセラーになった黒柳徹子の**『窓際のトットちゃん』**（81年3月刊行）だ。私がアルバイトを始めた時点で、刊行後半年以上たっていたが、よく売れていた。担当者は、追加注文を満数で出荷してもらえるように、しばしば取次の担当者と押し問答していた。

1982年が明けて2月半ばになると学参の繁忙期は終わりつつあった。店長に呼ばれ、「まだ働く気はあるか」と聞かれたので、「ある」と答えるとあっさり雇用が延長された。そして、いつも忙しそうにしている雑誌係に配属された。

この書店は、売り上げは良いが、あまりにも忙しくて新たなジャンルに手を広げられない一面もあった。一番特徴的だったのがコミック本（連載マンガを書籍化したいわゆるマンガ本）で、他のジャンルを担当する社員のひとりが、「マンガはよくわからない」とぼやきつつ、兼任で小さな棚を補充していた。そのうちに、レジを主に担当する女子大生のアルバイトにマンガに詳しい人達がいて、社員にあれこれアドバイスをするようになり、結局、社員は彼女たちに注文や棚づくりをしてもらうようになっていた。

このころ、コミック本に力を入れないというのは考えられないことであった。むしろコミックの売り上げ頼みの書店も少なくなかった。私の働く店は、集客が容易なテナント店であることや、その中でも人々の動線上非常に有利な立地条件に恵まれていたことで、一般書や文庫、新書、雑誌などの品ぞろえで十分売り上げを保てたし、新しいことをやるには人手が足りない状態であった。つまり、新たにコミック本に手を広げるまでもない売り上げ状況だったことに加え、社員に新しい仕事を与えにくい繁忙さが積極的に動けない理由であった。

とはいっても、日に何度も子どもや子どもに頼まれた親から「○○のコミックはないのか」と聞かれる状況は、書店としての沽券にもかかわるところがあった。さすがに、これはまずいと社員たちもようやく重い腰を上げた。

私は、すでに不足する単位分の授業と卒論を書くだけの状態で5年生になっていたので時間には余裕があった。出勤する日は朝から夕方までのシフトに入り、必要に応じては残業もこなした。長い時間棚を任せられるということで、私に白羽の矢が立った。雑誌係をやりながらコミック本の棚も担当することになった。

人並みにはマンガ雑誌を読んでいたので、少年マンガに関しては苦労はなかったが、少女マンガコーナーの棚づくりには難渋した。幸い、これまで棚を見てくれていた女性アルバイト達が売れ筋や当たりそうな書目を教えてくれたので、それを頼りに少女マンガコーナーを整え、そのうち自分自身も少女マンガを読むようになった。『**ガラスの仮面**』や『**日出処の天子**』、『**綿の国星**』など、後世に残るような珠玉の名作が刊行されていた時期で、あっという間に少女マンガのファンになった。

▼これまでにないタイプ

そういう仕事上の事情もあって、このころは今までと違うタイプのアニメにも関心が向いた。一つは**『あさりちゃん』**（82年1月）である。これは**室山まゆみ**原作の子ども向けギャグマンガを原作にしたアニメで、厳密には女の子が主人公であるという以外は、性別関係なく子どもを対象にしているものだった。アニメ版の常で、放送時間を満たすために膨らませた部分や創作キャラ（原作にない登場人物）等が織り込まれたが、気が休まる作品だった。

もうひとつは**『魔法のプリンセス ミンキーモモ』**（82年3月）である。これは原作マンガがないオリジナルアニメのようだった。純粋に少女向けアニメで、そのため長くは見続けなかったが、後に結構男性ファンが多いことを知ることになった。男性のアニメファンの中には、「ミンキーモモ」に非常に魅力的な「美少女像」を見出す人たちが少なからずいて、先に述べた**「美少女アニメ」の系譜を継承する作品**とみなされたのである。

書店のアルバイトで、少女マンガに少し心を開き始めた時期に放映が始まった**『パタリロ！』**（82年4月）は、**魔夜峰央**の原作の非常にスタイリッシュでギャグもキレキレな名作であったが、まだ少女マンガ耐性が未熟な段階での男色趣味は慣れないところだった。後に「やおい」・「BL」がオタク文化の一般的な文化的表象になって、「**美少女アニメ**（マンガ）」と対をなす「**美少年アニメ**（**マンガ**）」という程度のことだと腹落ちするところもあるが、この段階ではそういうスキルはなかった。

とはいえ、アニメとしては大変に楽しんだし、主題歌よりも有名になったかもしれない「**クッ**
クロビン音頭」の破壊力は今でも衰えていない。

9月に名バイプレーヤーとして、学園ドラマなどで活躍していた俳優穂積隆信の『**積木くずし　親と子の二百日戦争**』がベストセラーになる。わが子の非行・不良問題を赤裸々に描いた本作は、このころ話題になっていた社会問題をタイミングよくとらえたことや作者の知名度なども相俟って、たちまちのうちにベストセラーとなった。『トットちゃん』の直後に再度ヒットが出たことで「何やら書籍の世界に神風が吹いているのではないか」という外野の声も聞こえてきたが、実のところ業界全体の内実はひとつ、ふたつの書目が救える状況ではなかった。こののちも出版・書店業はゆっくりと坂道を下り続けることになる。

10月になると、『**ときめきトゥナイト**』（82年10月）が放映開始になる。**池野恋**の原作によるラブコメマンガを原作にしていた。バンパイアと狼女の血を受け継ぐ主人公が、片思いの同級生をめぐり珍騒動を起こすという、私のような少女マンガ初心者にも読みやすく、非常にテンポよく笑えるマンガだったので、ずいぶん長く愛読した。連載開始が82年6月だからよく原作を食うことなく1年間持たせたなと思うのだが、実は私はこのアニメがどのように終わったかの記憶がない。気が付いたら終わっていたという印象なのだ。放映の記録を見ると最後のほうは毎週放映されておらず、かなり不規則な放送になっている。野球中継の影響ということらしいが、テレビには、スポーツ中継絶対優位のヒエラルヒーがあって、ドラマにしろアニメにしろずいぶん割を食うことが多い。

ちょっと脱線するが、かつてはスポーツ中継絶対優位の副産物として**「レインコート番組」**（正式名称かは不明）というものがあった（多分今もある）。ドラマなどは、あらかじめスポーツ中継で放映されない週があるのを織り込み済みで各回の構成を立てる。雨で試合が中止された時のために、わざわざそのための放送分を余分に作っておいて、野球が中止になると、それをしれっと放送するのである。

放送されるかされないかわからないので、総集編っぽかったり、ひどく細かいエピソードだったりすることも多かったが、時々は物語の大枠から自由な分**意外な名作**もあった*。今は、ドーム型競技場で天候に左右されないとか、バラエティ番組を挟むとかの工夫で、昔ほどレインコート番組は少ないのかもしれない。『ときめきトゥナイト』の放映状況を見ていて、間引かれたり、継ぎ足されたり、忙しい時代だったなとふと思い出した。

＊私が一番印象深いのは『17才 -at seventeen-』（94年4月）というドラマで、レインコート番組は、登場人物の子ども時代のエピソードを描くという工夫がなされていた。ほぼ全編本来の役者ではなく子役が登場人物を演じるという趣向だった。残念なことに、このドラマ自体、とても変わっていてかっこよい作品だったが、高校生なのに飲酒や喫煙シーンがあるということで、放映後は再放送もされず、ビデオ、ＤＶＤ等での発売も一切なく、呪われた番組とでも言わんばかりに封印されてしまった。ただし、奥慶一によるこの作品のサントラはクラシック・オーケストラとピアノによるピアノ・ラプソディー風の名曲で、いまでもテレビ番組のＢＧＭで聴くことがある。

▼「オタク」の誕生と「アニパロ」ブーム

83年になると、「おたく」という言葉が、私たちに会話の中に頻繁に出てくるようになった。この言葉が私にとって身近な言葉になったのは、レジでのアルバイト同士の会話を通じてだった気がする。また、不思議なことだが、それまで他人を「お宅」呼びする人は私の友人にも数人いたが、このころから文化的な用語としての「おたく」はどんどん普及していくのに反し、他人呼び（二人称）の「お宅」を使う人はほぼ絶滅した。

「おたく」という言葉は、**中森明夫**というサブカルチャー系文化の評論家が生んだというのが定説だ。まだそれほど注目されていたわけでもないメディアでの発信がこれほど早く、そして広範に普及したことは、そのネーミングセンスの的確さと、本質を突いた発見によるものだろう。あまりにも過激に「おたく」を定義づけ、規定したために、中森明夫自身はかなり批判されたりもしたが、結果的にはこの用語とともに日本語語彙史に残る存在になるだろう（現在は一つの用語として、**「オタク」表記が多い**と思うので、以降はカタカナ表記を基本とする）。

さて、先に述べた「美少女アニメ（マンガ）」の系譜が新たに意識され始めた「オタク」の人々と合流しつつ、のちにはメカフェチなどの物神教的な心性とも合流して、世界に誇る（?）「オタク文化」が生まれてくる兆候がこのころには確かに存在していた。

そして、それを担保したのは、**コミックマーケット**（**コミケ**）**の成長と、「アニメ・パロディ（アニパロ）」ブーム**である。アニパロとは、アニメやマンガを元ネタに、自由に外伝やパロディ化された二次創作を行なう、同人誌の一形態である。

このころから**「コミケ」の話題**がいろいろなメディアで取り上げられるようになった。私は特にマンガを描きたいとも、マンガやアニメを延伸した先にある「自分流にカスタマイズされた」マンガやアニメを欲しいとも思っていなかったので、コミケにそれほど関心はなかった。しかし、マンガ好き、アニメ好きの友人・知人がコミケに行っては同人誌を買ってくるので、次第にコミケが近しいものになっていった。私は無精が災いして、人ごみに出かけていく気にはならなかったが、知人や友人の影響でコミケ的な世界に吸引されていったのだと思う。

さて、「アニパロ」（アニメ・パロディ）ブームは、コミケを通じて**アニメやマンガを次の段階に押し上げる要因**になったと私は考えている。もともとは、アニメやマンガを元に二次創作を行なっていた同人誌の人気ジャンルだった。その人気に目を付けた既成の雑誌や書籍が取り上げたところ、想像以上に好評だったことから、次第に同人誌の人気作家を商業ベースの市場に登場させていくようになった。

アニパロを中心にした媒体を「アニパロ雑誌」や「アニパロコミック」などと呼んで、いくつもの出版社から刊行されるようになった。特に**「月刊ＯＵＴ」**はアニパロブームを牽引した立役者で、アニパロ専門誌ともいうべき**「月刊ＯＵＴ増刊」**は人気が高かった。アニパロを描くために同人誌を作り、それが評価されてアニパロ雑誌でデビューし、人気マンガ家になるという循環が起こり始めた（**ゆうきまさみ**や**安永航一郎**は私にとっては懐かしいところだ）。

私が今でも思い出すのは、オーディオの器具を買いに秋葉原の駅を降りたとき、山手線を待つ人たちの中で、黙々とアニパロ誌（当時はさまざまなアニパロ誌が出版されていた）を読む女の子を見かけたときのことで、「ちょっと同人誌臭さがある『アニパロ』が人前で普通に読まれるようになるのか」と妙に納得してしまったのである。

当時、**秋葉原**はまだ「電気の街」で、「おたく文化の聖地」になるなどとは予想もつかない頃である。ただ、映像機器やレコード、ビデオソフトが豊富に扱われている秋葉原がアニメやマンガに親和的であることは何ら不思議ではないのである。とはいえ、その後の「オタクの街秋葉原」にいたるまでには、まだ長い時間が必要であろう。

▼東京ディズニーランド開園の年のアニメシーン

83年のアニメ作品は非常に注目される名前が並ぶことになる。

まず3月に始まった『**みゆき**』（83年3月）である。あだち充の人気作を原作としており、『**タッチ**』とともに「美少女マンガ」（本書で取り上げている意味での「美少女マンガ」）の典型をなす作品である。このテレビアニメ化はやはり、大きなトピックスであろう。共に魅力的だがタイプの異なるふたりの「みゆき」をめぐるラブコメ。読者の目線を代弁する主人公が、完璧でも硬派でもなく、どこにでもいそうなエッチな優男《やさおとこ》というのが、ある意味で**その後の「美少女マンガ」のテンプレートのひとつ**になる。

さらに、この作品を思い出すとき、多くの人はH_2Oが歌う「**想い出がいっぱい**」のメロディーと切り離せないのではないだろうか。このエンディング曲と作品との一体感は私たちの記憶に格別な雰囲気や香りをそえてくれる。この作品は**既成の流行歌の使い方**がうまく、それ以外にも、要所要所で当時のトレンド曲や演歌といった「曲」を挟み込んで、作品のオシャレ感を膨らませていた。こういう音楽の使い方も、他に例がないわけではないが、音楽による演出の巧さという点では、その後のアニメに大きく影響を与えたように思う。

そして、最もこの作品の肝になるのは、妹のみゆきを演じたのが、アイドル歌手の**荻野目洋子**だったことであろう。年齢的に役との親和性が高いうえに、荻野目洋子自身が妹キャラ系アイドルだったことで、荻野目と妹みゆきの輻輳するイメージを視聴者は愛したはずである。こういった、アニメと現実の淡いに視聴者の感情が乗っていく傾向が「美少女アニメ」にさらなる活力を与えることになる。

4月に**『キン肉マン』**のアニメ版が放送開始となった。怪人たちが活躍するプロレスマンガで、熱血要素とギャグ要素のバランスが絶妙、子どもたちは原作同様このアニメに熱中した。アニメの評判が高まるにつれて、**コミック版の『キン肉マン』**も以前にもまして売れるようになった。ニュースなどで新刊が出る前の日に、書店前に徹夜組が出るほどだと報道されるありさまだった。私の働く書店はテナント店だったので、開店前に人が並ぶような心配はなかったが、かなり配本数を優遇してもらっても、新刊はほぼ即日完売になった。

私はすでにこういうタイプのマンガにハマる年齢ではなかったが、私よりひと回り下の人（特に男性）にとっては、一種の**世代的共有財産**のような位置づけになっているらしい。バラエティ番組などで40代後半から50代半ばの芸人さんたちが、やたらとキン肉マンネタで内輪受けしている姿を見ると、しばしば吉祥寺の書棚を楽しそうに眺める子どもたちの顔を思い出す。

この年の4月は、なかなかに話題が多い。まず、NHK朝の連続テレビ小説『**おしん**』放送開始（83年4月）。あまりにも多くの機会で語られ、リスペクトされているので、感覚的に非常に昔の作品という印象があるのだが、「このころに放映されていたか」と、改めて思った。今でも語られるように、高視聴率と話題性のある作品であったことは、私も実感している。ただ、私はこの手の「艱難辛苦を経て立身出世する」タイプの美しいドラマは極めて苦手としており、作品そのものは見ていない。

そして、4月15日に千葉県浦安市に**東京ディズニーランドが開園**した。「テレビの海外旅行番組でタレントさんが訪れるような特別な遊興施設」ぐらいにしか思っていなかったディズニーランドが、国内の、しかもかなり身近なところで出現するという事態は、私にとってはなんだかふわふわした仮の世界の出来事のようで現実味がなかった。

というのも、自分の人生を振り返るとき、世の中で起こるたいていの綺羅綺羅しい出来事は、私をよけて通り過ぎるのが常だったので、どうせまた自分とは無縁な話だと思ったのだ。しかし、ディズニーランドに関しては、私を巻き込んでくれる諸事情があって、早くも8月に入園して大いに楽しんだ、というのはせめてもの自慢できるエピソードになるだろうか。

そして、アニメの世界では『**装甲騎兵ボトムズ**』（83年4月）の放映開始が特筆すべき出来事だろう。**「ガンダム」から繋がるリアル・ロボットアニメの系譜**だが、ガンダムをより現実的な設定にしたことで本格ＳＦの装いをまとっている。「アーマードトルーパー（ＡＴ）」と呼ばれる大きさが3～4メートルほどの騎乗型兵器が登場するが、「ガンダム」に出てくる見上げるほどに大きなモビルスーツたちの威容に及ぶべくもない。また形も色も純粋に戦闘用に特化されていて見栄えを意識していない。有体に言って地味すぎる形態である。それゆえに、と言ってよいだろうが、「ガンダム」のような爆発的な人気は出なかったものの、**本格SFを好む人やミリタリー系が好きな人たち**からは、むしろ「ボトムズ」のほうが高い評価を得た。今一つ目立たないという存在であり続けながらも、一貫して、関連作品やプラモデルなどコンテンツを生み出す息の長い作品になっている。

4月開始のテレビアニメで、もうひとつ重要な位置を占めるのが、『**ななこSOS**』（83年4月）である。これは**吾妻ひでお**の原作による**不条理ギャグアニメ**である。そしてまた、非常に「**ロリコン**（ロリータコンプレックス）」**色が濃い**ことが何よりも特徴である。80年代の初めごろからさまざまなメディアや表現媒体が「ロリコンブーム」の様相を呈するようになる。* 理由はいろいろあるだろうが、やはり**同人誌ブームの影響**が大きいと思われる。

吾妻ひでおは70年代の初めに商業誌デビューをしている中堅のマンガ家で、SF的な不条理ギャグを得意にしていた。美少女を描くのがうまく、同人誌や小規模な雑誌で初期のロリコンマンガの嚆矢的存在としても注目されていた。『ななこSOS』は、吾妻ひでおの中ではそれほどロリコン色やセクシャルな要素が多くない作品ではあったが、やはり「ロリコンマンガの吾妻ひでおのマンガがアニメになる」という衝撃があった。

＊コミックコーナーを担当していた身としては、当時かなり際どいロリコンエロマンガ家と

目されていた**内山亜紀**の『**あんどろトリオ**』が少年雑誌の「週刊少年チャンピオン」に堂々と連載されたのは、非常に驚いた。たしか「青少年向けの雑誌にふさわしくない」という意見が各所から出たような記憶もある。

ことほどさように、このころの「**ロリコンブーム**」**は社会現象化**しており、またかなり大っぴらに語られてもいた。そして、**この潮流もまた「美少女アニメ（マンガ）」の系譜に流れ込んで行く**。

しかし、このブームは98年に起きた「**宮崎勤事件**」（幼女連続誘拐殺人事件）を機に大きな批判にさらされ、急速に終息していく。ただ、この潮流自体は決して消え去ったわけではなく、また隠匿されてはた目から見えなくなったわけでもない。さまざまな分野でしっかりと流れを継いでおり、ある意味「**危険視されない程度に**」**生き延びるすべを獲得**してブーム時とそれほど変わらないエネルギーを有しているのが実態ではないだろうか。

▼ファミコンの誕生

マンガやアニメ、そしてサブカルチャーにとって、大きな画期がこの年に訪れる。7月15日、**任天堂が「ファミリーコンピュータ」**（ファミコン）**を発売**したのである。

私は鈍くさい人間なので、反射神経を要求される「ゲーム」なるものは敬して近づかなかったが、先に述べた日本橋の喫茶店で働いていたころに、店が流行の波に乗ってテーブル型のゲーム機を数台導入していたため、ゲーム自体の知識がないわけではなかった。また、**ゲームコンテンツは、基本的にアニメやマンガの、またSF・ファンタジー小説の世界観にほぼ重なっていた。**

おかげで、ファミコンそのものにはまったく関心はなかったが、これを機に次第に活気を帯びるゲーム雑誌等にはすぐに馴染むことができた。書店での仕入れや、顧客からの問い合わせへの対応等で、役には立った。

テレビゲームのコンテンツがテレビアニメ等に影響を与えるまでには、それなりに時間がかかった。しかし、テレビゲームとアニメやマンガの親和性は非常に高く、ずっと相互に影響を与えながら発展していくことになる。

さしあたって、これまで少し重点的に見てきた「美少女アニメ」の系譜への影響も当然あったが、実のところ、テレビゲームは後発な分メディアとしての健全性が強く求められたことと、ファミコンの解像度では「美少女」系のゲームはなかなか発展しにくかったのではないだろうか。実際「美少女アニメ」とダイレクトに呼応し合うゲームとしては、テレビゲームよりも90年代に始まる「パソコン」の爆発的な普及による**パソコン用ゲームの影響**のほうが重要である。

▼83年の暮れ、争議は終わった

さて、83年をさらさらと述べてきたが、私は3月には大学5年間の生活をようやく終えて、「社会人」になっていた。なのに、相変わらず書店でのアルバイトを続けているということについて、一応の説明は必要だろう。

私は、大学卒業を控えての就職活動をほとんど行なっていない。ひとつには、働いている書店が自分には合っているという思いがあり、いずれ社員募集があるだろうと期待していたことがある。もうひとつの理由は、この書店では労使紛争が恒常的に起こっていて、82年中ごろにはほぼ争議状態になり、組合活動をやめられない状態になったことである。

私はそもそも学生時代の活動の挫折で、真面目に金を稼いで、大学を無事卒業しようと思い、より安定していると思われたアルバイト先をこの書店に定めたはずだった。ところが、うっかり組合に入ってしまったがために、**なんだか「再び闘う羽目になってしまった」**。

組合に入っているからといって、多くのアルバイトはあくまでも加入しているだけで特に実践的なことを担うわけではなかった。活動的な構成員として組合活動に食い込んでしまったのは、あくまでも私の気質のゆえである。そして、乗りかかった舟を降りられないのも私のかなり損な気質である。

「この労使紛争が解決するまでは、ほかに職を探すわけにはいかない」という思いと、「紛争が小休止にでもなれば、いずれ社員化の話にもなるだろう」という楽観とが、書店に足止めをしたのだった。

この書店はまったく異業種の資本で成り立っていた。いわゆる子会社の立場にあり、課長・部長までは書店で採用された人の中から昇格しているため、実務に知識があったが、各支店の店長レベルになると、親会社からの出向組が占めており、具体的な書店実務にはほとんど通じていなかった。

コミック担当が現場判断で作られた件が良い例だが、こういう店頭の実務について店長は的確な指示ができず、各社員がそれぞれ現場判断で動いているところがあった。そのため、出向組（社長・役員含む）と、書店実務の担い手との間には根本的な断裂があり、結果的に労使関係は常に拗れていた。また、私が勤務した店は大変に売り上げが良かったが、各支店には売り上げのばらつきがあり、何よりもテナント料が法外に高かった。売れれば売れるほど高いテナント料を持っていかれる仕組みだった。

結果的に、書店のグループ全体の経営は逼迫しており、営業努力ではなく、早期退職者募集や不採算店舗の撤退や賃金カットなどの合理化策で乗り切ろうとする方針ばかりが提示され、そのことに組合は激しく反発をしていた。

82年秋からは、完全に争議状態であり、83年3月に私は大学を卒業したが、そのまま書店で働き続けていたのである。今振り返ると、相当間抜けなことをやっているなと思うと同時に、この間抜けさが後の職につながったことを考えれば。「人間万事塞翁が馬」とはこのことだとも思う。

83年の暮れにいろいろな思いは残しつつも争議が終わった。私はこれを機にこの書店を去ることを決意していた。相変わらず、この書店のことは好きだったが、ここで長く働くための条件（社員化など）は永遠に整わないだろうという見込みが立ったからだった。新聞の公募などを見て就職活動を始めたが、私の経歴では普通に就職活動をしてもほぼ木で鼻を括るような扱いを受けた。また、書店の仲間は、私が「組合活動をしたいからここで働いていている」と思っていたらしく、就職を考えていることを知ると、「裏切った」という目で見るようになった。心外だったが、すぐにすれ違いは氷解した。

第四章　一九八三〜八五

XIV 1983 - 84 「戦わない魔法少女」と「終わらない少女マンガ」そして「救世主が秘孔を突く」

『魔法の天使クリィミーマミ』（1983年7月）は、先に取り上げた**『魔法のプリンセスミンキーモモ』**（82年3月）の後番組として放映されたが、これは女の子向けアニメでありつつ、**男性ファンを多く引き付けた（ことが露わになった）「美少女アニメ」**としても記憶されるべき作品である。

その最大の理由は、魔法少女ものでありつつ、単純に「正義と悪の戦い」というテンプレートをなぞるものではなかったことだった。誰もが感情移入しやすく、また現実世界との段差が小さく、**自分たちの生活に作品世界が容易に引き寄せられる**からでもあった。

大体、魔法少女（特に変身もの）は変身後の力によって悪や災厄を退けるのが常道であった。そのうえで、自分が魔法少女に変身しているということを他の人に知られてはならないという縛りが葛藤を生んで、物語が広がりを持つという構図になるのだった。

ところが、『クリィミーマミ』では、ごく普通の少女が変身後の姿の時に、芸能界にスカウトされて、普通の少女と変身した姿でのアイドルとの二重生活を送ることになり、その二つの自分の相克の中で起こる葛藤や、恋愛模様や人間的な成長を描くという、**「いかなる悪や悪の組織とも戦わない」物語**なのだ。

「何のために変身するのか」、「それによって得た力は何を解決するために行使されるのか」という設定上の問いかけに、「正義」や「守護」という大義の言葉が返ってこない。どこまでも普通の世界の中で、特別な力を得たある意味平凡で無為なひとりの少女の物語であり、1年満期という極めて限られた期間しか効力のない力を使って、憧れの世界を精一杯満喫するという物語なのである。そして、それ故に、たった1年のアイドル生活の充実があり、容赦なくその華やかな人生は期限を迎えて奪い去られていく。非常に良くできた作品だと思う。

また、**『みゆき』**がそうだったように、ここでも主人公の声を、設定年齢に近い**太田貴子**というアイドルの卵に担当させることによって、リアルと作品世界の淡いに主人公の世界を引き寄せるようになった。男性ファンは、**アニメの主人公への愛着とリアルな人間としてのアイドル(声優)をシンクロさせて、**アイドルファンの要素と、アニメファンの要素とを上手く融合させていくのである。今風に言うと**「ドルオタ」**(アイドルオタク)の成分が美少女アニメにはどんどん注入されていく。また、「ドルオタ」は声優オタクとの親和性が高く、アニメを考えるときの「ドルオタ」は生身のアイドルファンと声優ファンとの融合体で考えても、おおむね問題はないだろう。

▼超小出版社での営業職

さて、84年になると、私は本格的に仕事探しを始めたが、卒業後約1年就職活動もせずにアルバイトで働いていたことなど、印象の良い要素が少なく、また働いていた書店は業界内では「労働争議で組合員が暴れた」（いうまでもなく、争議中暴力事件は一切起こしていない。デモや集会やストをこう言われるなら仕方がない）という悪名が書店についていて、働いている書店名を出した途端、顔をしかめられることも多々あった。

そうこうするうちに、書店の組合を実質上まとめ上げていた組合の先輩が、見かねたのか縁のある出版社に口をきいてくれた。非常に小さな出版社だったが、当たりの良いとても頭の回るアイデアマンの社長が、私を招き入れてくれた。

その出版社は主に文芸系の書籍を出版していた。社長のほかに編集長、製作・校正担当の3人で回す超小出版社であったが、社長が兼任していた営業を私に振り分けてくれたという次第だった。

当時は、すでに出版業界は斜陽業界と言われており、取次が引き受けてくれる初回配本部数が次第に減っていくという、初回配本分の売り上げが主な、そして安定的な利益であった小出版社にとっては大変にピンチな状況にあった。しかも、初回配本分はしばらくすると、書店に見限られた分が返品として戻ってくるので、初回配本分でさえ、入金されるときには返品分が相殺されていると勘定しなければならなかった。また、数ある出版社が毎月相当数の新刊を出版するので、棚は常に満杯状態で、多少売れ行きが良くても新刊配本後はこちらがプッシュしなければ1冊も追加注文してもらえない恐れがあった。

出版営業は何より出た本を常に棚に補充してもらうことが大切で、本が棚になければ利益は出ない。とはいえ、新刊とみなされる期間が過ぎると、「既刊本」と呼ばれよほど売り上げが良いものでなければ、棚に1、2冊置いてもらうのが精一杯だが、チリも積もればの法則で、全国の書店でその本が一定間隔で回転すればそれなりの金額の売り上げになる。

一方で、会計を担当する者にとってはなかなか先読みのできない既刊本収入よりも、たとえ返品のリスクがあっても、新刊本の時点で書店に配本できる数が多ければ多いほど、（見かけ上の）売り上げが予め計上できるので、予算を立てる上ではいきおい新刊本をどれだけ配本するかに心が寄りがちになる。その結果、営業担当は取次配本分に加え、あらかじめ新刊配本の際に追加注文分をなるべく上乗せできるように、事前予約分をなるべく多くとってくるように期待される。

そもそも書店好きな私にとって、さまざまな書店に行けるのは役得といってもよい業務だった。一方で、私はそもそもが内向的で、見知らぬ人とすぐに打ち解けて話せるタイプの人間ではない。ましてや、さして必要ともされていない人間が、いきなり訪問して売れるか売れないかもわからないような新刊本の紹介をして、複数冊数の追加注文を依頼するなど畏れ多い。毎回バンジージャンプをするようなプレッシャーを感じつつ書店を訪問することになった。また、私自身がつい最近まで書店員だったので、今紹介する本がこの本屋さんにとってどの程度売れそうか、また、仕入れたところでスペースを確保して効果的に展示販売できそうか、を自然と考えてしまう。

会社が割り当てた部数が過大な場合は特に、「この部数を追加していただきたい」と口にするのは、「自分の経験を裏切ることになるよなぁ」と卑屈な気持ちがわいてきた。言うまでもないが、小出版社ながらよくよく考えられた出版物が多く、これを売りたくない、などと思うことはなかったが、書店ごとの条件や性格を考えたときに、この部数はまったく釣り合わないと感じながら、自分たちの勘定のために過大な部数を押し付けるのは辛いなぁ、とどうしても思ってしまう。

逆に、小出版社ゆえに、ある程度売れそうだと判断できてもまったく相手にしてもらえないこともあった。書店員だった自分としては、ブランドよりも自分の目利きスキルのプライドがあってこその書店員の仕事ではないか、その醍醐味を経験してほしいなぁ、とも生意気にも思ってしまうのだった。

2カ月おきぐらいに関西圏に出張があったのはうれしかった。それこそ、ほかの仕事では経験できない首都圏以外の書店を訪問して、担当者のお話を聞くのは勉強にもなったし、さまざまな個性的な棚を眺めるだけでも楽しかった。ただ、相変わらず人間関係に積極的になれない自分は克服できないままだった。

▼少女マンガ史の王道でひときわ威容を放つ未完の傑作

そんな84年は、アニメやマンガの世界では、もはやひとりの嗜好では覆いきれないほどに多種多様な作品が生まれ、そして消えていった。

そんな中で、マンガで愛読していた『**GU-GUガンモ**』（84年3月）のアニメは毎回楽しみだった。**細野不二彦**が原作のほのぼのとしたギャグアニメだったが、主人公のキャラクター造形（太ったニワトリのような形態）が愛らしい。本書では触れてはいないが細野不二彦のマンガはそれ以前に『**さすがの猿飛**』（82年10月）がテレビアニメ化されており、「ガンモ」はその後番組にあたる。人気は「猿飛」に軍配が上がったようだが、早くに原作を食ってしまい、「猿飛」はアニメオリジナルストーリーが多かった。

私はどちらも原作に思い入れがあったので、原作寄りな「ガンモ」のほうが楽しめた。ただし、「ガンモ」のマンガ版の最終回は一種のBAD END（つまらない、あるいは殊更に悲劇的であるという意味ではない）だったが、アニメ版はHAPPY ENDになっている。これも、私は原作版の少し無常観の漂う余韻ある終わりのほうが好きである。

また、これも愛読していた『**ガラスの仮面**』（84年4月）の放映が始まった。**美内すずえ**の原作によるマンガが原作で、いうまでもなく日本の少女マンガの金字塔である。75年の連載開始から今日に至るまで約50年間をかけて完結を見ない未完の大作である。ちなみに単行本のペースでいうと、90年代の初めまでは休載等の期間がありつつも、通常のペースで刊行されていたが、それ以降はかなり不定期になり、連載も同様にほぼ途絶えている。美内すずえ自身は最終回のイメージを持ち、「必ず完結させる」と宣言しているが、このような未完の予感を内包した状況を含めての「総合芸術」として、ファンはこの作品を受け入れているのではないだろうか。

84年の時点では、原作は相当数ストックされており、長く放映できるだけの余裕はあったが、テレビアニメ版はどこまで続ける見込みなのかやや不安に思った。結果的に1年で終了し、マンガの前半部分（当時の連載の話数を基準にすると）のダイジェスト的な感じで、動画やセリフ、音楽の効果は楽しんだが、原作のすごみはかなり失われていた。ただ、第1話のチケットを譲ってもらいたいがために、師走の街を奔走する主人公と巷から聞こえてくる客船の霧笛のコントラストが名シーンで、今でも印象に残っている。

私はすでに、自らが『ガラスの仮面』の完結を目にすることはないと思っている。それどころか、作者に対する失礼にあたるかもしれないことを承知で言えば、サグラダ・ファミリアがいずれ完成したその時にも、**『ガラスの仮面』は未完の傑作の称号を失うことなく、日本の少女マンガ史のてっぺんでその威容を放っているに違いない**と思っている。そしてそんな稀有な作品と同時代を生きたことは、ちょっと誇らしく思えるのである。

ちょうどそのころ、世間では**アニメ映画『風の谷のナウシカ』**（84年3月公開）が騒ぎになっていた。**『宇宙戦艦ヤマト』**の初代映画版の時と同じかそれ以上の**社会現象**だった。「大人も見ることができる」アニメから**「大人こそ見るべき」アニメという価値転換**が明確に起こったのは、この作品からではないだろうか。また、アニメに詳しい人たちから見れば、ようやく**宮崎駿や高畑勲の真価**を世の人が認めた、という感慨もあり、その後**スタジオジブリ**の名前は、アニメに留まらない**日本の現代文化を代表する存在**として認知されていくことになる。

わたしは、世間のあまりの絶賛ぶりに持ち前の天邪鬼が発揮されてしまい、関心はある癖に何か気持ちが削がれた気がして、ロングランでいくらでも機会はあったのに結局劇場に足を運ばなかった。

▼仕立てられた劇場型犯罪の時代に

84年は社会的、世相的に何か変調を感じる年だった。1月に**「ロス疑惑」**と呼ばれる殺人疑惑事件がマスコミの過熱報道で、あたかも国内を揺るがす大事件のように関心が過熱した。いわば、平凡といってもよい程度の犯罪疑惑事件を、マスコミや世論が煽り立てて、あたかも劇場型犯罪のように仕立て上げるという、**ひどく倒錯した状況**が生まれた。

続く3月に発生した「江崎グリコ社長拉致・誘拐事件」を皮切りに、後に**「グリコ・森永事件」**と呼ばれる製菓・食品メーカーを狙った事件が翌年にかけて連続的に発生した。犯人が**「かい人21面相」**を名乗ったことや、僅かな目撃情報から犯人の肖像をマスコミや警察が「キツネ目の男」と称するようになったことなど、世間の関心をあおる話題性も相俟って、こちらは犯人の意図を含めて、**文字通り劇場型犯罪の典型のような展開**をたどった。この事件の成り行きや、犯人の犯行声明文など、この事件はその後のアニメやマンガ、ドラマに多くのインスピレーションを与えた（事件は未解決のまま時効）。

8月には、大規模投資詐欺事件の**「投資ジャーナル事件」**が起こる。翌年には「悪徳商法」という言葉を世間に広めた**「豊田商事事件」**も起こり、永野一男が報道陣の目の前で刺殺されるというショッキングな事件が起こるなど、株の売買や金融・投資に不安の種をばらまいた。特に

「豊田商事事件」では、主に金融に関心のある独居老人を狙うなど、近年の「オレオレ詐欺」等、**高齢者を主に狙う詐欺・犯罪の源流**ともいえる。

こんな世知辛さが反映したわけではないだろうが、10月に殺伐とした世界観を持つテレビアニメ『**世紀末救世主伝説 北斗の拳**』の放映が開始される。

『北斗の拳』は、**武論尊**の原作、**原哲夫**の作画で83年から連載が始まったマンガで、その荒々しい物語と迫力のある画風で一気に人気をさらった。

核戦争で終末感漂う世界を「北斗神拳」の継承者であるケンシロウが、弱肉強食の無秩序な世界を跋扈する悪党たちを次々と倒しながら、宿敵に奪われた許嫁を取り戻すために旅を続けるという物語で、アニメの「世紀末救世主伝説」という角書（つのがき）は、多分に英雄譚の趣のある本作を上手く言い表している。ただ、多くの人がアニメ版も『北斗の拳』という形で記憶していると思うので、以降は角書部分を省略する。

この作品は、原作時点で激しい暴力シーンがあり、「アニメ化が難しいのでは」と思うところもあった。ケンシロウの北斗神拳は「秘孔*」を突くことで、相手の体を内側から破砕することができる。その際に「ひでぶ」とか「あべし」といった特殊な悲鳴というのか呻きを発するのが実に効果的でキャッチーだった。

つまり**人の体が血しぶきをあげながら爆発する**シーンが描かれるのが、言い方は不謹慎かもしれないが作品の大きな魅力なのである。ただ、アニメは原作のような直截な表現を踏襲すると、放送コードに引っかかるか、良くても不健全アニメのレッテルを貼られるのが落ちである。それをアニメは、その爆砕する人体を逆光で影絵のように描くという工夫で、シーンそのものを弱々しく改変することなく描き切った。

これは「**透過(光)方式**」という、かの**出崎統**の得意とした手法の応用で、出崎は『あしたのジョー』で、主人公が嘔吐する場面で吐瀉物をきらきらとラメの入ったような透過光で表現することで、嘔吐シーンをカットすることなく表現した。このようにリアルに描くと不快になると懸念されるときに効果的な手法であり、出崎が始めた演出法とまでは言えないが、『あしたのジョー』の嘔吐シーンを明らかに意識したパロディが、現在に至るまでしばしば現れるので、一言出崎の名を記しておくことにした。

＊多分造語かと思うが、あまりにも流行って人口に膾炙したためか、ワードプロセッサの変換候補にこの単語が入っている！　ただし、私の使う国語辞書には立項されていない。

XV 1984 - 85 「お笑いブーム」と「不穏な時代」、そしてバブル

１９８０年代の初めごろに**空前の「漫才ブーム」**が起こり、ツービート、B&B、ザ・ぼんち、島田紳助・松本竜介等の新しい感覚の漫才がテレビを席巻した。枕もそこそこに始まる展開の速さ、小ネタを次々と繰り出し聞き手を自分たちの世界に巻き込む手口、一度聴いたら忘れられないキラーワードなど、それまでの語り、しゃべくりといった、どこかのどかなところのある「漫

才」の味わいを、ファストフードのような雑だが確実に若者の嗜好を射貫く嗜好品の刺激に塗り替えた。また、この時期に絶対的な巨匠として。横山やすし・きよしが君臨していたことも特徴である。

新しい、芸道の破壊のように見えた「漫才ブーム」は、一方で「本当にすごいものがある」という別格を担保したうえでの自由だった。それまで、どこか関東と関西には地域間障壁のようなものがあり、特に「お笑い」は関西圏と関東圏では大きな感覚の差があるとされていた。実際、今でも以前ほどではないが、両者には決して少なくない様式の差がある。しかし、その、当時は本当に差が大きかった関西と関東の「お笑い」が同じ土俵で語られる。これも、「漫才ブーム」がもたらした新時代だった。

とはいえ、基本的に「師匠筋」があるという、従来の師弟関係から生まれる漫才コンビというのは、一見天真爛漫・全くの自由勝手をしているように見えて、しっかりとトレーニングを積んで舞台に上がってくる。基礎のあるフリースタイルだからこそ、彼らの芸は安定していて、「うけ」たのである。私たちは安心してこれを見ることができた。

一方で漫才という形式自体が反復性に弱い（飽きが来る）ために、テレビのように1日に何回も同じネタを見ることになる媒体では、賞味期限が避けられなかった。2年ほどでブームは去ったが、人々は「笑い」の刺激そのものは捨て去れなかった。むしろ**貪欲に「新しい笑い」を欲求した。**

「漫才ブーム」が絶好調のころ、フジテレビ系列で『**オレたちひょうきん族**』という番組が始まる。吉本興業はこの番組で東京進出を果たしたともいわれる。この番組は、「漫才ブーム」で人気を博した芸人や、それよりももう一つ若い世代の芸人たちが一堂に会して、ショートコントや、寸劇、トークなどを繰り広げる番組で、担当する局アナ（テレビ局のアナウンサー）を泣くほどいじりまくって笑いを取ることも辞さない、かなりアナーキーなバラエティ番組であった。出演する芸人すべてがコンビやグループの枠をいったん捨てて、個々の個性を生かしたキャラクターやギャグを発明して、人気を競い合うという側面があり、いかに自分を面白くするかの凌ぎ合いは、勢い番組自体の面白さを引き上げたし、「もっと新しい笑いを」という視聴者のニーズにも応えるものだった。

『オレたちひょうきん族』は、ビートたけし、明石家さんま、島田紳助、片岡鶴太郎、コント赤信号、山田邦子など、錚々たる人々を人気者にして、以降長く続く「お笑いブーム」の先駆けとなった。

▼そのころの出版界

85年の4月、私は出版社の営業マンとして、大阪のビジネスホテルに戻って休んでいた。ホテルの連泊と、慣れない人間関係のプレッシャーでかなり参っていた。１００円玉を入れると電源が入るテレビをつけると、**『風の谷のナウシカ』**が放映されていた。そういえば、初のテレビ放送と宣伝されていた。私は作品を途中から見るのはあまり好きなほうではないが、まだ始まって間もないようだったのと、アニメでも見てくつろぎたい気分だったので、そのままベッドに座って『ナウシカ』を最後まで見た。

一言「さすがだなぁ」と思った。物語としてはやや寸詰まりで結末を急いだようなところはあったが、ホテルの小さなブラウン管の中にあってさえ、その広々とした世界観と人物造形の細やかさは素晴らしかった。大阪のビジネスホテルの狭い一室で、私は遅まきながら、宮崎・高畑の切り開く新しいアニメの世界に心躍らせるファンの一人になった。

関西圏の営業は、内向的な性格ゆえのプレッシャーを除けば、いろいろと得るものも多かったが、とれる注文数は段々減ってくる傾向にあった。売れ行きの減少傾向が当然背景にあったが、注文数の減少を補うために出版社がアイテム数を増やすようになったため、書店店頭が新刊本を吸収できない状態になってもいたのだった。

このころ、斜陽産業と呼ばれていたとはいえ、まだ本にはトレンドを生む力もあれば、私の勤めていたごく小さな出版社でさえ、そこそこのヒットを生む力はあった。ところが、個々の本に対する手当よりもアイテム数でその場しのぎの受注数を得るという、文字通りの自転車操業を出版界は選んでしまった、と私は感じていた。

見立てを誤っている可能性は十分にある。ただ、当時の私にはどうしても出版社、書店双方が斜陽産業として現在的な問題を、「良かりし頃」への郷愁で目盛りが狂っている巻き尺を当てて手直ししているような気がして、その中でなんら前向きの論を持てない自分に嫌気がさし始めていた。

一方で、不思議な高揚感のようなものが、書籍の世界に巻き付いているような感じもしていた。

のポップな様相を演じる社会論・哲学風評論がそこそこヒットをした。表面上は軽薄だが、何か芯を突いたプチ教訓ものや、**「ニュー・アカ」**（ニュー・アカデミズム）系のポップな様相を演じる社会論・哲学風評論がそこそこヒットをした。

▼あなたは「マルビ」？

社会もまた、（84年の時にも述べたが）なにかしら異様な雰囲気が漂っていた。「一億総中流」と言われるような浮わついた社会観が、何もかもを「軽く」しているようだった。それまで国家が担ってきた基幹産業を、**新自由主義的な価値観**で民間企業に移行させる「分割民営化」の流れも、国家財政の緊縮のためには必要な痛みであるという意見と、国民の生活や人生の根幹を市場原理の隷下に放つような行ないだとする、賛否両論がありつつも推し進められた。その後多くの基幹産業が民間産業に看板替えしたが、本当にあるべき自由競争の土俵に立てているのか。経営の計画性よりも、政府や与党のテコ入れを得るために、非効率的な存在と化していないか。

市場原理に耐える基幹産業を目指すならば、不断に成果を測る責任があると思うのだが、歴史そのものを客観的に評価する視点が瓦解していく**40年を経てしまった後には、ひどく劣化した基幹産業やインフラが目立つ**のである。

「当時の雰囲気を見事に代弁しているな」と思うのが**渡辺和博**というマルチな才能を持ったエッセイストが書いた**『金魂巻』**（84年）という書籍だった。当時の庶民感情が「総中流」という錯覚に甘んじて安定志向になった背景で、暗然と存在する上流と下流の絶対的な不公平を揶揄した「○金」「○ビ」（表記としてはそれぞれ○の中に金とビが入る。以降読みをカタカナ表記して記す）という区分けで観察することを提唱した。

「マルキン」は金持ち（側の人間）、「マルビ」は貧乏人（側の人間）を表し、社会構造の中で一見平等、少なくても努力する人は上昇し、怠ける人は現状維持が精一杯という報奨原理はあると信じられているが、実際には「マルキン」「マルビ」という属性の社会における位置関係は、あらかじめ決まっているという皮肉な原理をユーモラスに暴露したものだった。

そこには公平・不公平、努力・怠惰という倫理的な区分けはなく、たとえば「出自が良い」、「見た目が良い」という先天的要因、「要領が良い」、「押しが強い」といった世知に長けた性格などの特性が世間では成功のために積極的に評価される、という世知辛い事実や、純粋な理想よりも拝金主義のほうが成功しやすいといった下世話な構造があることを示唆していた。

渡辺和博は、いうまでもなくそんな大げさなことを高らかに主張したわけではないが、誰もが心のどこかで感じていたことを、業界観察などから嫌味なくユーモラスに掬い上げたのだった。

そして、それは、この後にやってくる「**バブルの時代**」の呼鈴でもあった。

▼美少女キャラクターの模型(ガレージキット)

テレビアニメは、というよりもその主な原作元であるマンガを含めて、**サブカルチャー系の嗜好は、分岐を繰り返しながら小さなサブジャンルを生み出す**ようになった。この時期からの作品は、大まかなジャンル分けはできても、いざ分類するとそれなりの独自性があったりして、一筋縄ではいかない状態になる。

そんな中で、ひときわ目を引くのが**『タッチ』**（85年3月）の放映開始であろう。81年に連載が開始された**あだち充**による野球マンガで、ラブコメ色もふんだんにあって**『みゆき』**同様、後にはそれ以上の人気を博した。双子の兄弟と幼なじみの少女の淡い恋愛模様を描く物語で始まり、弟が事故死した後、兄が弟の遺志と幼なじみの夢を引き受けて甲子園出場を果たすという物語である。

何につけても優秀で野球選手としても嘱望される弟の和也と、他人と競い合うことが極端に嫌いで、潜在能力は弟同様かそれ以上であるのに、常に一歩も二歩も退いた行動ばかりをする表面上は無為徒食の兄和也。幼なじみの南をめぐる想いの葛藤が切なく、和也の死後はかなりしっかりとした野球マンガとしても展開する絶妙なバランスの作品だ。

アニメもヒットした。特に初期の主題歌で**岩崎良美**が歌った**「タッチ」**は、この作品を代表する名曲で甲子園などの応援曲として今も定番曲になっている。そして、何よりヒロインの南の声を当てた**日髙のり子**の明朗で感情の乗った声の魅力と、彼女自身アイドル的に人気があったこともあって、当時の「美少女（アニメ）」ブームの潮流を『タッチ』がさらに勢いをつけた。

同じ3月に開始されたアニメ作品に**『機動戦士Z（ゼータ）ガンダム』**がある（Zはギリシア文字）。久しぶりのテレビアニメ版の「ガンダム」である。物語は複雑を極め、前作の一年戦争の7年後に、地球連邦軍内で抗争が起こり、ジオン公国の残党がそこに参入して大騒ぎ、という作品。**前作の直接の続編**だが、一年戦争後の情勢の変化で戦いの構図が変化し、登場人物も前作からきちんと7歳年を取り、と**富野由悠季**らしい非常にリアリティのある設定である。

また、このようにしっかりした機軸を「ガンダム」の作品世界に敷いたことは、その後次々とガンダムシリーズが作られていく中でも、**「ガンダムらしさとは何か」**というベースがおろそかにならなかった重要な核心となっている。

さて、3月には「ゴルバチョフがソ連共産党書記長に就任」という報道があった。長く続いていた「東西冷戦状態」は、東側諸国の経済的劣勢や、ソ連の影響を受けて強権化した体制批判から、民主化を求める国内運動が起こるなど、次第に変質の兆しが見えていた。すでに西側の認識として、反強権的な改革派と目されていた**ゴルバチョフの登場**は、世界的な関心を呼び、実際、ゴルバチョフは翌86年に有名な**「ペレストロイカ（再建）」**を打ち出して国内の改革を行なうと同時に、急速に西側との関係を改善していった。

この年に放映開始された**『ダーティペア』**（85年7月）も忘れてはならない一作だ。**高千穂遙**によるSF小説シリーズを原作にしており、銀河系を股にかけてさまざまなトラブル解決に奔走（時に、いやしばしば暴走）する犯罪トラブルコンサルタントのケイとユリのコンビを主人公にした冒険活劇である。ふたりのコスチュームが露出の多いセクシー系だったことから、**美少女アニメの系譜**として重要な位置づけを持っている。この頃から、アニメのキャラクターが、視聴者の二次創作や立体造形などの形で受容されるようになってきた。

私がプラモデルを趣味にしていることは先に述べたが、社会人になってからは仕事が忙しく、アパート暮らしではシンナーやラッカーといった臭いの強い塗料の使用も慎重にならざるを得なかったので、実作の面では細々と続けているだけだった。その分模型雑誌を毎月購読して、妄想の世界で模型作りを楽しんでいた。

80年代になると、模型雑誌の広告にキャラクター模型の広告がしばしば入るようになった。具体的に言えば、美少女アニメのキャラクターを模型にしたものである。

大まかに**模型の世界**を説明すると、日本では、模型というと**プラモデル**がその代表的なものになるだろう。この、プラスチックの部品を組み上げて楽しむプラモデルは、製品化のコストが高く大量ロットで販売できなければ採算に合わない。そのためアイテムは人気のあるものばかりになる傾向がある。それを外れた**小ロットの模型**を商品にする方法としては、主に**ガレージキット**（家のガレージ程度の規模の作業場でも作れる材質や機械で生産する小ロット商品）という形態がある。80年代ごろはポリ塩化ビニール（塩ビとかソフビと通称する）を用いることが多かった。

通常、プラモデルファンはキャラクターキットには関心がなかった。ところが、80年代には雑誌の広告欄に『うる星やつら』のラムのキットが広告されるようになっていく。**キャラクターキット**を欲する人たちが一定数いて、それが模型業界で無視できない存在になっていたのである。とはいえ、ガレージキットは相対的に高価であり、材質や製造法の限界から細密さに欠くところがあり、しばらくはアイテム数も増えず、細々とした流れでしかなかった。『ダーティペア』もこのころのキャラクター模型のアイテムだったと思う。

その後、レジンキャスト（合成樹脂の成型方法のひとつであり、歯科技士の技法が参考になったと聞いたことがある）という生産方法が主流になることで、**ガレージキットは大きなマーケットに発展**し、その基盤に「美少女アニメ」の系譜が流れ込んでいるのだが、それは別の機会にする話であろう。

さて、85年の4月には、少年スポーツマンガの傑作『**六三四の剣**』のテレビアニメ化が放映される。**村上もとか**によるマンガを原作としている。81年に連載が始まった『六三四の剣』は、岩手県の剣道一家に育った少年が、剣道の道を突き進み、父の死を乗り越え、ライバルとの切磋琢磨を通じて人間としても成長していくという、本格的なスポーツマンガである。連載当初から、その**正統派成長譚と真面目な剣道マンガの重厚さ**が大人の心をつかみ、当時書店で働いていたころだったが、社員のおじさんたちが熱心に読んでいたのを思い出す。アニメは、原作の構成に忠実に少年時代から始まり、第2部として『**六三四の剣 青春編**』とタイトルを変えて高校時代を描いた。

蛇足になるが、村上もとかは、その堅実で想像力豊かな作風から後にも大人受けするマンガで多くの支持を得ている。NHKBS（当時衛星第2）のドラマで**市川染五郎**（現十代目幸四郎）主演の『**龍－RON－**』（95年、雑誌連載は90年より）や、江戸時代にタイムスリップする医者の物語として大ヒットした**大沢たかお**主演の『**JIN－仁－**』（第1期が2009年10月から、第2期［完結編］が2011年4月から。雑誌連載は2000年より）で村上もとかの名は知らなくても、その優れた作品に出会っている方も多いはずだ。

▼不穏な85年、そして「バブル」時代へ

この頃の、何かもやもやする雰囲気は、日本の事故史上最悪のものの一つである**「日本航空123便墜落事故」**（発生当時は「日航ジャンボ機墜落事故」という名称で呼ばれていた）によって、さらに悲劇的なムードに包まれることになる。85年8月12日、機体後部の圧力隔壁が破損し、その衝撃等により、垂直尾翼ほかの航行制御装置が脱落・破損し、機体が操縦不能に陥り、約30分の迷走飛行の末18時56分ごろ群馬県の御巣鷹山*に墜落した。

*正式には群馬県多野郡上野村に属する「高天原山」だが、当時は通称の「御巣鷹山」と呼ばれていた。

乗客乗員524名のうち死亡者数520名、奇跡的に生存者4名が救出されたが、航空機史上最悪の事故（単機の事故として）で、刻々と報道される事故の状況が生々しく、そして暗く重い感情を世情に掻き立てた。また、乗客には歌手の坂本九や、ハウス食品の社長をはじめ、多くの著名人が搭乗していたこともさらに悲しみを大きくした。また、この便にはコミケ参加者（出品側を含む）も少なからず搭乗しており、彼らもこの悲劇に巻き込まれている。

経済関係は不得手だが、この頃深刻だった**「日米貿易摩擦」**（日本の対米貿易黒字状態が続いたためアメリカ国内の不満が対日感情を悪化させた）問題が一つの転機を迎えたことは、この頃の**不穏な雰囲気**の大きな要因として挙げておく必要がある。

当時アメリカは国内のインフレを改善するために、レーガン大統領が進めた「小さな政府」政策（**レーガノミックス**）により金利高騰・ドル高を招いていた。ドル高不況の解決は喫緊の課題であり、特に貿易の対日赤字が目先の改善策とされ、9月の、先進5カ国（G5）による「**プラザ合意**」によって、円ドル為替レートを「円高・ドル安」の方向に修正していくことが決められた。

私の世代だと、長く「1ドル＝300円」と念仏のように覚えていたので、未だに貨幣価値を考えるとき、どうしても300の数字が頭をよぎる。アメリカの景況次第で300円〜200円半ばを行き来していた円相場が、3年ほどで120円台半ばにまで下がるのである。輸入品が値下がりし、海外旅行が庶民の手に届く状況に向かったが、大局的には「円高」が国内経済の不況（**円高不況**）をもたらしたという罪過のほうが大きい。

一方で、対外的に資本を投下したほうが有利なため、企業の海外投資や海外進出が進み、政府も円高が海外投資の積極的要因になることが対米関係において、アメリカの対日貿易赤字の軽減になるのではと、歓迎し後押しをした。国内の円高不況を憂う前に、アメリカによい顔をしたかったのである。今も昔も、日本政府のアメリカの御用聞き根性は変わらない。

とはいえ、この不況は国民にとっては不満の種でしかなく、不況改善のために、政府は内需拡大策を実施。日本銀行の公定歩合引き下げ策によって、景気回復が進み始めた。一方で、円高不況で国民の生活は打撃を受けたが、経常収支のほうは一貫して黒字を保っていたため、結果、「**カネ余り**」状態に陥る。そのカネが**株や土地の売買の過熱**を生み、85年に1万円前後で推移した日経平均株価が89年末には史上最高の3万円台後半に達するなど、未曾有の（見かけ上の）大型の好景気が日本国内を覆いつくした。いわゆる**「バブル経済」**である。

流れの都合上バブル発生まで話を進めたが、85年9月の「プラザ合意」は日本の経済を前後に二分するほどの経済・社会情勢の画期となった。また、それがもたらした**円高不況とその反動の「バブル経済」**なるものは、文字通りシャボン玉のように儚く、そのくせ人々を以降何十年も妄執のように縛り付け、実態以上の過大評価で、世代的な分断まで招き、それが社会的にも、文化的にもいまだに大きな影響を与えている。

私はバブル景気という現象は現認しているし、社会現象である以上はその時代を生きた人間としてその末裾ぐらいの影響を受けたとは思っている。しかし、私も私の友人たちの多くも、「バブルの恩恵をそれほど感じなかった」のである。先の『金魂巻』の語る「マルキン／マルビ」の擬階級的二層を取り上げたのは、主にバブル時代にその潮流に乗った「要領の良い」人々と、その潮流の脇にいて「言うほど良い思いしてないんだけど」と嘆いていた「その他大勢」に思いを馳せていただきたかったからである。

この時代は、テレビや雑誌など、ある意味流行・風俗の最先端に接している人々によって記録された。また、それを享受した大衆の多くは、商社や金融、不動産など景気や経済情勢に鋭敏に反応する業態の人々と、運良くか悪くかわからないけれども、バブル景気のど真ん中、そのごくわずかの期間に就職期や、青春期を迎えた一部の若者たちである。

テレビなどのメディアが、たくさんの映像記録を残しているからといって、**それが時代のすべてを語るわけではない**。むしろ、その狂奔に乗って、浮かれたのが先にも述べたようにテレビや雑誌などのメディアだったのだから、私に言わせれば、**「映像に残るバブルの狂乱」**は、**それを記録した人々のマッチポンプである**。もちろん、バブルは社会全体に起こり、どういう形であれその時代を生きた人間に、恩恵めいたものを与えてはいる。それは本当に「すごい時代だった」という他ない。ただ、今一度この狂乱の時代を冷静な目で再検討して、議論や感情の基礎を整えないと、ただ怨嗟の蓋を開くばかりで意味のある議論のネタにはならないのである。

▼「お笑いブーム」という底流

このような何か漠然とした「イヤな雰囲気」や、目に見えて起こる事件や事象に包まれているとき、**人は「笑う」しかない**というと、あまりに出来過ぎと思われるかもしれないが、先に述べた「お笑いブーム」は、やはりこの時代にこそ生まれるべき流行だったのかもしれない。

10月に放送を開始した**『ハイスクール！奇面組』**（85年10月）は、そういった**「お笑いブーム」の周辺から生まれてきた**といってもいいかもしれない。非常に極端な性格付けや、奇矯な行動と決め台詞、一貫性がなさそうな破綻した不条理を演じつつ、妙に冷めた一貫性があるなど、単純にギャグマンガだと言ってしまえばそうでもあるものの、変で異形だが絶対に嫌えない登場人物のキャラクターも、当時のバラエティ番組のようなところがあった。

原作は**新沢基栄**による**『3年奇面組』**（80年連載開始、登場人物の中学生時代）**『ハイスクール！奇面組』**（82年連載開始、同高校生時代）。「奇面組」を自称する特徴的で面白い顔をした5人組が、これまた一癖も二癖もあるおかしな人々と珍騒動を起こす、という単純な話である。

アニメ版は、タイトルの通り、主に高校生時代を描くが、短く中学生時代を冒頭に置いて、高校生時代の話に自然に移行するように工夫されている。5人組に対応するヒロインがふたり配されるが、物語の骨格としてはこのふたりの視点による面白人間観察のような雰囲気もある。

アニメの第1期のオープニングである「**うしろゆびさされ組**」は、当時の人気アイドルグループ「**おニャン子クラブ**」(秋元康が結成した女子高生アイドルグループ)のメンバー**高井麻巳子**と「ゆうゆ」こと**岩井由紀子**のふたりで結成された「**うしろゆびさされ組**」(曲名とグループ名が被るので紛らわしい)が歌いヒットした。いうまでもなく、この最初に現れたアイドルユニットは、作中のふたりのヒロインに擬したもので、これもまたアイドルをテコにした美少女ブームへの参入であると考えてよいだろう。

85年も押し詰まってくると、私の会社は結構よい企画を出して、それなりに売れ行きを期待する本も出ていたのだが、新刊の初回搬入数と、おおむね3カ月後に現れる実売(別の仕方で言えば返品部数)とのバランスが改善しなくなっていた。出版は言い方が悪いけれども、どこかで賭け事のような要素もあって、負けが込むと負け癖が付いて泥沼のような苦境に陥ることもあるし、自分たちでもわけのわからない当たりを引いて、びっくりするような大儲けをすることもある。しかし、書籍業界が勢いを失ってくる中で、人々は良くも悪くも真人間になっていった。人間関係で注文を取るというような甘えは許されなくなっていくし、棚の回転率を几帳面にみている真面目な書店員ほど、不調な新刊本の見切りも早かった。

私は大雑把な人間ではあるが、豪放磊落とは縁遠い臆病者なので、そのようになっていく業界の状況は悲しくもあるがまともだと思った。しかし、私の恩人の社長は、温和で感情的にもならない人だったが、まさに広告業界を出自にした出版人らしい攻め気を持っていた。誉め言葉にはならないかもしれないが、私から見れば「博打うち気質」で、とにかく「今度こそ当たる」と毎回入れ込んだ。「なるべく多く書店に入れなければ、売れるものも売れない」という感覚があり、「書店には『だめなら返品はとるから』と約束すれば注文してもらえる」と楽観的だった。私は、「返品を取るから」という謳い文句は、書店員の目利きを軽視するようなものだと思えて、どうしても鼻白むところがあったので、なかなか営業のやり方では社長との溝は埋まらなかった。今更ながらに、自分は書店員のほうが向いているという気がしていた。

年末の街中では、この年の9月に発売されて大ヒットした「スーパーマリオブラザーズ」のどこか抜けた感じのする陽気なゲーム音楽がそこかしこから聞こえてきて、何となくではあるが、自分の境遇のBGMのようにも聞こえるのだった。

第五章　一九八六〜八八

XVI 1986 - 87「バブル」と「国鉄の黄昏」

1986年が明けた。ここ数年寒い冬が続いたように記憶するが、この年の3月の後半の大雪は営業マンとして外に出る身としては大変に苦労をした。

遠出は無理だというので、社長は「新宿だけ重点的に回ればよいから」と心配してくれたが、出勤時にすでに雪に沈んだ革靴はびしょぬれになっており、足をくちゃくちゃ言わせながら歩く私を、書店員は呆れた顔で迎えてくれた。

この年の2月に『**ドラゴンボール**』の放送が始まった。あまりにも有名な作品で、今日に至るまで多くのファンがこの作品を語るし、海外の熱狂的なファンの姿をしばしばメディアで見ることがある。

この世界的人気の源泉が原作マンガが主導しているのか、アニメ版の人気によるものなのか判然とはしない（ストーリー的には原作ベースでも、アニメ版にはやや独自色がある）。**鳥山明**の原作マンガ（84年連載開始）のポップな魅力は『**Dr.スランプ**』同様健在で、中国拳法をモチーフにした物語展開の上手さが際立っていた。

掲載誌の「少年ジャンプ」は物語展開に一つの形式があり、試合ものや戦いものを、わかりやすいトーナメント方式に丸め込むことが多い。これは一種の様式美でもあり、これがジャンプ系のマンガだと言えば、その通りだが、逆に言えばその様式をいかに面白く展開できるかは、作者の力量にかかっている。『ドラゴンボール』は、「〜編」という形で、主人公孫悟空の「少年時代編」から紐解かれ、順次「編」を更新して成長譚を描いていく。そして、世代を超え、冥界で修行するなど、まさに「サーガ」の様相を呈し、息の長い作品となる。アニメ版は「〜編」という区分けでなく『**ドラゴンボールZ**』、『**ドラゴンボールGT**』と名称の変更で続編化する。

3月には『**めぞん一刻**』の放映が開始される。**高橋留美子**の原作で、80年に創刊された「ビッグコミックスピリッツ」の目玉作品だった。アパート「一刻館」の、変人だらけの住居者に閉口して常に転居を考えている不器用な浪人生五代裕作が、新しい管理人として赴任してきた若き未亡人音無響子に一目ぼれしたところから物語が始まり、さまざまな出来事の中でふたりが成長し、また理解し合うようになりめでたく結ばれるという大枠を、ギャグコメディ＋ラブロマンスという展開で、丁寧に追った作品である。

原作に関して言えば、私自身が大学生として大いに迷走していた時期に連載が始まり、ともかくも安定した職について間もなく終わったという意味では、私にとって「青春を共にした作品」

であると勝手に戦友扱いしている。その思いは強く、最終回の掲載号（87年発刊）は、自分の迷走期を戒めるアイコンとして会社のロッカーにずっとしまっておいた。

出版社の営業マンとしては不出来な自分であったが、良い友人には恵まれた。新小岩にあった全国チェーンデパートの書籍部の店長が、「中小の特徴ある出版社」の「面白い営業マン」を誘ってグループと言えるかもわからない緩い集まりを作っていて、私も輪に入れてもらった。それぞれ自分の会社向けに「売上向上委員会」と名乗っていたが、基本的には集まって面白話をするのが集まりの趣旨だった。

唯一実現しそうなアイデアが、メンバーの出版社がそれぞれ、棚に入れても頑として動かない本を持ち寄って書店の棚一列だけ使わせてもらって「岩石セット」という名前でしばらく展示してもらう、というふざけた企画だった。とんだ自虐ネタなのだが、そういう斜めの売り方をしたほうが食指がそそられる本があるのでは、というアイデアでもあった。当然実現はしなかった。

このメンバーが集まるのは、新橋のバーでそこにはバニーガールがいた。私は、そんなきらびやかな世界に慣れていないのでどぎまぎしたが、私以外は社で交際費が通るということで、私の割り勘分はずいぶん安くしてもらえた。つまり、日本にはバブル経済が訪れていて、中小の若手が集まるときでさえ、ちょっとした贅沢ができたのである。また、別の集まりでは、となりにディスコが並立している飲み屋で騒いでいるうちに、「さぁ、ディスコに行こう！」と、誰かが言い出すと半分ほどのメンバーがディスコに吸い込まれていった。私は、到底そういう場には馴染まないと思ったので、彼らが戻ってくるまで、残りのメンバーと他愛のない話をして過ごした。

すでにバブル景気の実像についての考えは示したばかりだが、私の中では、この「バブル時代」という化け物があまりにも肥大した幻想になっているという思いが強くあるので、しつこいようだが、私の目に映った「バブル時代」を詳述しておきたい。

▼極私的「バブル時代」の風景

今も都会の夜は賑やかかもしれないが、当時の夜の繁華街はそれと比べても嘘のように人が溢れ、夜中近くなるとそこここにタクシーの待機列ができていた。また、深夜にはタクシーはみんなお客を乗せていて、タクシーを捕まえるのに長時間要するという不平が語られた。オシャレな服を着た若者やサラリーマンやセクシーな服を着た女性たちが、ディスコやパーティで盛り上がっている姿は新宿や六本木などに実際に存在していた。そんな姿を捉えては、テレビカメラが、「底」も「果ても」ないかのような好景気に浮かれ騒ぐ人々の姿を記録した。大学生は卒業前から企業の青田刈りで、海外旅行がプレゼントされたり、豪華なプレゼントの当たるパーティに招待されたり、まるで石油王の子弟たちのようなもてなされ方をしているさまも報道された。ちょっと金に余裕がありそうなサラリーマンが豪華なマンションを買ったり、土地や株の投機での一攫千金を語ったり、夢のような儲け自慢が競い合うようにテレビカメラの前で語られた。それらはすべて、カメラ映像に捉えられた「事実」である。多少のやらせがあったかもしれないが、当時確かに存在していた世相を記録した事実である。

「バブル期には幻の大好況の中でバカ騒ぎが繰り広げられ、人々は無責任にバブルに踊り、そしてその後の日本経済を再起不能なまでにぶち壊した」。

バブル以降に生まれた人たちが当時の映像を見ると、バブル期の日本人をそのような愚かしい人々だと理解するかもしれない。また、バブル経験世代の中には、まるで武勇伝のようにその当時を回顧する方もいるだろう。

しかし、である。私は何かと見通しの甘い落ちこぼれかもしれないが、それでもまあまあ、普通で平凡な一市民である。その私は、浮かれ騒ぐバブルの狂騒の渦中で、真空地帯にでもいるかのように、低賃金の小出版社の一営業マンとして生活するのが精一杯の状態だった。バニーガールのいる店に連れて行ってくれた友人たちも、バブル景気で会社の財布の紐が緩んで交際費名目なら領収書の決済が甘くなっていたからプチ贅沢をしていたのであり、バブルでじゃぶじゃぶになったおカネの恩恵は賃金の本体部分にはそれほど還元されず、せいぜい将来の賃金ベースに反映されないボーナスで気前の良いところを見せたりしていたにすぎない。

「『負け組』だったからだろう?」というかもしれないが、負け組がいて、将来的にも彼らの生活水準が底上げされないのであれば、それこそバブル景気とは一部の「勝ち組」に見かけ上の過剰金が零れ落ちてきたことによる偏りのある、そしてごく一時的なパラダイスでしかないということを意味している。

実際そういうことなのだ。その後の日本経済の破綻に比較すればもちろん圧倒的に経済的幸福度は当時のほうが高いに決まっているが、それはこれからずっと生活水準が上がっていく幻想を持ち、バブルが終わったとしても緩やかにではあっても賃金は右肩上がりに進歩するのが日本なのだ、と盲信していたからである。バブル期に日本人のすべてが好景気に沸きたち、幸福を謳歌した、などと言うのは、今を生きる者たちにとっても、将来を展望する者にとっても、その基盤となる経済的な歴史認識を大いに見誤らせるものである。

そもそも、バブルは**「プラザ合意」以降の経済政策の誤り**（金利政策、対外輸出政策）による事故のようなものであり、バブルの原因とその後の衰退の理由を隠したまま「バブルのツケを後の世代に負わせている」と言うのは、当時の、そしてその後の経済政策の失敗をバブルの狂乱に押し付けたい者たちの言い訳である。彼らはいつでも自分たちの失敗や不手際の理由を一般大衆に押し付けて恥じない。当時十分にバブルを謳歌した者たちにも被害者はいるし、逃げ得と責任転嫁で生き延びた者たちもいる、と言ったら言い過ぎだろうか。

私は、『めぞん一刻』はまさに**バブルの端緒の時期からバブル崩壊期の連載作品**であり、当時の時代的な雰囲気が多々反映していると思う。五代の不器用さとその就職の成り行きなどは、読んでいてまどろっこしくもあるが、**当時の狂乱の上澄みの下で、市井一般の「マルビ」の若者が懸命に生きようとする姿の象徴でもある**と思っている。

▼チェルノブイリの原発事故

4月に**ウクライナ**（当時、ソビエト社会主義共和国）の**チェルノブイリ原子力発電所**で大規模な爆発事故が発生した。79年の**スリーマイル原発事故**以降、原子力発電所の安全性については、多くの疑問が呈されていた。この事故で、米・ソという大国でさえ原発事故は免れないという事実に慄然とする思いはあった。しかし一方で、当時のソ連はかなり体制が揺らいでおり、技術的にも後進性が目立つという評価があったため、どこかで、「ソ連だから起こったこと」。「日本は安全性に真摯に取り組んでいるので大丈夫」と、自国に対する過大評価をもって、文字通り「対岸の火事」のように見ていたきらいがある。そして、実際には、日本の原発事業も危うさの兆候を何度も見せていたのに、**「日本の安全」神話に胡坐をかいたしっぺ返し**を、２０１１年の東日本大震災で食らうことになる。

86年は、先に触れた「円高不況」が一転してバブル経済期に入った年とされる。その実感が私にはなかったことは、これも先に述べた通りである。しかし、もしかしたらそのおこぼれだったのかもしれない。出版営業の仕事に限界を感じていた私に、知り合いの書店員から「中途採用の募集をするから受けてみないか？」と声がかかった。吉祥寺で加盟していた書店の労働組合の関係で知己となった人が、「組合を担ってもらう」という思惑もあって応募を勧めてくれたようだ。私の立場が社員推薦のようなものだったのか、書店経験が評価されたのか、試験の結果なのか、とにかく採用してもらった。

資本は分かつが中堅出版社の子会社にあたる書店だった。ただ、親会社が子会社の待遇に、大きな格差を設けないという方針だったため、賃金や労働条件面ではこれまでになくしっかりしていた。とはいえ、親会社がいつ手の平を返すかという危機感があった。そうでなくても書店は業界として成長産業とはとても言えず、賃金や労働条件の維持を保障するためにも、子会社であるこの書店には独自の労働組合を組織して親会社の経営と一定の緊張関係を保つ必要があると認識していた。最大の時でも労使合わせて20人程度の小規模な書店だったこともあり、ここはユニオンショップであった。とにかく、私は20代後半にして、ようやく普通に「社員」と呼ばれる肩書を得た。

8月に**劇場版アニメ**の**『天空の城ラピュタ』**（宮崎駿監督）が公開された。**『ナウシカ』**ですっかり人気者になっていた宮崎作品を世の中は熱狂的に迎えた。私も、今回ばかりはへそのねじを締め直してまっすぐな気持ちで、劇場に足を運んだ。アニメに一家言ある私の周りの世評は「あえて言えば」の但し書きを付けたうえで、『ナウシカ』に軍配を上げていたが、**私はあらゆる面で、『ラピュタ』のほうが良いと思った。**

今でも年に1回は『ラピュタ』のテレビ放映がある。物語の終盤に、主人公の少年と少女が破滅の言葉「バルス」と叫ぶシーンがある。この「バルス」と叫ぶ瞬間にSNS上で、同時に「バルス」と書き込む「バルス祭り」と呼ばれる遊びが今も行なわれている。私の記憶では、パソコンが各家庭に普及し始めた90年代の終わりごろ、まだ人々の発信が主に**「チャット」**や**「BBS」**と呼ばれる媒体によって行なわれていて、特にチャットの世界で、アニメ作品の実況などが流行っていた。

その流れの中から、突如『ラピュタ』の実況の最中に、画面に合わせて「バルス」の書き込みが一斉になされるという事態が起きて、話題になった記憶がある（ただし、私同様アニメオタクである妻は、「2000年代にツイッターで話題になったのが最初ではないか」と言っている）。「バルス祭りで2ちゃんねるのサーバーが落ちたことがある」とか、「バルス祭りでツイッター（現X）のサーバーが落ちた」など、まことしやかに語られる。なるほど都市伝説のレベルであっても、そういう現象が「起きた」と語られるのだとしたら、「バルス」の呪文は、日本文化の中では、大いに実効性のある破滅の言葉と言っても間違いではないだろう。

10月にテレビアニメ版の『**聖闘士星矢**』（セイントセイヤと読む、86年10月）が始まった。85年から連載が始まった**車田正美**によるマンガが原作だが、少年マンガらしい迫力のある画風と、魅力あふれるキャラクターが大勢登場することで超人気作になった。物語はとても壮大で、**ギリシア神話から発想した世界観**をベースに「聖衣（クロス）」と呼ばれる派手派手しい鎧や、これまた大げさに叫ばれる必殺技の数々、とりわけキザが過ぎて**面白味にまで昇華したセリフの数々**は、読者の心を鷲掴みにした。この際立つ個性はゲームやパチンコにも作品世界が移植され、今日に至るまで人気が衰えないコンテンツになっている。また、この時のテレビアニメ後も、さまざまな形でリメイクされ、海外のアニメファンにもこの作品の愛好家が多い。

▼行政改革派の跳梁跋扈

同じ10月に レイキャビク（アイスランド）でレーガン大統領とゴルバチョフ書記長が会談（**米ソ首脳会談**）、世界情勢の大きな変化の兆しがいよいよ鮮明になってきた。

11月に**伊豆大島の三原山が噴火**し、迫力ある噴火映像がテレビで盛んに報道されたが、やがて大規模噴火に発展したため、三宅島の全島民が島から一時退去避難するという事態に至った。実は、2年前に久々のゴジラ映画の『**ゴジラ**』（84年、初代の『ゴジラ』とタイトルが重なるために「新ゴジラ［新ゴジ」と呼んでいた）が公開されていて、そのエンディングがこの三原山の大噴火の中にゴジラが沈んでいくというものだったために、私はこの災害を見ながら、何か感慨のようなものを覚えたのである。

この頃は、アメリカの**レーガノミクス**（小さな政府政策、安上がりな政府構想）に**追随する**ように、日本でも**中曽根内閣**が国有企業や国営企業を、国の事業から切り離して民間事業化していくという施策が強力に推し進められた。日本の基幹事業（交通・通信・福祉など）が、民間の事業に比べて肥大しやすく、また労働現場が「官」の安定の上に安穏としているなどの背景から、「採算性を度外視しがちである、無駄が多い、お役所仕事」などと評価したうえで、国家財政の縮小合理化が喫緊である、民間の競争原理を入れたほうが基幹産業も経済合理性を学び、労働者もサービス向上を心掛けるようになるなどと喧伝された。政府は**「行政改革」**のスローガンのもとに国有企業や国営企業に大鉈を振るう施策を打ち出した。

「基幹産業に競争原理はなじまない」、「官公労働組合つぶしのための目くらまし」などの反対の声もあったが、国民に内在する「親方日の丸という悪感情」「官民格差の不公平感情」の掘り起こしに政府のスローガンが成功したために、結果的に「行政改革」は予想以上にスムーズに進行した。

特に**「国鉄」**（日本国有鉄道）に対する風当たりは強く、政府も国鉄内に結成された労働組合（所属部門等、職種別に労働組合が複数存在していた）に手を焼いていることもあり、最も民営化に意欲を示していた。さらに、鉄道という全国津々浦々に網目のように展開する事業であることから、一括民営化は難しいということと、労働組合をそのままに移譲できないとの目論見もあり、**「分割民営化」**という施策を取ることになった。

この方針に対しては、多くの批判もあり、全国の官民労働組合による強い反対運動もあったが、客観的に見ると、労働運動が弱体化しており、バブル景気で労働者の権利を守るために戦うなど馬鹿らしいという空気が生まれていた。

また、先に述べたように「官公労働者は我々の税金で飯を食っているのに、高飛車で働かない」などといった批判や、怨恨不満に近い感情を煽られて、**「民営化は正しい」というムード**に急激に傾いてしまった。国鉄内部の労働組合に「過激派」勢力が食い込んでいるという宣伝（それ自体は事実無根の言いがかりとも言えない）も「国鉄の必要性」よりも、国鉄解体という離反感情を促した。

ただ、基幹事業を国家が責任を持って運営することが国民の長期的な利益なのか、民間事業化して利益を目的とした機関にしていくのか、という本質的な問題に、感情論や単純な経済合理性が先行しすぎていた。国の事業の行く末について議論の焦点が当たらなかったことは、以降の日本人の国家観や政治感覚をある意味で凍結させたのではないだろうか。

今となってはバブル経済の負の遺産ばかりが語られるが、バブル経済で国内企業の経済的な力や企業運営力を過信させることで、この「行政改革」なる、国家・行政の機能を民間に移譲する優位性を印象付けした**「行政改革推進派」の手法の是非**のほうが、現在（２０２４年）の政治・行政の惨状を分析していくうえで、**再度検証に値すべき問題**だと思う。

ともあれ、11月に「国鉄改革関連8法」が成立して、もはや「国鉄」はその終焉を待つばかりとなった。

▼OVA(オリジナルビデオアニメ)の流行

87年が明けて、実家で穏やかな正月を過ごした。30歳近くなって、ようやく「まともに」就職した私に、両親は安心したようだった。私も結局のところ「書店員」という身分が一番性に合っていることを実感していた。

当時は一般的にはあまり注目されていなかったが、アニメ雑誌等で話題になったのが、劇場アニメ『**王立宇宙軍 オネアミスの翼**』(87年3月公開)である。後にアニメ史上の最大級のモニュメントとなる『**新世紀エヴァンゲリオン**』を世に送り出すことになる**GAINAXの処女作**である。私は何かマニア受けを狙っているような気配がするこの作品に、警戒心が沸いて劇場に足を運ぶのをためらった(後に、レンタルビデオを借りて鑑賞した)。

SF大会のために映像を製作するという目的で集まった、若き才能たちによるアマチュア集団を母体として、**庵野秀明・岡田斗司夫・貞本義行・前田真宏**らが設立したのがGAINAXである。SFの知識が豊富なメンバーらしく、正統派SFとしてよく考えられたストーリーで、当時のマンガ・アニメファンに浸透し始めていたパロディブームをわがものとして使いこなしているのが新鮮だった。高品質な作品だが、まだ知名度のないメンバーが作った劇場作品は、一部受けはしたが残念ながらヒットとは言えない状態に終わった。

しかし、この手の作品の常で、公開終了後しばらくすると、一挙にその評価が高まる。この作品の魅力を熱心に語り続ける布教者が少なからずいて、ビデオ（レンタルビデオ含む）で鑑賞できるようになったころから、再評価の声が高まったのである。ビデオソフトの販売量では劇場公開時に既に人気作であった映画作品に劣らない成績を収めたという。

物語は、1950年代の地球に酷似した（並行宇宙か？）世界を舞台にしている。その星の一国「オネアミス王国」が設立した王立宇宙軍という、活躍の場がないお荷物と化している組織の若き軍人が、ある少女との出会いから一念発起して初の有人宇宙飛行に挑む、という話だが、さまざまな思惑が交錯し、国同士の対立や戦争などに直面しつつも、夢をかなえるためにひた向きに突き進む主人公の姿は、一見熱血・スポ根風だが、体育会的ではない理屈っぽさもある。

この作品は、後のアニメ界に大きな影響を及ぼすGAINAXの始まりの作品であるとともに、**OVA（オリジナルビデオアニメ）**の系譜に目を向けていくうえで導入線にもなりうる作品である。今回はOVAの流れは取り上げないが、現在のアニメブームの一つの大きな歴史的要因として、80年代半ばに**「家庭用ビデオデッキ」**が一般家庭の多くに普及したことを契機とする、OVAの流行がある。

テレビ放送では採算が合わないような趣味性が高いもの、性的表現が強いものなど、アニメの可能性を広げる実験場となった。また、ソフトとして確実に売れる（のちにはレンタルでも回収可能になる）ことや、購入するに値する作画や音響、音楽などを商品としては付与する必要があり、**テレビアニメより高品質な作品を期待されていた。**これは作品の質向上の要因となり、またそのノウハウがテレビアニメにも還元されて、アニメの質向上の役割も果たした。

ＯＶＡの系譜は、高画質・高音質を求める映画やアニメファンなどによりレーザーディスクが一定程度の普及をしたことで、レーザーディスクを媒体としてさらなる進化が期待された。しかし。ＣＤ－ＲＯＭやとりわけＤＶＤが媒体として登場するとともに、利便性を欠くレーザーディスクは一挙に廃れた。それでも、ＤＶＤの時代まではＯＶＡは一定の命脈を保った。深夜アニメブーム、ＵＨＦ放送局の新作アニメ枠の拡大、衛星放送の多チャンネル化により、テレビアニメを数多く放送できることや、深夜枠・衛星放送枠は放映コードが比較的緩くなるために、ＯＶＡの優位性が失われ、以前のようなＯＶＡ展開はほとんど見られなくなった。ただ、今でも雑誌やコミック単行本の付録、セルビデオ（媒体がＤＶＤやブルーレイになっても何となくこう呼びたくなる）の特典などでＯＶＡは作り続けられている。

ＯＶＡの話が長くなったが、『王立宇宙軍　オネアミスの翼』自体は劇場版アニメであるが、その浸透の主体がセルビデオだったことから、結果的にＯＶＡの系譜のように意識されてしまうということを言いたかったのである。

３月31日、ついに日本国有鉄道（国鉄）がこの日限りで鉄道事業を終了した。テレビ番組が、ものすごい熱量といまにも涙せんとする瞳で「国民に愛された国鉄」に「哀惜」と「感謝」の情を発信していたが、「あんたらが本当に愛していたり感謝していたら、国鉄はなくならなかったんだぜ」と、はらわたが煮えかえる思いがした。

4月1日、**JRが発足**。民営化の刷新感を盛り上げようと、「国電」に匹敵する愛称を作りたいと考えたらしく、愛称の一般公募を行なった。普通公募までして愛称を募集するならば、応募の票数の上位から結果が選出されるというのが普通の感覚だと思うが、なぜか選考委員会は公募数では恐ろしく下位にあった「**E電**」を採用、当然のごとく数年もかからずに忘れ去られた。事業は民営化したのに、初っ端からやることが民意より、選考委員会のメンツ重視という「お役所仕事」だったというのが、まことに香ばしい。

XVII 1987-88「トレンディドラマ」と美食の宴、そして時代が変わる

1987年4月に『**シティハンター**』が放映開始される。これも現在でも実写映画が作られるほど人気がある**北条司**によるマンガ（85年連載開始）を原作にしたテレビアニメ作品である。依頼を受けて表社会では裁けない人物や事件を処理する腕利きの「スイーパー」（掃除屋）、冴羽獠とその亡くなった親友の義妹香のコンビを中心とする物語で、**ハードボイルド的なクールな設定**と、無類の女好きの獠の性癖が繰り広げる**ギャグ展開とのミックス**が面白い。毎回のように登場する依頼人の美女と、ボーイッシュで乱暴なところがあるが愛らしい香と、「美女、美少女アニメ（マンガ）」としても王道を行く作品である。

北条司の作品と言えば、これに先立つ『**キャッツ♡アイ**』（81年連載開始、アニメ版放映は83年7

月）も有名だ。どちらも今日に至るまで、実写映画、アニメ等々絶えることのない人気を獲得している。

『シティハンター』は、当時流行っていた**「トレンディドラマ」**臭を強く感じる作品である。『キャッツ♡アイ』もセレブ感や、洒落た軽い恋愛模様などトレンディドラマ感があり、何よりアニメは**杏里**の歌う主題歌に、「トレンディドラマ」風味を感じたのだが、『シティハンター』もまた、浮世離れした主人公たちの生きざま、明らかに日本が舞台だが異国的な「シティ」に感じさせること、軽くてコミカルなゲーム感のある恋愛など、「トレンディドラマ」要素が満載である。

「トレンディドラマ」自体厳密にカテゴライズできるほど明確な書法があるわけではないが、おおむね**『男女7人夏物語』**（86年7月）あたりを端緒と捉えられているようだ。このドラマが明石家さんまという、イケメンお笑い芸人を主人公に据えたあたりからすでに、重い人間ドラマではなく**「ラブ・コメディ」**（マンガやアニメのラブコメとは区別してこう表記しておく）に傾斜した物語を狙っていることがわかる。

「トレンディドラマ」は、この後もう少し内面的になり、テーマも重いものが出てくるが、基本的には軽みやドライさを基調としている。セレブ感があったり、浮世離れしていたり、バブルの雰囲気が反映していると言われ、バブルがはじけた後にだんだん「トレンディドラマ」と呼ばれる作品が少なくなっていくと説明される。

私自身は、96年の『**ロングバケーション**』がトレンディドラマの精華ともいうべき作品だと思う。このときはすでにバブルの余韻も薄れていた。トレンディドラマは90年代の中ごろ、物語類型として「飽き」がきたことで、自然と「ポスト・トレンディドラマ」に移行していったという流れではないかと思っている。

▼トレンディの裏側で

話を再び87年に戻すと、トレンディドラマの成長期、アニメのラブコメ・美少女系が大言壮語を捨てて、やんわりとした日常的な世界観の中に、しっとりとした、あるいはコメディ的な物語を紡いでいたころ、**俵万智**の歌集『**サラダ記念日**』（87年5月刊行）が大ヒットする。

すでに俵万智の名前は、短歌の世界に留まらず知られてはいたが、本書で彼女の作品をまとめて読むと作品の面白さは一層理解できるのであった。『サラダ記念日』の歌たちは、日常と生活の中から湧き出るかのような「普通」を身にまとって、私たちの心に平らかに接続する。「新しい」現代短歌という、やや畳語めいたキャッチフレーズも、「いかにも」と納得した。

4月になると『**きまぐれオレンジ☆ロード**』（87年4月）の放映が始まった。**まつもと泉**の原作は84年より連載が始まっており、主人公春日恭介を中心にヒロインの鮎川まどか、まどかの幼なじみで恭介に恋をしてしまう檜山ひかるの三角関係が描かれる。超能力や表面上は不良少女など、やや癖のある登場人物の3人だが、物語としては、**正統的な三角関係ラブストーリー**である。この作品がヒットしたのは、なんといっても、鮎川まどかと檜山ひかるの美少女コンビが読者の心を摑んだからであり、アニメ雑誌などの女性キャラクターの人気投票では常に上位に選ばれていた。鮎川は特に首位に選ばれることが多かった。そして、もうひとつこの作品は、画風・構図、キャラクター絵が大変に洗練されていてオシャレな雰囲気があった。トレンディドラマが流行していく時期にも重なり、少年マンガの中では、**いち早くトレンディドラマに接近した作品**のひとつである。

同じ4月に『**エスパー魔美**』が始まっている。原作は**藤子不二雄**のマンガである（76年連載開始）。魔法少女系の物語だが、原作が描かれた時期の反映か、エスパー（超能力者）という肩書が、87年の感覚からすると、やや堅苦しくSF臭が高いように感じた。しかし、物語自身は中学生の主人公が、超能力を使っていろいろな事件を解決していくという基軸に、中学生の少年少女らしい日常を寄り添わせるオーソドックスな魔法少女ものである。後の『**クレヨンしんちゃん**』に繋がる優れた製作陣が集まっているせいもあって、放送枠を変えたりしたが、2年以上のロングランになる。

バブルの喧騒は、人々を陽気に舞い上がらせながらあくまでも「ネアカ」な世界を装いつつ、背面では**非常にきな臭いいくつかの事件**を進行させていた。

87年時点では、まだ具体的な事件ではなかったが、後のオウム事件の端緒が開かれる。80年代の中ごろから、神秘・オカルトに関心のある人たちや雑誌の注目を集め始めていた「オウムの会」代表の麻原彰晃（松本智津夫）が、空中浮揚の写真など超能力者、解脱者を自称して団体を拡大、87年の6月に「**オウム真理教**」を設立した。その後選挙活動など、さまざまな形で世間にオウム真理教は露出して、人々の注目と不安を掻き立てるようになるのだ。

そしてこの87年、ゴールデンウィーク気分さなかの5月3日、朝日新聞社阪神支局を覆面の男が襲い、デスクの記者に向けて散弾銃2発を発射し、記者2人を死傷させた（**朝日新聞阪神支局襲撃事**）。

すでにこの年の1月に、朝日新聞本社で銃撃事件（朝日新聞東京本社銃撃事件）が起こっていた。記者2名を死傷させた阪神支局の事件は社会を震撼させ、凶悪な言論攻撃事件として記憶される。犯行声明で犯人は「赤報隊」を名乗り、90年までに7件のテロ、脅迫事件を起こした。これら「**赤報隊事件**」と呼ばれるこの一連の事件は、それ以降新たな犯行は起こっておらず、今日に至るまで潜伏した犯人に関する手がかりもほとんどない状況である。

▼ビジネスマン向けアニメ

正直な話、私自身は熱心に見てはいなかったが、10月の放映が開始された『**マンガ日本経済入門**』（87年10月）は、今更ながらに振り返ると、なかなか興味深い位置にあるような気がする。まず、純粋に大人向けの啓蒙番組であること。子ども向けの啓蒙アニメ番組ならば、NHK教育（現Eテレ）の番組や、民放の『**マンガはじめて物語**』（78年5月）、『**マンガどうして物語**』（84年4月）、『**マンガなるほど物語**』（86年4月）の系列のように長期に放送された番組があったが、『マンガ日本経済入門』は明確に大人をターゲットにしていた。

かなり早い段階からテレビアニメが、「子ども向け」から「大人の鑑賞にも耐える」という対象年齢の広範化を図ったことはすでに述べたが、大人しかも社会人層に焦点を絞ったアニメは特記に値するだろう。また、大人向けということで、放映時間帯を22時（午後10時）からという、これまでのアニメの放送時間帯に比べて大幅に遅い時刻から始められたことも重要で、平成以降アニメの隆盛が深夜時間帯のアニメの勃興に大いに預かることを考えれば、**アニメの放映時間帯の深夜化の第一歩**としても意義が大きい。

なお、『**マンガ日本経済入門**』は86年11月に出版された**石ノ森章太郎**の経済学習マンガを原作とする。この本は、大人向けに経済を解説するマンガとして非常に話題となった。ただ、書店にいたものとしての感覚は、マンガ本としてではなく、社会人向けのハウツー本や取っ付きやすい入門書の一種で、コーナーとしてもマンガではなく、ハウツー本や実用書のコーナーに回されるべき本だと認識していた。

私が働く店は、雑誌を含めマンガは原則として扱っておらず、純粋にマンガ本と認識されればこの本も扱わなかった可能性が高かったが、まったく違和感なく新刊コーナーに平積みしよく売れた。その点では、石ノ森章太郎というマンガ界の重鎮の名前を冠してはいても、内容としては一般書籍と異ならなかった。好評だったことから続巻が生まれ、出版界の常でその後**マンガ版の入門書のブーム**が起こった。

▼気になる隣国のこと

87年は米ソの対話が世界情勢の変化を印象付けたが、隣国韓国（大韓民国）の政治情勢も急速に変化しつつあった。第二次大戦後、朝鮮半島は南北に分断される。そして、１９５０年６月、朝鮮人民軍（北朝鮮軍）が韓国との境界（北緯38度線）を越えて南下したことから**朝鮮戦争**が始まった。この時の特需で戦後日本の経済成長が促されたのは大変に皮肉な話である。戦争は、53年7月の「朝鮮戦争休戦協定締結」をもって戦闘停止状態になる（ただし正式には**現在も休戦中状態**）。

韓国と日本の関係は、戦前戦中の日本による朝鮮半島支配時代を引きずり、常に複雑な感情が内在されている。国家間の関係でいえば、東西冷戦下の軍事拠点として日本と韓国を重視し、関係改善を促したいアメリカの思惑により、65年に**「日韓基本条約締結」**をもって国交が樹立していた。

韓国では一貫して軍事政権による国内の抑圧状態にあり、民主化の旗手である金大中が日本国内で拉致されるという事件（**「金大中事件」***73年8月）が日本国内を揺るがした。

*奇しくも、この事件は私が通っていた中学校に隣接するホテルで起こった。8月の事件のため、私は夏休み中だったが、いつも見上げているホテルで起こったことを知り、びっくりした。

また、そのしばらく後にこの事件を首謀した軍事独裁者朴正熙大統領が暗殺されるという事件が起こり、これをきっかけに国の民主化を進めようとする大規模な民主化運動が繰り広げられる。これを武力弾圧して多くの死傷者を出した事件が**「光州事件」**（80年5月）である。また、「光州事件」の直後に「金大中氏への死刑判決」が下され、日本国内でも韓国の民主化運動に共感し金大中氏への死刑判決反対の声が上がった。

光州事件後も新たな軍事政権（全斗煥大統領）が誕生し、韓国の民主化は遠のいたという観があったが、87年6月に大統領選挙をめぐる民主化要求運動が高まり、与党の盧泰愚大統領候補が大統領を直接選挙で選出することを約束する**「民主化宣言」**を表明するというところまでいく。

私は、韓国が民主化に一歩足を踏み出し始めたことが嬉しかった。この嬉しさは、なんとも説明しにくいが、一番は「光州事件」に参加した若者たちに対する共感の念と、犠牲者たちに対する同情、権力に対する怒りを原動力にした感情だと思う。「光州事件」は、私たちと近い国の、比較的最近起こった出来事であり、自由とか民主的だとか、戦後の日本人がいとも容易く手に入れ、当たり前に行使しているような理念が、どのくらい大変な財産なのかを知るきっかけになると思う。「光州事件」を知りたい方は、事件を扱った韓国映画**『光州5・18』**（日本公開2008年）、**『タクシー運転手 約束は海を越えて』**（日本公開2018年）が、比較的当時の心情（特に日本人が「光州事件」について心情的に理解・共感していた）を理解しやすい作品だと思う。

しかし、韓国の情勢の変化の腰を折りかねない衝撃的な事件が起こる。11月に、北朝鮮の工作員によって**大韓航空機爆破事件**が発生したのである。実行犯のひとりとして、金賢姫が逮捕されるが、その若き美貌の女スパイという映画のようなシチュエーションに報道は良くも悪くも沸き立った。しかし、事件が劇的であればあるほど、韓国国内で大きな「反動」を起こす可能性があった。

ところが、この事件とは関係なく選挙の行方が決することになる。選挙をめぐって民主政権を目指す野党側の候補があろうことか、金泳三と金大中に分裂し、結果的に12月の選挙で軍事政権側（盧泰愚）が大統領に選出され、民主化の兆しが自滅のような形で萎んでしまったのだ。私はこの分裂には本当に失望した。背景はたしかに汲むべきものがあったが、「またも改革する側が仲間割れして、大局を逃すのか」と、いつもながらの進歩を自ら押しとどめる人間の業の深さのようなものを感じた。しかし、韓国の歴史はそれほど単純な道のりをたどらなかったのである。

当時韓国は経済成長の波に乗っていた。翌年（88年）には**ソウル・オリンピック**を控え、国としての注目度が高まり、対外的に露出度や地位を向上させたいという思いを強めていた。そのため、オリンピックのイメージも借りて国の明るく民主的な雰囲気を宣伝していた。また、冷戦構造の緩和もあって中国やソ連との国交樹立など、国際的に活躍しうる機会も実際に増えていた。そして、ソウル・オリンピックが大成功裡に終わったことで、国としての自意識が自他両方の視点から大きく変わっていくのだった。

盧泰愚大統領は軍出身者ではあったが、前任の2人とは大きく違うタイプの政治家だったことも要因としてあったのだろう。傍目から見て、力づくではなく自然と国家の体制や、韓国民を取り巻く雰囲気が日に日に変わっていくような気がした。とても不思議なものを見るようだった。

韓国と日本の関係は、ここから大きく変わっていき、またドラマや音楽、そして食文化などで大きな影響を日本文化に与える存在になっていく。長くなるので、ここで巻きを入れるが、87年は韓国との関係のメルクマールになる年だという気がする。

▼ギャグテイストのアニメを2本

88年はソ連において、**ゴルバチョフ書記長の「ペレストロイカ」**が始まる年であった。そして、この年の流行語にもなるほど、「ペレストロイカ」は国際政治において、また日本国内の報道で大きな話題を提供することになる。

また、正月気分が抜けきらない1月5日に六本木のディスコの照明が落下して、死傷者が出るという事故が起きた（**六本木ディスコ照明落下事故**）。バブル文化の象徴のようなディスコという場所で起きた事故だったため、その面でも報道は大きく話題にした。

3月に**『キテレツ大百科』**（88年3月）が放映開始される。これは**藤子不二雄**（後の**藤子・F・不二雄**）原作のギャグマンガで、74年から77年ごろの作品であり、かなり時間がたってからのアニメ化である。すでに87年11月に**テレビスペシャル版**（90分）が放送されており、この時の評判に手ごたえを覚えレギュラー放送が始まった。

発明好きの小学生キテレツ（あだ名）が、江戸時代の先祖・キテレツ斎の残した書物『奇天烈大百科』の発明道具を作ることで人助けをしたり、トラブルを起こしたり、何かと騒動を起こすという作品である。初回で作った発明道具の第一号「コロ助（からくり人形）」は以降キテレツの助手として活躍するため、物語はキテレツとコロ助を中心に繰り広げられる。原作、アニメとも藤子・F・不二雄らしい、**やさしい絵柄とSF的な内容**がマッチして大変に人気が出た。特にコロ助の愛らしさは女性からも人気を得て広いファン層を獲得した。話も柔軟な骨格だったので、ネタが尽きることがなく、人気と相まって長い放映期間を誇った。

始まる前から割合期待していたのが『**What's Michael?**』（ホワッツ マイケル?、88年4月）である。これは**小林まこと**による同名のマンガ（84年より連載）を原作にしている。この作品は、連載の初回を読んだときに周囲の目も忘れて大笑いして恥ずかしい思いをした怨恨の一作である。

マイケルという茶トラの猫が、ちょっとした失敗や不運に見舞われるというギャグマンガだが、よく観察された猫っぽい行動と、二本足で立ち上がって踊り出す等の人間っぽい仕草を上手く組み合わせて笑わせるセンスが抜群だった。私のような猫好きからすれば、人間のような姿勢や行動をしても、マイケルを完全に擬人化することなく、どこまでも「猫」であることが貫かれているのが一番面白いのだった。動物マンガに動きがつくのだからたまらない。楽しみにしていた**アニメ版**は、若干顔の表情が過剰な気もしたが、全体的に原作の面白さを尊重した作品だと思ったし、仕事で見られないときは録画までして見ていた。

6月には、戦後最大の企業ぐるみ贈収賄事件と呼ばれた「**リクルート事件**」が発覚する。リクルート社が自社の関連会社の未公開株を政治家や官僚に賄賂として贈ったことをめぐる、企業犯罪であり、政治汚職問題として社会問題となった。これを契機に、与党自民党に対する不信が高まる出来事が重なり、首相が退陣し、また選挙で**自民党が歴史的大敗**を喫するという事態に発展した。

バブルで浮かれていたように見えて、まだまだ庶民感情は不正や不公平には厳しい目を向けたし、政治や行政に対する浄化意識は衰えてはいなかった。その後の日本の情勢が、バブル期のバカ騒ぎによってひどくゆがめられたという認識は、自国の歴史を正しく評価するという意味では、まったくその通りだ。しかし、その一方で、その後の歴史の中で**政治や経済に対する批判能力や自浄能力を失った**ことは、バブル崩壊後の日本で起きた現象であることは認識すべきである。

▼オタク文化への衝撃

1988年、8月22日、後に**「東京・埼玉連続幼女誘拐殺人事件」**と呼ばれることになる一連の誘拐殺人事件の最初の案件が起こる（事件の発覚）。翌年までに、4人の幼女・女児が誘拐・殺害された。89年7月8月に容疑者宮崎勤が逮捕された。犯人の部屋から多くのマンガや特撮、アニメ作品の書籍やビデオ、更に暴力的、性的なビデオ等が数多く蒐集されていたことから、犯人の少女性愛癖や「オタク」気質などがワイドショーなどで事細かに報道され、論評された。

そのため、雑誌やビデオ同人誌など、「オタク文化」に対する風当たりが強くなり、メディアもしばらくは世間を刺激しそうな作品を自粛するムードが高まった。先に少年雑誌にも「ロリコンブーム」が進出してきたことに触れたが、これを機に**あからさまなロリコンマンガは、少年雑誌からは姿を消した**（ただし、一掃されたわけではなく、少女マンガや少女アニメの系譜などの形でしっかりと生き残る）。

この事件は、直接的にマンガファンやアニメファン、ひいては「オタク」を蔑称ではなく、ファン文化のひとつの呼び名にし始めた人たちにも、世間とはまた違う角度から衝撃を与えた。

特に熱心な「オタク」の中には、今後マンガや（特に）アニメを愛好することが「差別」の対象になるのでは、と恐れる人もいた。その意味では、ひじょうに重要な問題を提起する事件ではあるが、これは片手間に語るべきことではないので、ここでは深堀りはしない。犯人は死刑判決を受け、２００８年6月に刑死した。

イヤな話になったので、ここでこの年に始まったほのぼのとしたアニメを紹介しよう。**『それいけ!アンパンマン』**が10月に放映開始となる。これは、**やなせたかし**の絵本『アンパンマン』を原作としたテレビアニメであり、基本的には幼年層向けの作品だ。作風の柔らかさや、良い意味で健全な作品構造を持っており、年齢を選ばないところもあって、すぐに人気作となった。テレビアニメでは**『サザエさん』**（69年開始）と**『ドラえもん』**（73年開始）に次ぐ**長寿番組**になっている。先に述べたように、子ども向けだが年齢層を選ばないため、子どものころに見てきた人が今も見ている、自らが親となって子どもと見ている、という形で継承され視聴者層は広い。

そして同じ10月**『美味しんぼ』**（88年10月）が放映開始となる。**雁屋哲**・原作、**花咲アキラ**・作画による、すでに大人気となっていたグルメマンガ作品を原作としたアニメである。

バブル経済に向かう中、日本では**グルメブーム**が起こっていた。そのブームに便乗したのが**『美味しんぼ』**（83年連載開始）であるが、あまりにも作品が「グルメの何たるか」を明快に語りつくした内容だったため、グルメブームを推進する役割まで果たすことになった。グルメを通した「うんちく」が秀逸で、その後の**「うんちく」ブーム**も推進した。主人公の**決めゼリフ「究極の〜」**は、面白がってみんなが使った。その人気ぶりは「究極」が86年の新語・流行語大賞新語部門金賞に選ばれた程で、今でも『美味しんぼ』構文で「究極の〜」と使っているケースをしばしば見る。

少し戻って9月19日、昭和天皇が吐血し重篤状態であることが発表された。日本各地で病床の天皇を気遣って華やかな祭事やイベントを中止したり**自粛**したりする事態が相次いだ。これについては賛否があったが、皇室関係でのバッシングを受けたくないという意識が、戦後40年以上たってもなお広く存在していることを再認識する事態でもあった。

連日天皇の「ご容態」が報道され、一刻も早い快癒を望む声が添えられた。誰もが**ひとつの時代が終わろうとしている**ことを予感していたのだった。

第六章 一九八九

XVIII 1989 「昭和」と「冷戦」が終わる

▼相次ぐ訃報で始まった

昭和天皇の容態が日々報道され、自粛ムードの中、年が明けた。一方世界に目を向けると、ソ連の体制が変化したことも相俟って、東側諸国の動きが明らかに騒がしくなってきた。申し合わせたように国内外に、「変わっていく」何ものかを抱えて人々は１９８９年を迎えた。

最初の「変化」は、国内であった。１月７日、**昭和天皇が崩御**し、皇太子明仁親王が次代天皇に践祚した。このため、１９８９年は**昭和64年**の数日と、残りの**平成元年**の二つの名を持つことになる。

58（昭和33）年生まれの私は、考えてみれば昭和のほぼ後ろ半分を生きてきたことになる。私個人は日本史を含め西暦で時代をとらえるのが精一杯で、元号は不得手であるが、やはり昭和は肌に染み付いたものがある。それだけに、新たな元号を作るぐらいなら、このまま西暦に一本化しないかと密かに思った。当時そういう議論も少しはあったように思う。一方で、西暦にしてもその由来を考えれば純粋に歴史を記述する手段として納得のいく手段ではないという意見にも首肯すべきところはあった。ともかく翌8日には「平成」という名の時代が始まった。

平成のスタートとともに、それまでの自粛ムードは次第に和らいだが、昭和天皇の『大喪の礼』（2月24日）までは、自粛ムードは社会の雰囲気に影を落としていた。

そして何よりも、**手塚治虫**が2月9日に**亡くなった**という訃報は、マンガファン、アニメファンのみならず多くの人々に衝撃を与えた。人によっては「昭和」という時代の終焉とともに去っていくことに大きな符丁を認める論説を出すほどであった。享年60。あまりにも若すぎる死である。

89年2月14日にイランの最高指導者ルーホッラー・**ホメイニー**が、**『悪魔の詩』**（88年9月原書発売、日本語訳90年）の**著者ラシュディおよび発行に関わった者などに対する「死刑」の宣告**を発した。イスラム教を冒瀆する内容が含まれているとのことだったが、まだ日本では翻訳書がなかったため、その真偽はわからなかった。

次いで2月24日には、イラン政府がラシュディの首に多額の懸賞金をかけることが発表された。書店に働くものとしては、1冊の書籍に対して自国だけではなく、国際的に残忍な殺人の指示（死刑宣告）を布告する宗教指導者がいることに、またそれに国家が追随するという事態にショックを受けた。

日本の考古学上では、非常に重要な発見があった。2月に佐賀県の「**吉野ケ里遺跡**」を調査していたチームが、「大規模な環濠集落を発見」したことを大々的に発表し、気の早い考古学愛好者が「邪馬台国か?」などと色めき立った。出土品にも注目が集まり、国内で考古学ブームのようなものが起こった。当時を知ることのできる数少ない大規模遺跡であることから、91年に特別史跡に指定された。


4月になると、『うる星やつら』の後番組として、同じ原作者の『**らんま1/2**』が放送される(なお、10月より時間枠を移動して『**らんま1/2 熱闘編**』と改題)。**高橋留美子**の原作マンガ『**らんま1/2**』(87年連載開始)をアニメ化したもので、『ドラゴンボール』などの格闘技マンガの要素を取り込みつつ、『うる星やつら』や『めぞん一刻』に比べると、ラブコメ要素を少し抑えめにしたギャグマンガである。

中国での修行の最中の事故で水を被ると少女の身体になってしまう主人公早乙女乱馬と、その許嫁で男嫌いの天道あかねの微妙な関係が軸となる。さらに、主人公らを食うほどに変人奇矯ぶりを発揮する乱馬の父親、早乙女玄馬(こちらは水を被るとパンダになってしまう)や、あかねの父親、天道早雲が絡んで、話はどこまでもややこしくドタバタ劇になっていく。

『うる星やつら』の次回作として連載されたため、『うる星』に後半から出てきて活躍する、女性なのに男の子のように育てられたために、性格も腕っぷしも男性格闘家のように強靭でありながら、女性らしくなることを夢見ている藤波竜之介と、『うる星』のなかでも特筆すべき奇人変人ぶりを発揮する竜之介の父の延長線上に『らんま』は位置している。

一方で、先にも述べたように、ギャグ要素や格闘マンガの要素が強く、ドタバタ劇を純粋に楽しんでいるようなところがあり、ラブコメ要素はむしろスパイスのように後景化されることで、高橋留美子は『うる星』のテイストと距離を取っている。

高橋留美子は作品をギャグとして全うさせる匙加減が上手い。たとえば竜之介の男装の麗人のような立ち位置を、性の同一性の齟齬といった深い視点で描かないし、乱馬の女性化も、そのことで大きく彼のアイデンティティが影響されることもない。純粋に話を楽しむことに徹するための極端な設定になっている。それは、**性差を気にしない視線で物語を楽しむドラマトゥルギー**だったことを考えれば、見事にギャグを使いこなす作家であると思う。

▼消費税による混乱、始まる

この4月1日には**消費税法**が施行された。出版・書店業界にとって大変に振り回された制度である。元々、政府は70年代末ごろから、高度成長の終焉とともに財政赤字が膨れ上がり始めていたことを問題視して、新機軸の税制を打ち出さなくてはならないと主張していた。「消費税」、「売上税」、「間接税」などと、手を変え品を変え、その導入を目指していたが、世間からは評判が悪く、リクルート事件等で自民党に厳しい目が向けられたこともあって、しばしば議論が停滞し法案化には至らなかった。

しかし、88年12月に、ようやく竹下内閣は消費税法を成立させ、12月30日に実施を公布した。この実施に際し「公正取引委員会から価格表示は総額表示（税込み価格で定価表示する、「内税」ともいう）とすべし」「税込み総額を記した後に（税込）と表記する」と指示が入ったことから、**出版・書店業界は大騒ぎ**になる。

一部を除いて書籍は、**「出版物再販制度」**という特別な販売制度を持っていて、それは、書籍がいったん店頭に展示された後返品されても、それが廃棄されることなく、需要に応じて再び出品できるという制度である。このことで、出版社は書籍や雑誌の販売価格を一律に決定でき、読者は全国のどこの書店でも同じ価格で本が販売・購入できる。文化財的要素を持っている書籍が安易に廃棄されないことにより、長く販売できる。長期に安定して販売できることから、価格を比較的安価にできる、等の観点から、さまざまな議論がありつつも、基本的に今日まで続く制度である。

その制度の下で総額表示をすると、「長期に販売する商品であり、税率が変動するたびに表紙や奥付の価格をシール等で貼り直しすることになる」。「そもそも、日本の出版物は、再販制のおかげで大量な流通量を保っており、その既存の本のすべてに総額表示を強いると、その表示替えのコストと手間は計り知れない。このような不合理な施策より、外税方式のほうが合理的である」などの反発があった。しかし、公取の総額表示の圧力は強く、まことしやかに「政府は税額がわかる外税方式だと、増税感が露わになるので、総額表示にして税額を示したくないのだ」とまで囁かれた。

この表示問題に関して業界団体は訴訟にまで及んだが、その係争中は公取の指示に従わざるを得ず、出版業界は「総額（定価＋税額）」という表示をとるようになった（例えば１５４５円「１５００円＋45円」）。さらに、販売の現場では、これまでは切り良く10円台までで価格設定されていた書籍や雑誌が、３％という中途半端な税率になったばかりに、１円単位に及ぶ販売価格になった。そのおかげで、お釣りの計算や（小数点以下の切り上げ切り捨て問題含め）、開店時の予備銭の用意などで一瞬ではあれ混乱した。

定価表示の改訂のために倉庫や店頭の本をシールなどで表示し直したが、そのコストと手間をかけられずに絶版になった本は何万冊の単位に及ぶと言われた。なお、すでに入荷済みの店頭本の表示に関しては、一定期間そのままの表示でよいこととなったと記憶するが、現役時代にファイルした消費税関係の当時の資料が見つからず、その猶予期間や具体的にどのようにして在庫書籍の表示が変わっていったか確かめられなかった。ただ、しばらくは返品作業の際に入荷したのが消費税導入前か後かで計算を分けなければならず、ずいぶん苦労した記憶がある。

定価表示問題に関しては相当長く時間がかかったが、業界側の訴えが一部認められて「定価＋税（税額ではない）」（例えば「１５００円＋税）の表記が許されるようになった。しかし、そのような決定があってからまもなく、消費税が５％に改定され（97年）、３％の税率で総額表示した本は再び定価改訂の処理が必要となった。勘ぐれば、この税率アップがあらかじめ決められていたから、「業界団体が言ったとおりになった」と言わせたくないように、あえて部分的に譲ったのではないかと思う。

そう思うのには理由がある。この問題に関してはさらに混乱は続くのだ。よほど、出版業界の消費税表記にこだわりがあるのか、2004年4月の消費税法の改定を好機として、「総額表示の義務化」となった（罰則規定はないが、今度は「義務化」したのだ）。

法的な義務化で逆らえないようにしたも同然である。さすがに業界団体も、各出版社も改めて抗戦する気も起きず、書籍の本体やカバーの定価表示は「定価＋税」のままにして、差し替えが容易なスリップ（本に挟んで販売時に回収する販売管理用の短冊）等を総額表示とすることで対応し、それについては特に口をはさむ者がないまま今日を迎えている。

▼リメイクもの

6月には**「天安門事件」**が起きた。4月ごろから、中国国内で民主化を求める運動が高まっていた。ソ連をはじめ東側諸国が変化の兆しを見せていた時期なので、中国もまた大きな変革期に差しかかったのかと、日本でも関心を持って見守られた。結果的に中国人民解放軍が投入されて、6月4日にデモ隊は鎮圧された。

多くの死傷者を出し、国際社会からも非難の声が上がった。中国政府は強気の姿勢で非難の声をかわしたが、それでも中国の権力側にとってもこの事件は一種のトラウマとなっているらしい。現在でもこの事件について中国政府は、国内はもちろん国外からの言及に対しても神経をとがらせている。事件の詳細は厳重に隠蔽されて、死傷者数や具体的な弾圧内容など詳しいことはいまだにわかっていない。

アニメ作品に関しては、この前後から**リメイクものが増えてきた**。リメイクはテレビアニメ界ではごく一般的に行なわれるが、**多分に時代の変わり目に多くなる傾向**がある。ひとつの要因として世代が一周して、過去の作品を知らない世代に改めて訴求することを狙っているということがある。また、CGやモーションキャプチャなど、アニメの制作技術が新しい段階に入って、セル画の限界で表現しきれなかったものを新しい技術で縦横に表現することを狙ったものもある。

この時のリメイクものは、世代が一周して、過去のアニメに馴染みのない人たちに、再放送ではない**「今風のセンス」**で作り直したという様相が強かった。また、このころ**「レトロブーム」**と呼ばれる現象があったことも、その要因の一つかもしれない。

『ひみつのアッコちゃん』(88年10月)、**『昆虫物語　みなしごハッチ』**(89年7月)、**『魔法使いサリー』**(89年10月)。奇しくも少女アニメが並んでしまったが、もちろん少年向けアニメのリメイクも同様である。いずれも、製作年代に合わせて設定や物語のコンプライアンス面の修正はしているが、基本的に元のアニメのリメイクと言ってよいだろう。*

＊『魔法使いサリー』は、前作の続編となっている点で原則的にはリメイクとも言い難い。しかし、魔法界に帰ったサリーが再び人間界に戻るために、かつての友人や関係する人たちの記憶から自分たちを消して、新たに関係を築き直すという物語にしただけで、むしろ「初作の物語の大筋」をリテイクするために強引に前作を一旦初期化したという意味では、ほぼリメイクに等しいと私は思っている。

私は、多分に原点主義者的な固陋さゆえに、リメイクの際にあまり時代的な整合性（放映時期に合わせて、時代背景やアイテムを「現代風」に改変すること）を保とうとする作品や、大まかな設定だけを抜き取って換骨奪胎的な作品にするリメイクはあまり好まない。先に挙げた3作品などは、初作を知る者にも大きな違和感を与えない程度の修正でうまくリメイクした例だと思う。

▼テレビゲームからの還流

もうひとつ、このころ目立ったのは、**テレビゲームがアニメ作品に還流してきた**ことである。83年に任天堂の**「ファミリーコンピュータ（ファミコン）」**が発売されて大ヒットし、ゲームソフトも大量に製作された。その後ハドソンとNECホームエレクトロニクスが共同開発した**「PCエンジン**（多分略称はなかった）**」**（87年10月）、セガ・エンタープライゼスの**「メガドライブ（メガドラ）」**（88年10月）が発売され、当時の家庭用テレビゲーム機（プラットホーム）の代表的な3機種がこのころに出揃う。それぞれのプラットホームにはスペックや操作性などの点で、特徴もあり、使えるゲームソフトによって鎬を削る状態だった。必然的にそれぞれのプラットホームの特徴を生かしつつ、何より「うけるゲームソフト」をいかに自社のプラットホームに引き込むかの面でも、ゲームソフト開発競争時代に入っていた。そして、そのゲームソフトの原作やネタ元に多くのマンガやアニメ作品が用いられた。

アニメ業界は、こういうトレンドには目ざとい。また、ゲーム業界の側もテレビアニメとタイアップすることのメリットは大きい。早くも、ゲームソフトそのままのタイトルのテレビアニメ作品が登場するのである。ここでは2つ続けて紹介しておく。

89年10月から放映開始になったのが『**桃太郎伝説**』である。ハドソンから発売されたRPGゲーム『**桃太郎伝説**』（プラットホームはファミコン）を原作としたテレビアニメである。元となったゲームは87年に発売されたゲームで、童話の『桃太郎』を基に、有名な日本の童話を組み込む形で構成されている。「**コミカルRPG**」を謳い、ギャグやパロディでできているようなところもある。面白いのは、敵をやっつける（殺す）のではなく、「懲らしめる」という勝利の仕方をするところで、ゲームの世界が急速に成長し、工夫や頓智や豊かな世界観を広げていった一端がこの勝利条件からもうかがえるだろう。

次に紹介するのは『**ドラゴンクエスト**』（89年12月）。原作ゲームは改めて紹介するまでもないだろう。86年（昭和61）年5月27日にエニックス（現スクウェア・エニックス）より発売された大ヒットRPGゲームである。後にシリーズ化されるので、現在では『ドラゴンクエストⅠ』と通称されている。話の壮大さもゲームシステムの工夫も優れているが、パッケージ画を始めとするキャラクター原案が鳥山明だということがヒットの大きな要因であろう。『**ドラゴンクエストⅢ　そして伝説へ…**』（88年2月）の発売の際は、販売店の前に徹夜の待機列ができるほどで、社会現象化した。余談だが、私の妻の父親がかなりのゲーマーで、仕事で並べない義父の代わりに義母が、青少年に交じって朝早くから列に並んでいたということだ。

テレビアニメは、この『ドラゴンクエストシリーズ』をもとにした、**オリジナルストーリーのアニメ**で、キャラクター原案は原作ドラゴンクエストシリーズと同じ**鳥山明**であった。このころは、あまりにもゲームの側の熱気が大きすぎて、アニメ化されたところでそれがゲームの人気に釣り合うはずもなく、決して悪い作品ではなかったように思うが、2作とも狙ったほどには盛り上がらなかった観がある。

▼書籍の重厚長大主義的なビジネスモデル

私は吉祥寺の書店にいたころから、「出版や書店は斜陽産業」と言い続けてきた。実際、実感として書籍に対する熱のようなものがどんどん退いてゆき、**「新しい娯楽アイテムが現れるたびに、読書人口がそれらに取られていく」**、という雰囲気を感じていた。このころは、先ほど述べた家庭用ゲームが読者人口を削ると言われていた。

ただ、私は「それ以前」（高度成長期の「本が面白いように売れた時代」と言われていた時代）を知らないので、「斜陽産業」という規定自体は、私自身が考えたものでもない。労働組合に入ると、さまざまな人の業界分析を講座などで聞く機会が増える。業界の論客や、出版ジャーナリストの話を聞くにつけ、書籍を取り巻く環境がどんどんと悪化していく予感が深まっていくのであった。かつて「映画がテレビの普及で斜陽化した」ということになぞらえた「出版業界は斜陽産業」というキャッチフレーズが耳に残ったのである。

私が新たに入社した書店は、中堅出版社の専門店であると述べたが、そのおかげでその出版社が刊行する全集ものや、複数巻で構成する講座ものの予約だけでも、かなりの売り上げを見込めていた。この出版社が発行する全集や講座の多くは事前予約制で、予約期間終了後に、一巻に遡って買い始めたり、完結後に一括購入したりはできないシステムだった。この制度の下では、一回予約した人はかなりの確率で最終巻まで購入してくれる。また、コンスタンスに出版されるので、売り上げ見込みも立てやすく、その意味では有利な条件で販売できるありがたい刊行物だった。しかし、だからこそ見えてくる現実もあった。明らかにそういった定期刊行物の予約件数が減っていったのである。それもかなり目立つスピードだった。

理由のひとつは、予約出版制は事前予約で余分に部数を刷らなくてすむので採算性は良かったが、評判が良ければよいほど中途から購入したい人が出てくる。もちろん、事故や落乱丁などで交換することも見込んで、予備用の部数はそれなりに作るが、目的の性質上この予備分は原則として中途からの販売用に用いることはできない。そのため、引き合いが多い全集は、少しの期間を置いて再度募集して刊行し直すということもあったが、次第にそこまでするシリーズや全集が減ってきていた。

さらに深刻な問題は、そもそも読書マニアや文学愛好家などの減少で、**片っ端から全集本を買い揃えるという熱烈な愛書家や蔵書家が確実に減っていく**ことだった。私は、その大きな理由は、よく言われる書籍離れ（読書離れ）だけでなく、住環境の変化にもあるのではないかと思った。以前のように全集本を書棚に並べて、読書としてもインテリアとしても書籍を楽しむ空間の余裕を人々は失っていった。バブルで、人によっては住環境が良くなった人もいたと思うが、それでも生活必需品は年々増え続け、住環境の中で書籍が占め得る空間が総体的に減っていくのは押し留められなかった。

こういったコアな読者層にさえ訪れていた蔵書環境、住環境の空間的な問題を繰り込むことなく、従前どおりの仕様で全集や、講座・シリーズものを売って、安定した収益を確保していくという、老舗出版社らしい**「書籍の重厚長大主義的なビジネスモデルは破綻する」**と思った。サイズを含めて体裁や刊行スタイルの改変については、機会を見て提案・発言したが、残念ながらそれは通る話ではなかった。また、その後割合早い段階で、「電子媒体での読書」が他業種から持ち込まれたことで、書籍の体裁・スタイルを時代に適合していくという戦略は意味をなさなくなってしまった。

▼書店の苦悩

書店業界にとって、もうひとつさらに斜陽化を促進する要因があった。このころバブル経済の影響で、土地価格が高騰し「地上げ」という言葉が日常的に使われるほど、好立地の物件を買いあさる動きが顕著だった。書店は、商売としては不採算な事業だが、一般的に立地条件は良かった。そのため、「子や孫に書店業を継がせて苦労させるよりは」、あるいは「業績悪化で首が回らなくなる前に」と、書店の店舗（というより土地）を売却し廃業する動きが顕著になった。

代表的な事例としては、かつて中小の書籍・雑誌の取次が千代田区神田神保町の一区画に集中して店舗群を構え、出版社や書店が便利な流通機関として活用していた「神田村」と通称される地域が、大々的に地上げ等で買い上げられ、それを機に、移転等をすることなく廃業に至る取次や書店（古書店）が多く出たという事態である。今も、「神田村」に相当する地域は残っており、いまだに頑張っている中小取次もあるが、（少なくても首都圏の出版社や書店にとって）象徴的な存在だった「**神田村**」の**衰退**は、より業界に不活性感を蔓延させた。

幸運なことに、私が働く書店は親会社の本を専門に扱うという性格がコアな常連客を獲得していたことと、親会社以外の本も扱ってはいるが、文芸書、歴史書、社会科学書、児童書など取り扱うジャンルを絞っていて、その点でも選書がしやすい店として固定客が多かったこともあり、バブルの好景気には乗れてはいなかったが、一定の売り上げを何とか確保していた。20人弱の全従業員がかなり定着率もよく長く働いていたために、決してお互いに一枚岩ではないけれども、はたから見れば十分に「家族的」と言っても過言ではない雰囲気を持っていたことも顧客にとって好印象だっただろう。

書店の労働組合が集まって団体を組んでいて、私たちもそこに加盟していたが、そこでの話題はひたすら厳しい経営状況と人員削減や労働条件の切り下げ、合理化の波に対する悩み事であった。

労働集約型の業態である書店業は、「いずれ機械化やオートメーション化（今でいうところのＡＩ、デジタル化）で人員が削減され、賃金の上昇も見込めない」、そのような予想がされていた。わたしは、自分の店が厳しくはあっても、親会社との関係性などもあり、労働条件の面ではそこまで低迷していなかったので、何か申し訳ない気持ちで、しかし、いずれ自分たちも直面する問題として、身を縮めて会議に臨席していた。

バブルの恩恵は、ほとんどの書店はあまり受けなかったと記憶する。大出版社や大規模な書店は、さすがにバブルの波に乗ったとは思うが、書籍それ自体が売れるというよりは、広告収入や企業からの大量購入などのおかげだったはずだ。業界通をもって任ずる私が働く書店の社長は、バブルで景気がそれほど良くならない状況でも、「書籍業界は他の業界に比べて景気の影響を受けにくいんだよ」、と何か自慢げに言っていたが、「でも時間差で景気の影響が必ずやって来るのもこの業界の特徴だ」とも付け加えた。たしかに、この後バブルが破裂した後もしばらくの間、私の働く書店は売り上げを維持していた。そしてしばらくすると急速に売り上げが落ちた。いろいろと当たりはずれのある予言をした社長の言葉だったが、この件では割合正確に状況を読んでいた、と、評価しておけば草葉の陰で社長は少しは喜んでくれるだろうか。

いずれ来る書籍業界の景気後退は社長の予言がなくても覚悟せざるを得なかったが、20人ほどの船乗りが操る小舟は、大海の真ん中で嵐の予感に怯えつつも、今日の売り上げに一喜一憂しながら、ただ毎日をなすすべもなくただ漕ぎ進んでいた。

▼東欧革命

1989年は、もうひとつ**第二次大戦後の「東西冷戦構造」に大きな変化が起きた年**としても記憶される。冷戦構造の一方の旗手であったソ連はゴルバチョフ体制で大きな軌道修正が行なわれつつあった。3月には、初めての「代議員大会議員を選ぶ選挙」で、ソビエト共産党が予想以上の敗北を喫し、体制維持に大きな不安が生じた。これは、急激な変化を目指していたわけではないゴルバチョフ自身も予想外ではなかっただろうか。ソ連の影響下で体制維持を保っていた東側諸国も、これで大きく動揺した。

まず、**ポーランド**で、民主化運動の象徴として日本でもよく知られていた「連帯」が、議会選挙で圧倒的勝利を勝ち取る（89年6月）。それを口火に**「東欧革命」**と呼ばれる、一連の事態が短期間のうちに連鎖的に発生する。**ハンガリー**では「ハンガリー人民共和国」が社会主義体制を破棄し、「ハンガリー共和国」と国名を変える（89年10月）。

東ドイツの社会主義体制に固執するホーネッカー書記長が改革派によって解任された（89年10月）。ホーネッカー失脚後の混乱の中で、政治改革の一環として出国規制の緩和策を発表するが、その時、広報担当の勘違いから「国境は即時開放される」と発表してしまう。それを受けて、多数の市民が国境検問所に殺到。押し切られた警備隊が国境ゲートを開放したことにより、事実上「ベルリンの壁」の役割が終了してしまった。市民らは重機やハンマーなどで壁を破壊し、その姿が世界中に大々的に報道された（**「ベルリンの壁崩壊」**、89年11月）。なお、翌年の90年10月3日に**東西ドイツは統一**された。

同89年11月には、**ブルガリア**でも共産党書記長が失脚し民主化の道を進み始めた。また、同じ11月には**チェコスロバキア**社会主義共和国でも民主化革命で共産党政権が倒れた（**「ビロード革命」**）。

12月2日、3日、アメリカのブッシュ大統領（父）とソ連のゴルバチョフ最高会議議長がマルタ島で会談し、**冷戦の終結**を宣言した（マルタ会談）。

同じ12月の押し詰まった頃、ルーマニアのチャウシェスク政権が崩壊する（**「ルーマニア革命」**）。ルーマニアを長く支配したチャウシェスク夫妻は逃亡を図るも失敗、死刑を宣告されたのち、直ちに銃殺刑に処せられた（89年12月）。二人に対するあまりに雑な裁判の動画と、銃殺前後の写真公開など、ショッキングな映像が世界中に発信された。

このように１９８９年は、「東欧革命」と呼ばれる大きな画期を刻んだ。また。「冷戦」を終結させたこと自体は、この年最大の成果であった。

▼冷戦終結の年後半に2本の画期的な作品

さて、アニメに戻ろう。東欧革命が進行しつつある中、89年の後半はふたつのアニメが特に記憶に残る。

ひとつは『**YAWARA! a fashionable judo girl!**』（89年10月）、**浦沢直樹**の『**YAWARA!**』（86年３月連載開始）を原作とするテレビアニメである。どちらかというと重厚な作風の浦沢直樹が、スポ根に傾かない、ポップな雰囲気の柔道を題材にしたスポーツマンガを描いたことがまずは驚きで、しかも大変に面白く、高い評価を得た作品である。

猪熊柔という可愛い少女が主人公で、**多分に美少女マンガの要素**も含んでいる。一方で、スポ根熱血ではないが、柔道の描写自体は非常にリアルで丁寧に描かれており、さすがに浦沢作品だと思う。また、この作品によって女性柔道家の数が増えたとも言われており、日本の女子柔道を牽引した田村亮子が「やわらちゃん」の愛称で呼ばれていたことも記憶に新しい。

もうひとつが『**機動警察パトレイバー**』（89年10月）である。**ゆうきまさみ**の『**機動警察パトレイバー**』（88年連載開始）が原作になっている。ただ、この作品は若干込み入った成立事情があって、この89年に**パトレイバー劇場版の第1作『機動警察パトレイバー the Movie』**（89年7月）がすでに公開されている。**押井守**監督の重厚な社会派アニメである。

私はもともとゆうきまさみのファンだったし、『機動警察パトレイバー』の連載マンガを愛読していた。押井守監督も大変に好きな監督だった。劇場版のアニメも待ちきれない思いで見に行った。私は、この作品は映画作品としては、ほぼ完璧な名作だと思っている。非常に興奮して映画館を出た。しかし、その一方で釈然としないものもあった。絵柄がまったくゆうきまさみではなかったのである。押井守監督とコンビと言ってもよいキャラクターデザイン担当の**高田明美キャラ**だと納得はしたが、「あまりに重くリアルな設定にゆうきまさみのキャラデザ（キャラクターデザイン）は合わないと判断したのか？」など、マンガ版のファンだっただけに、いろいろ詮索をしてしまったのである。

しかし、その理由は遅まきながら**OVA版の『機動警察パトレイバー』**（88年より全7巻）を見たときに理解できた。そもそもが、この作品はゆうきらが属する製作集団「シャフト」による、**メディアミックス作品**だったのである。

最初にOVA作品の企画があり、それと並行する形でマンガ版が連載され、OVA版の好評を受けて映画版ができ、テレビアニメ版がその後放映開始となった。このOVA—劇場版アニメの系譜がシリアス色が高めであるのに対し、ゆうきまさみのマンガ版の世界観を反映させたのがテレビアニメ版という違いがあったのである。キャラデザそのものは一貫して高田明美によるものだったが、明らかにテレビ版はゆうきまさみのコミカルでとぼけた雰囲気に寄せたキャラデザだし、作品全体も明るくコメディ要素も増えている。

「パトレイバー」シリーズは、上記のようなもともとがメディアミックスで、その都度世界観を設定するような柔軟な構造を持っているため、同じ登場人物でも作品ごとに大なり小なり立ち位置やキャラ付けが変わるという、輻輳する世界観を形成している。

大まかな説明も難しいのだが、大枠の設定としては、製作時を起点にした10年後の近未来、人間が搭乗操作する歩行式の作業用ロボット（設定ではロボットそのものではなく、ロボット技術によって生まれた作業機械とされる）「レイバー」が、建設や工事などの現場で用いられることが日常風景になった東京を舞台に、「レイバー」を用いた犯罪を専門に取り締まるために新設された警視庁のレイバー部隊「特車二課」が活躍するという物語である。

このシリーズはＯＶＡや映画の形で長く継続していくが、近未来ＳＦとしての設定や社会構造の骨格がしっかりしており、政治家や警察官僚、自衛官など行政内部の問題にも切り込むようなリアリティが、シリーズを息の長いコンテンツにしている。

このシリーズの行政機関に踏み込んだ切り口や社会問題にまで言及する世界観はアニメやマンガに留まらず、実写映画やドラマ、特撮映画などにも強い影響を与えた。中でも、テレビドラマ**『踊る大捜査線』**（97年1月）への影響はよく言われるところである。

第七章　一九八九〜九二

XIX　1989 - 92
「バブル崩壊」と新しい国民的アニメ。セーラームーン

1989年の10月に、私は吉祥寺の書店時代のアルバイト仲間と結婚をした。あえて触れるのは、相方が女子大の漫研出身で私に輪をかけた「アニメ・マンガ」マニアで、私はどちらかというと「オタク寄りのファン」なのに対し、彼女はほぼ「オタク」と言ってもよく、何より彼女の友人筋が大変に濃い人々だった。30代にして私は改めて「オタクの何たるか」を学び直す賑やかな学習塾に入門したようなものだった。

▼少し陰鬱な90年代の始まり

さて、「東欧革命やソ連の体制の軟化」で「**冷戦構造が終焉**」したことは、世界情勢の緊張がゆるんで楽観的な要素で、それは1990年にも継続した動向だった。

一方で、それは労働運動や市民運動は、主に「左派」と認識されていたため、逆風にもなった。しかも、労働運動の衰退のなかで、労使協調路線や組合運動の自己防衛的志向から「労線統一」という組合運動の大同団結的な動きがあり、右派に属するグループに左派が合流する形で**「日本労働組合総連合会」（連合）**が誕生した（89年11月）。

書店で労働組合を結成しているところは、大手、中堅を除けばそれほど多くはなく、ごく一部の大手と、多店舗展開をしている中堅以下の書店の労組を中心に**「全国書店労働者労働組合連絡協議会（書店労協）」**という長ったらしい名前の労働団体を結成して共闘をしていた。バブルの最中でさえ、書店の多くは経営困難を理由に厳しい合理化の波に翻弄されており、「書店労協」も労働争議を多く抱えていた。そのため、新たに発足した「連合」に対しては、経営側に妥協的な運動を強いられるのは御免だ、と背を向けていた。

とはいえ、バブル経済の恩恵のど真ん中にいる人たちにとっては、文字通り「我が世の春」という思いで年が明けたのではないだろうか。『「NO」と言える日本』（石原慎太郎、盛田昭夫、89年刊行）、『ジャパン・アズ・ナンバーワン』（エズラ・ヴォーゲル、広中和歌子、木本彰子 訳、79年）などの著作が、**日本人の「うぬぼれ鏡」**になって、「日本経済は世界の『勝ち組』であり、その成功を勝ち取ったのは日本人の真面目さ・勤勉さという本性ゆえである」。こういった無敵感がバブルを謳歌する者たちには漂っていた。

その一方で**右翼の「力による言論・思想の攻撃」**もまた、過激になっていた。「東欧革命」で左派陣営が「負け」を宣告されたかの如く存在感を失いつつあったのは前述の通りだが、右派もまた、ソ連などの明確な批判対象が後景化するのは必ずしも好ましいことではなかった。また、バブルによる経済的な伸張は**社会全体を保守中道に誘導**してしまい、日本の思想軸をより過激に右に動かしたい人々にとっては容認しがたい「ぬるさ」で、国家観の針が中庸の目盛りで止まることは我慢がならなかったのだろう。

「赤報隊事件」はその一例だったが、この年、90年1月18日に、**長崎市で市長が右翼団体幹部に銃撃され重傷**を負うという事件が起きた。「天皇の戦争責任はあると思う」という市長の発言にかねてから、右翼、保守層から非難やいやがらせが行なわれていたが、警備が薄くなるタイミングを狙って犯行が実行された。

▼いまも続く国民的アニメの誕生

やや悲観的な調子で、1990年を語り始めたが、アニメの世界は新年早々注目すべき作品が登場する。

テレビアニメ『**ちびまる子ちゃん**』(90年1月)が放送開始されたのである。原作は**さくらももこのマンガ『ちびまる子ちゃん』**(86年連載開始)。これは、さくらももこ自身の少女時代(**70年代の中期**)を思い返してさまざまな日常的な出来事や、その当時に流行ったテレビやアイドル、歌謡曲などの**「あるあるネタ」**を組み込んでギャグ風に描いた作品である。主人公は「さくらももこ(まる子は愛称)」、つまり自伝的な作品である。特に、親友の「穂波たまえ(たまちゃん)」との友情が核となっているが、これは実在する友人で、さくら自身が作品中でも最も大切にしている人物である。

たまちゃんを含め実在の人物が多く登場しているといっても、まったくの実話であるかというと必ずしもそうではなく、かなり創作的要素もあることは気をつけたほうがいいだろう。むしろそれを踏まえたほうが、作品の面白みが深まるぐらい、生き生きとした作品世界を『ちびまる子ちゃん』は確立している。

マンガの段階で、かなり人気のあった作品だったが、アニメ版は主人公を含め各声優が役にぴったりはまり、アニメーションも原作の作風を上手く生かしながら動かしており、すぐに大好評作品になった。この年の10月には40％近い視聴率を達成、それは**テレビアニメ史に残る高視聴率**であった。

惜しくも原作者のさくらももこは２０１８年8月に病のため死去したが、アニメは今日まで放映が続いている。『ちびまる子ちゃん』は**『サザエさん』**、**『ドラえもん』**に**並ぶ国民的人気アニメ**といえるだろう。

8月に、ソ連（現ロシア）サハリンの自宅で大やけどを負った幼児（コンスタンチン、当時3歳）の救助要請を受けた日本政府は超法規的措置により、コンスタンティン君を日本（北海道）へ緊急搬送。手術・治療によって一命を取り留めるという出来事があり、国内で大きく報道された。冷戦終結直後であり、日本でのゴルバチョフ人気等もあって、日ソ関係の改善、とりわけ国民感情がソ連に対して宥和的になった。

9月に**『まじかる☆タルるートくん』**のテレビアニメが放送開始された。何をやってもうまくいかない劣等生の小学生と、自称大魔法使いだが幼さのほうが目立つ『タルるート』が巻き起こす騒動が描かれる**江川達也**の連載マンガ（88年連載開始）を原作とする。

江川達也は、非常にタレント性が豊かで、マンガ家でありながら、俳優やコメンテーターとしてテレビに出演など自身の行動も活発である。女性を描くのがうまく、お色気シーンなどを入れ込みながら、割合シリアスなテーマをギャグ調の作品で描くところがある。学園マンガ『**BE FREE!**』（84年）でデビューし、『タルるート』の後に出した『**東京大学物語**』（92年）は刺激的なシーンも多く連載時に話題になり、ＯＶＡアニメや、テレビや映画の実写ドラマ化など、大変に話題になった。

▼バブルが弾けた

さて、１９９０年はバブル経済の謳歌で始まったが、次に来る１９９１年は「**バブル崩壊の年**」と後に位置づけられる。85年の「プラザ合意」に起因する円高不況の反動で始まった過剰な好況感は、もともとが実体経済の裏付けに乏しいことから、いずれは破綻することを指摘する意見もあった。だが、日本の産業・経済に対する過度の自信から、悲観的な意見でさえ、この異常な好況が下落してあるべき適度な経済状態で安定する（普通に戻る）という、今から見れば「楽観的」とも言い得る警鐘に留まっていた。

しかし、90年の3月に大蔵省は「**土地関連融資の抑制（総量規制）**」に乗り出し、日銀も引き締め策に転じた。これは、あまりにも加熱する土地価格の高騰に対して政府が危機感を抱き、土地バブルで経済や社会秩序が混乱することを避けるために行なった施策だった。たしかに目に余る「地上げ」熱は人々に不安を与える状況になっていた。「土地バブル潰し」といわれるこの政策は、本来ならば過剰になった投機的な経済ゲームを健全な方向に揺り戻す緩和剤になるはずだった。

ところが、この施策にも過剰な反応が発生、ここ数年続いてきた銀行再編の流れや政府の中小企業救済施策への世論の批判も相俟って、銀行などの「貸し渋り」、「貸し剝がし」と後に批判される融資事案が頻発し始めた。バブル経済そのものが「土地」や「株」の異常取引を背景にしていたことを認識しつつも、その「範囲」と「程度」を見誤っていたことによって、部分的に処方された施策が劇症化を招き、結果的に土地のみならず総体としての「バブル崩壊」の引き金を引くことになってしまった。

「バブル崩壊」は音を立てて破裂するようなものではなかった。バブル崩壊の始まった年と呼ばれる91年でさえ、まだ楽観的なムードのまま年が明けていった。

私は、「オタクの奥さん」との結婚で、「大人のくせにアニメを見る」のが何ら不思議ではない家庭を築いていた。もともとの嗜好範囲が相方の影響で広がりもした。何より、内向的でそれほど趣味を共有する仲間を増やそうなどという気のない私は、まったく相反する外交的な性格の相方の仲間や、次々と拡大する新しいオタク仲間に揉まれた。

ところが、思い返すと膨大なアニメを見ていたはずの90年代初めの記録をたどると、あまりテレビ放送のアニメの新作を押さえていないことに驚く。**このころ、アニメファンにとって、主戦場はOVAであったり、レンタルビデオであったりした**ためである。また、私自身は平成ゴジラシリーズと呼ばれる「ゴジラ」作品が公開され始めたことで、特撮熱が再燃していたことも大きい。

いまだに思い返すと腹立たしいが、この年には**性的表現をめぐるコミック誌への当局の介入**が起こり、2月に書店員や同人誌発行人など多数の人々が、逮捕または書類送検されるという事件が起こった。これは、8月のコミケをめぐる事件とともに後述する。

さて、4月に**『少年アシベ』**（91年4月）がテレビ放送されたのは印象に残っている。**森下裕美**による同名のマンガ作品（88年より連載）が原作の、ほのぼのとしたコメディ作品である。主人公の「アシベ」と、そのペットのゴマフアザラシの子どもの「ゴマちゃん」が中心となっているが、「ゴマちゃん」の可愛らしさが、老若男女に受けて大変に人気があるキャラクターになった。

そして、5月に**「ジュリアナ東京」**が開店する。バブル期の浮かれた世相のバカバカしさを揶揄するかのように、「お立ち台」で「ジュリ扇」を振って踊る「ボディコン」ガールの映像が流れるが、皮肉にもその象徴のように言われる「ジュリアナ東京」自体は、実質的にバブル経済が終焉したタイミングで開店しているのである。

バブル景気について、その異常さにうすうす感づいていても、極めて楽天的で享楽的な雰囲気の中では、異常さを受け入れることは不可能に近い心理状態を醸成していた。そして、バブル経済というものの実態は、ほとんど自己循環のような狭い範囲ではあっても、先行き感さえあれば当座は機能し続けるという自立性を持っていた。であるがゆえに、土地価格や株価が下落傾向を見せても、ある時点までは「バブル（の余韻）」が続いてしまったのだった。

「ジュリアナ東京」は、既に存在しないバブル景気を幻想の中に閉じ込める器のようなものだったか。人々はまだ醒めぬ夢のようにバブル景気の残り香を嗅いで、しばらくは浮かれていた。そして、バブル崩壊の現実が本格的に人々を打ちのめす頃、幾ばくかの感慨とともに94年に「ジュリアナ東京閉店」の報道がなされた。たった3年の命だったが、「ジュリアナ東京」は、バブル景気の狂乱と熱気にあふれる映像と共に歴史に記憶された。

▼言論弾圧事件が続く

そのころ、書店の仕事の上で、議論になっていた問題があった。イスラム教信者にとって看過しがたい内容を含むと一部で批判・不安視されていた**『悪魔の詩』の翻訳本**の扱いについてであった。『悪魔の詩』はイギリス系インド人作家サルマン・ラシュディの著作（88年原著出版）で、イスラム教に対して冒瀆的な内容であると、特に「イスラム過激派」が敏感に反応し、この書をめぐるテロ活動を宣言していた。すでに著者ラシュディに対する暗殺未遂事件が複数起こっており、ほかの国でもこの本の翻訳にかかわる人々への襲撃等が報道された。

そんな中、89年2月にイランの最高指導者が「著者やこの本の発行に関係した者に対する『死刑』の宣告」を発した。次いでイラン政府も著者の首に多額の懸賞金をかけ、90年に邦訳が刊行されていた日本でも、この本について緊張が高まっていた。

当初は、「表現の自由を守る」と息巻いていた出版・書店業界も、次第に腰が引け始めていた。

私の働く店も店頭から引き上げるようなことはしなかったが、プライドと不安のはざまでひっそりと展示していた。

7月11日、筑波大学筑波キャンパスの構内で、日本語版の翻訳者**五十嵐一**（いがらし ひとし）**氏が刺殺された**（**悪魔の詩訳者殺人事件**、91年）。長崎市長銃撃事件もあり、日本でも言論をめぐる暴力的な攻撃事件が頻繁に起こることに絶望感を覚えた。

続いて、別の角度から言論・表現に関する弾圧・抑圧事件が起こる。毎年8月の中旬に開催されていた「コミケ」だが、その会場に決まっていた**「幕張メッセ」が、開催直前になって使用中止をコミケ側に通告**したのである。

もともと、小さな器から始まったコミケであるが、段々に規模が増し、会場をより広い場所へと移していった。第40回を数える91年には、定常的に大きな会場で開催するという目的で、できたばかりの「幕張メッセ」が会場として使用を許可されていた。ところが、開催直前に突如として「会場の使用を認めない」という会場側からの通告を受け、コミケは中止寸前の状態にまで至る。

この背景には、89年に起きた「宮崎事件」に端を発する**「オタク叩き」の風潮**の影響で、コミックや同人誌等が非常に冷たい目で見られていたことがある。当時の青少年向け雑誌の中には、性的な刺激の強いマンガが載っていた。それを問題にした市民グループが「有害コミック（出版物）」排斥運動を起こしたことなどがあり、当局は、マンガや雑誌、同人誌などに目を光らせ始めていた。

先に触れたように91年の2月、コミックを多く扱っている書店の店長や書店員を「猥褻図画販売目的所持」で警察が取り締まった。美少女系同人誌のサークルを摘発、印刷業者も責任を問われるなど、逮捕、送検を伴う大規模な取り締まりが行なわれるという事件となっていた。

そのような状況の中、幕張メッセを管轄する警察署に届けられた取得物に、過激な性的表現のある同人誌が含まれていたとして、幕張メッセと、コミケの準備会に対する事情聴取が行なわれた。なんだか、江戸時代のキリシタン弾圧や、戦前戦中の特高警察による思想犯弾圧の一幕のような経過だが、幕張メッセは「社会的信用を損いかねない」ことを理由に使用許可の取り消しを通告したのである。

開催直前の使用許可取り消しは、コミケ開催中止に発展しかねない事態だったが、東京国際見本市会場（中央区晴海）に場を移すことで開催することができた。この会場は、多くの人が「晴海会場」と呼んでさまざまなイベントに使っていたイベント会場で、冷暖房「不」完備、地面むき出しの実に味わい深いイベント会場だった。この会場は96年、**東京国際展示場**（江東区有明、通称**東京ビッグサイト**）にその役割を譲り、現在コミケは、「ビッグサイト」を会場に開催されている。

これは**「コミケ幕張追放事件」**などと呼ばれているが、常にどこかで自問自答し続けるべき問題の一端が現れた事件である。

マンガやアニメが常に直面する性的表現や暴力表現等々、表現の自由を謳歌することと、社会的な倫理・道徳観やいわゆる「常識的」なるものとの対峙の仕方、正しい自制・自律のあり方は、時代や世代が変わっても、常に新しい形で突きつけられる。しかも、一人の人間の中においてさえいくつもの解答と反論が並立しうる、ほぼ永遠の課題なのだ。

▼ソ連崩壊の年に

91年が暮れようとしている12月25日に、ソ連の体制の変化の中でゴルバチョフ大統領は政権を維持できなくなり、ソ連の解体を目指して結成された「独立国家共同体」の創設とともに大統領を辞任。**「ソビエト社会主義共和国連邦（ソ連）」は解体**した。22年から91年まで、世界情勢に大きな影響を与えてきた存在感のわりに、終わってみると意外に短い生涯である。

ついに92年には、**明らかに不況感**が現れてきた。日本の景況感覚は何より新卒大学生の就職活動期の雰囲気や就職率に現れるのだが、この年の大学生の就職活動は逆風にさらされた。「女子大生の就職氷河期」が始まった年とも言われた。

一方で、「ソ連と東側諸国の体制崩壊」によって、**「資本主義の勝利」**、**「自由貿易主義の共産・社会主義への勝利」**を声高に謳って、「これからは世界中が協調して正しい道を進む」という夢のようなことをいう人々もいた。前にも言ったが私は、とことんへそが曲がっているので、「外に敵がいなくなったら、中で争うのが人間じゃないのかい？」と、悪いことしか考えられなかった。特に、対日貿易の赤字を逆恨みして、日本車を叩き壊したり、焼いたりして気勢を上げていたアメリカの労働者の映像を、執念深い私は日米関係のある側面だと心に刻み付けていた。「これから敵を失ったアメリカによって、〈日本叩き〉の時のような仮想敵国扱いをされるという不安をよく持たないな」という気持ちが強く、「〈勝った勝った〉と浮かれ騒いでいるうちに日本は孤立するかもしれない」とまで思っていた。

それはある面で杞憂であったし、ある面では杞憂とまでは言えなかった。ひとつは中国など、「東側諸国に含まれない」共産・社会主義を標榜する国が、強《したた》かに残存したためである。また、ソ連の強力な圧力で抑え込まれていた、東側諸国に内在する歴史的な怨念や断裂が、ソ連の軛からの解放と共に一挙に露出した。**「外に敵がいなくなったら、中で争うのが人間」**という読みはその点ではあたっていた。

それが幸いなことだったかわからないが、「貿易で日本（経済）はズルをしている」と経済対立の標的になる前に、世界各地で起こる民族・宗教対立、版図をめぐる内戦に対処することが必要になった。

客観的に見れば、**仮想敵を失った自由主義諸国は内的な不満の捌け口**をこれらの内戦や紛争への介入という方向に流したのである。その中でも特に日本でも関心が高かったのが、92年4月に勃発した**「ボスニア・ヘルツェゴビナ紛争」**である。「昨日の隣人がお互いに銃口を向け合う今日の敵になる」というような陰惨な内戦は悪夢を見るようだった。

こういう画期には強い印象を残す作品が生まれるものだ。

3月に、少女アニメ史、いやアニメ史そのものに大きく名を刻む作品が登場する。

『美少女戦士セーラームーン』（92年3月）である。原作者**武内直子**が91年に発表した読み切りマンガ**『コードネームはセーラーV』**を元に、マンガとアニメのメディアミックス作品として生まれた。したがってマンガ版の『美少女戦士セーラームーン』も、同じ92年の初頭から連載が始まっている。あまりにも有名な作品なので、多くを説明するのはかえって違和感の種になりそうだが、とりあえず簡単に説明する。

ごく普通の中学2年生の女の子「月野うさぎ」が、額に三日月模様のある黒猫のルナ（言葉を話せる）と出会ったことから、「愛と正義のセーラー服美少女戦士（角書きが長い！）セーラームーン」に変身する能力を得る。そのころ街中では人々が襲われる事件が頻発しており、それは人のエナジーを奪い悪の女王クイン・メタリアの完全復活を狙う妖魔の仕業であった。セーラームーンは、同じく変身して戦う仲間（全て女の子）を増やしながら妖魔を倒し続ける。

と、大まかに言えば基本的な物語の骨格はこんな感じだが、そこに敵か味方か判然としない「タキシード仮面」と呼ばれる謎の青年が登場し、ラブロマンスの要素が加わる。

さらに、主人公うさぎ（セーラームーン）のそもそもの性格設定が「泣き虫でおっちょこちょいで、バカのつくお人よしの底抜けに明るい少女」というもので、ラブロマンスもキュンもありつつ、コメディの要素が強い（特にアニメ）。また、仲間の少女たちも、クセありキャラで、シリアスな戦闘シーン（は少なく、多くの戦闘シーンにもギャグ要素がある）を除くと全体の雰囲気がギャグ調で笑ってみていられる楽しい作品である。

じつは、私はこの作品を玩具の販売ありきの女児向けアニメとみなして、最初のころは関心もなかった。ところが、私の相方のオタク仲間方面が「すごい作品が始まった」とざわつきだし、私も「あれを見てないなんて、オタクの風上にも置けない」的な圧がかかった。私は、あまり作品を途中から見ることは好きではないが、そこまで推すのならと見始めた。面白かった。結局、私たちも「セーラームーン」にドはまりし、シリーズ最後まで離れることなく見通した。

なお、この初作をよく言われるように『無印』と呼ぶことにすると、92年3月から『無印』、93年3月から**『美少女戦士セーラームーンR』**、94年3月から**『美少女戦士セーラームーンS』**、95年3月から**『美少女戦士セーラームーンSuperS（スーパーズ）』**、96年3月から**『美少女戦士セーラームーンセーラースターズ』**。**シリーズ計5作**が作られた。

「セーラームーン」は、ラブロマンスもギャグも、そして学園ドラマや女の子の友情も、並行世界的なSF的な世界観もある豊かな作品世界を繰り広げて、世代や性別を問わない作品を作り上げていた。さらに、武内直子が宝石や鉱石に詳しかったことや、星座や占いなどにも通じ、SF的な素養もあったことなども、作品世界にゴージャスで神秘的な雰囲気を添えた（これは原作マンガのほうに強く表れている）。

▼セーラームーンのガレージキット

私にとっては、もうひとつ大きな影響があった。結婚してからも、私のプラモデル作りは続いていたが、同じ嗜好を持つといっても、さすがに戦闘機や戦艦の模型ばかりを作るのは気が引けた。さらに、かつては邪道だと思いバカにしてさえいた**キャラクターのガレージキット（ガレキ）**が、ソフビからレジンに素材を移したころから、非常にリアルなキャラクターキットが出るようになった。それと並行して、アマチュアの作家によるガレージキットの製作販売が活発になり、コミケのガレージキット版のようなアマチュアやメーカー合同の大規模な展示販売会が開催されるようになった。

私の相方の友人関係にはコスプレイヤーもいたので、その人たちは会場でコスプレをするために参加していた。私たちもガレージキットの会が開催されるたびに出かけて行って、面白そうな作品（出来の良さもさることながら、アマチュアらしい遊び心のある作品が好きだった）を買って帰った。ガレキは少量生産ゆえに高価だった。今考えればまだバブル景気の影響で賃金も少しは良かったのだと改めて思う。

私はプラモデルよりもガレキを作るようになっていった。当時はまだ、模型の世界に女性のファンが少なかったので、私の相方はガレキの製作者（原型師と呼んでいた）に関心を持ちやすかったうえに、言葉を交わした相手をすぐに友達認定するような社交家だったことから、あっという間に人脈を築いた。気が付くと、相方はプレートを首からぶら下げて販売テーブルの向こう側に立つようになっていた。乞われて販売の手伝いをするようになっていたのである。

さらに、これも当時の話であるが、女性で模型を作る人は多くはなかった。子どものころからプラモデルを作って育った男の子は、かなり作り方が異なるとはいってもすぐにガレキを作ることに慣れることができた。

コスプレーヤーの友人たちは、ガレキに興味があっても自分で組み立てることができなかった。私はセーラームーン関係のガレキを組み上げて彩色する依頼を何体か引き受けた。子どものころは親に「プラモデルばかり作ってないで、外で遊びなさい」とか「プラモデルを作る暇があったら勉強しなさい」と怒られてばかりいた。まさか「模型を組んでください」とか、「××ちゃんを作ってくれてありがとうございます」とか言われる日が来るとは微塵も想定していなかったのでとても嬉しかった。そもそもが、模型は作るところが一番楽しくて、作り上げたものにも愛着はあるが、それは本質ではない。だから、模型を組んで喜ばれるなどという幸福を「セーラームーン」が与えてくれたことは、私にとってはむしろ感謝しかなかったのである。

▼想定外の伏兵

この年はもう一つの傑作アニメを生む。**『クレヨンしんちゃん』**（92年4月）である。**臼井儀人**による同名の日本のギャグマンガ作品（90年）を原作にしたテレビアニメである。原作者の生まれ育った埼玉県春日部市をモデルにした「春我部」に住む5歳児「野原しんのすけ（しんちゃん）」を中心に巻き起こるドタバタ劇。まともな家族愛や友情なども盛り込まれるが、全体的には「子どもの世話に手を焼く親が経験しがちなこと」や「子どもが陥りがちな突拍子もない誤認識や短絡さ」、「子どもが好む下ネタなどの連発」など、大人たちやリアルに生きる子どもたちが守っている（守らされている）常識やモラルを乱暴に逸脱することでのみ得られる、**自由で破壊的なひらめきや気付きをもった作品**である。

このアニメの第1回を見たときのことを、不思議なくらい鮮明に覚えている。そもそも、私は青年誌に掲載されていた原作マンガを知らず、テレビ雑誌（2週間分の放送予定作品を掲載した情報誌、当時は雑誌を使って事前に番組をチェックしていたのである）でタイトルを見たとき、「子ども向けのアニメだね」ぐらいに思ってスルーしようと思っていた。

ところが、当日になって新聞のテレビ欄を見たとき「**クレヨンって何だ?**」と引っかかったのである。今思い返しても、当時の私の引っかかり力に「ナイス、ブラボー」と言ってあげたい思いがする。番組が始まったとき、幼児向けアニメはほとんど見ない私がこの番組にチャンネルを合わせたことを訝った相方が「この番組見るの?」と聞いたのを覚えている。

初回放送を見終わったとき、ふたりはあまりにも想定外の伏兵に出会ったことに呆然とした。すっかりファンになってしまった。しんちゃんの傍若無人ぶりも爽快だったが、デフォルメされたキャラデザも魅力的で、どれだけでたらめな話でも、終わったときにイヤな後味が残らないのが良かった。また、アニメの演出も凝っていて、カット割りや画角の構成等がダイナミックでアニメのシーン一つ一つに力があった。私にとってしばしばツボだったのが、**とんでもなくシュールなパロディ**が盛り込まれていたことだった。

パロディ系の話で特に印象深かったのが「野菜がいっぱいだゾ」の回。野菜嫌いのしんちゃんが冷蔵庫から野菜を減らそうと画策する、「極度の野菜ぎらいで、いつも母親に叱られている」いつもの「しんちゃんあるある話」として見ていた。すると、終盤に近くでアラン・ドロン主演のフランス映画の傑作『**太陽がいっぱい**』を見たことのある人ならば誰もが気付く形で、そのパロディであることが暗示される。最後のシーンは『太陽がいっぱい』そのままのエモいシーンで終わる、というとてつもなく凝った一本で、これは何度でも見直ししたくなる回だった。

また、『クレヨンしんちゃん』は毎年公開される**劇場版アニメも名作ぞろい**で、子どもを連れて仕方なく劇場に足を運んだ親たちが、満足げな子どもに手を引かれながら泣きながら劇場を出る、という作品もあるほどだった。

いや、これはうっかり話を作ってしまった。しかし、本当に親を感動で泣かせた作品が確実に2本ある。**『映画クレヨンしんちゃん　嵐を呼ぶモーレツ！オトナ帝国の逆襲（モーレツオトナ帝国）』**（2001年、劇場版9作目）、**『映画クレヨンしんちゃん　嵐を呼ぶアッパレ！戦国大合戦（アッパレ大合戦）』**（2002年、劇場版10作目）である。2作続くのは、製作側の狙いかどうかは詮索しないが、当時から「大人向け」として大変に評価された作品である。

『モーレツオトナ帝国』は、70年の大阪万博と、1960～70年代フォークブームなどのオマージュをまぶした昭和レトロともいうべき作品である。大人たちを「古き良き青春時代」のノスタルジーに閉じ込め、偽りのユートピアを作ろうとするたくらみを、しんちゃんをはじめとする子どもたちが阻止するという物語である。吉田拓郎の「今日までそして明日から」という楽曲が劇場一杯に流れたときには、不覚にも涙が止まらなかった。

『アッパレ大合戦』は、時代劇とSFタイムパラドックスを融合させた作品である。この大枠の設計は**『戦国自衛隊』**（75年［ハヤカワ文庫］、71年SFマガジンに連載半村良原作、79年映画化）に範を取り、戦国時代の描写は**黒澤明映画のオマージュ**だと私は見ている。戦国時代にタイムスリップした野原一家は、ひとりの侍と出会う。しんのすけの奇矯な行動がたまたま侍を狙っていた銃弾から侍を助け、侍との心温まる交流が始まる。主軸にその侍（声優、草彅剛）と、彼が仕える殿様の姫（声優、新垣結衣）の恋物語などのエピソードをはさみながら、戦国時代を逞しく生きる野原一家だったが、時間の強いる掟は冷徹なものであった。という、胸キュンあり、アクションあり、下ネタや笑いありの物語だ。当然、野原一家は無事現代に戻るのだが、**終盤に泣かされること間違いなし**である。

映画に話が移ってしまったが、テレビアニメ版『クレヨンしんちゃん』も『**ちびまる子ちゃん**』に続き、現在まで放送される**国民的アニメ**となった。また、原作者の故郷であり、作品の舞台である春日部（作品内では春我部）も知名度を上げ、聖地のようになっている。

しかし、原作者の臼井儀人は2009年9月、群馬県と長野県に跨る荒船山にて遭難死を遂げる。臼井は私と同じ1958年生まれ、51歳の若さであった。原作者の死のショックは大きかったが、その遺志を継いで『クレヨンしんちゃん』は現在も作り続けられている。

第八章　一九九二〜九四

XX
1992-94
バブル後の喧噪。そしてコメ騒動

1992年は『**セラムン**』と『**クレしん**』で、テレビアニメの大きな花を咲かせた年であるが、忘れてはならない作品がまだある。

『**幽☆遊☆白書**』（ゆうゆうはくしょ、92年10月）である。原作は**冨樫義博**の『幽☆遊☆白書』（90年連載開始）で、主人公の浦飯幽助が子どもを救うために自分が交通事故死してしまうが、予定外の死であったため、人間界に戻され霊界探偵として活躍する。

なお、本作は通常、『幽白』と呼んでいるので以降はそちらを使う。

始めは明朗でコメディータッチに進むが、途中から話が重くなっていく。さまざまな相克を経て仲間を増やしつつ、強い敵に戦いを挑む。冨樫は非常に絵がうまく、しかも内容の深刻さが増すとともに、キャラクター造形も洗練された美形度を増すので、話が進むとともに、女性人気が顕著になってきた。私の相方と、その友人界隈のオタ女（オタク女子）が賑やかになった。『**幽白**』**を語るために、頻繁に集まり、冊子を出したりするありさま**だった。登場人物の蔵馬と飛影が主人公以上に女性読者に人気だった。

私は、連載時、途中までは大変に好きな作品だったが、あまりの周りの女性人気に気圧されて、段々輪の中に入れなくなってしまった。作品は面白いと思ったが、私自身は作品のキャラにそこまで入れ込むことがなかったので、熱気にあふれた作品愛が理解できなかった。また、冨樫というマンガ家があまりにも完璧主義者すぎて、自分の作品を磨くあまり、スランプに陥ってしまったことにも鼻白む思いがした。

連載は休み休み辛うじて続いたが、ある時ページ全体があまりに白いことに啞然とした。主人公と最低限の背景だけで、コマの他の部分は何も書き込まれていなかったのだ。私は、それはとても美しいコマだと思った。それこそ日本の禅画や水墨画のような潔さだ。しかし、一方でそれは冨樫が手法化した、意図した絵であるかに私は疑問があった。手抜きなら許せるが、どこかで冨樫自身が作品を支えきれないところで無理に筆をとっているのではないかと疑った。そんな思いが強くなると、自分から連載を拾いに行くことはできなくなった。並行して、アニメも熱心な視聴者ではなくなった。

しかし、それは私の個人的な想いでしかない。『幽白』は、いつでもかなりの人気を持った作品で、読者や視聴者に圧倒的に支持された。客観的な目で見れば、この作品は良い作品だし、また、キャラ人気というのは一時的に煽ることはできても、長い期間人を惹き付けるものを生み出すには高い画力と、作品世界の支えが必要である。今も続くあの熱気の暗流を見るにつけ、この作品は落としてはならないと思う。

▼不穏な92〜93年

この92年が暮れる頃には、私の働く書店でも大きな動きが始まった。これまで、親会社と子会社の書店は経営上の関係性は強いつながりがあったけれども、親会社経営と、子会社労組との直接的な関係は、80年代ごろから意識的に没交渉だった。その関係を再び構築しようという動きが親会社に出てきたのである。この頃はまだ、特徴ある書店として根強い常客を得ていて、厳しい業界状況のなかでは健闘している部類にはあったが、親会社としては自社の将来を展望した経営政策の途上で、子会社が経営的に窮地に立たされることは万に一つもあってはならない、と考えたのである。

この後、一層書店業界が寒風に晒されることは目に見えていた。また、出版業界も、大きな変革期に差しかかっていた。読書離れと言われて久しい中、明らかに読者人口は減り続けていた。また、この頃から本格的にパソコンが職場に、家庭に普及していった。「何があっても本は大丈夫」という、「書籍信仰」を唱える人は業界内に多かったが、どう見ても楽観的過ぎた。

親会社は、言い方は悪いが「子会社が、親会社経営の足を引っ張り続けることになる」と予想していた。親会社は、子会社の書店をどう経営的に成り立たせられるか、あるいは厳しい判断を下す必要があるのか、難しく厳しい政策を進めていくうえで、子会社の中での労使関係に任せることができないと、直接子会社労組との直接交渉、議論を始めることを決断していた。ここから親会社と子会社の関係が再構築され、まずは経営改革等を進めていくための議論のテーブルを設けることになる。双方ともそれが10年近い歳月を費やす長い関係になるとは、まだ思ってもいなかった。

　日本では、バブルの終焉後もまだまだ余熱が残ってはいたが、その**急速な冷え込み**を感じるようになっていた。世界情勢も、冷戦が終わった祝福ムードが、各国の内戦や紛争によってほぼ吹き飛ばされていた。

　１９９３年は、**内外情勢の不安定化**への不安を抱え込みながら明けていった。早くも2月に**「世界貿易センター爆破事件」**が発生。ニューヨークの世界貿易センター地下駐車場が爆破された事件で爆発により６人が死亡、１０００人以上の負傷が出た。すでに1月には、ＣＩＡ本部前で、アルカイダ等のイスラーム過激派によりＣＩＡ職員２名が射殺される事件が起きており、91年のアメリカをはじめとする自由主義陣営の**「湾岸戦争*勝利宣言」**以降も、**イスラーム過激派は「戦争の看板を掲げない戦争」**とでもいうべき戦争を続けており、テロの目論見は密かに、都市の喧騒や、産業の中心地などを目指して、人知れず蜿蜒と流れていた。

　ニューヨークで資本主義国の象徴のように誇らしく聳えていた世界貿易センタービルが襲われたことは、アメリカ国民にとっては大きなショックだったが、２００１年にさらに大きな衝撃の場となることはご存じの通りである。

＊イラクのクウェート侵攻に端を発する湾岸戦争は90年のことだった。

そんな中で、**『機動戦士Vガンダム』**（Vガン、93年4月）が始まる。最初は登場人物の年齢が前作に比べさらに若いほうに引き下げられたために、オタク人気より対象年齢である児童人気を高めたいという意図があるものと思った。ところが、始まってみるとストーリーはむしろ苛烈なものになっていた。子どもが戦闘に加わるという深刻な倫理的問題や、民族紛争の中での殺戮などが盛り込まれる、あたかも**時事ネタガンダムのような体**をなし、結果的に大人のファンが増える結果になってしまった、という珍品である。しかし、そのように時代の空気を吸って物語が構築されていくライブ感は**富野由悠季らしい**ところでもある。

同じく4月にＮＨＫ総合テレビのアニメ**『忍たま乱太郎』**（93年4月）が放送開始となる。**尼子騒兵衛**の忍者ギャグマンガ**『落第忍者乱太郎』**（86年子ども向け新聞にて連載開始）が原作。忍者の卵を育てる忍者学校で起こるドタバタギャグ作品だが、主題歌の**「勇気100%」**がジャーニーズ（当時。2024年現在この事務所名は「諸般の事情で」存在しない）所属の大人気グループ**「光GENJI」**が担当したことでも評判になり、子どもばかりでなく、女性からも人気のある作品になった。

もちろん、主題歌だけでなく、登場人物のキャラ付けが絶妙に可愛く、子ども向けのずっこけギャグアニメでありながらイケメンの登場人物が多い、という作品そのものが女性受けしたところがある。ＮＨＫのアニメは本放送も安定して提供されるし、後々まで再放送されるという丁寧な扱いがされる。子ども世代で見た人が大人になっても見ているというように、世代を広範に取り込むので長寿化する作品が多く、これもそのひとつである。

景況感が失われたことや、それに伴う**国民の不満感が政治不信を高めていた**のも90年代初頭の世相だった。自民党など既成政党に対する不信や失望が高まったことから、既成政党を飛び出した政治家らによる新生の小政党が次々に誕生し、この年の7月の衆院選では、そのなかの「新党さきがけ」、「新生党」、「日本新党」が想定以上の議席を取るという現象が起き「新党ブーム」などと呼ばれた。個々の評価は置いても、このような新風が日本の政治で起こることは好ましいことで、たしかにこのころ、経済的には気分が悪かったが、政治的には少し清涼感があったような気がする。

映画の話になってしまうが、**劇場版アニメ**の**『機動警察パトレイバー2 the Movie』**（93年8月公開）は、**当時の情勢や気分をよく表した作品**としても知られる。「湾岸戦争」をはじめとする中東情勢や、東欧の内紛・内戦を背景に、日本では再軍備に繋がる国防論や、婉曲な戦争加担とも受け止められかねない軍事費援助や、自衛隊の非戦闘を旨とする平和目的での派遣の是非などが議論されていた。

その中で、独自思想を持つ自衛隊の関係者が国民の「平和ボケ」の眠気覚ましを画策したらどうなるか。刺激的なシミュレーションドラマである。内容の暗さや、賛否を分けるテーマだったために、評価もされたが今ひとつ人気が盛り上がらなかった観がある。いずれにせよ、オタク界隈では「素晴らしい」と言われた。私も良い作品でアグレッシブな姿勢にも感銘を受けたが、前作の劇場版のほうがパトレーバーらしいと思った。

10月にバスケットボールを題材にしたスポーツマンガの傑作『**SLAM DUNK**』（スラムダンク　93年10月）が放映開始となる。**井上雄彦**の原作マンガ（90年連載開始）も当初から大人気だったが、アニメ版の放映で人気に拍車がかかり、今でも国内外に根強い人気を保っている。2022年公開の原作者自身が脚本と監督を務めた**映画版アニメ**『**THE FIRST SLAM DUNK**』のヒットは記憶に新しい。ほとんど社会現象ともいえるほどの熱気であった。

わたしは、繰り返しになって申し訳ないが、骨の髄までスポーツとは無縁な心性を持っているので、この時も今も、残念ながらこの作品に言うべき言葉がない。私などが何かを言うより、巷にはこの作品への言説が溢れ、バラエティ番組などでネタにされているので、この作品についての言及は、そちらにお任せする。

▼米騒動が意味するもの

93年の後半から翌94年の春にかけて、**「平成のコメ騒動」**と呼ばれる主食のコメをめぐる狂乱が起こる。93年は天候不順が続き、冷害によるコメの生育不良による収穫量不足に陥った。このニュースに消費者はもとより、卸売業者までもが米の確保に奔走し、小売店の店頭から米が消えるといった混乱が発生。普段は米を扱わない他業種業者が米を仕入れて販売するという狂乱状況になった。

この不作への対応として、政府は各国に米の緊急輸入を要請。タイ政府がいち早く応え、自国の備蓄在庫を一掃する形で日本に供給した。タイのインディカ米は、日本産のコメと外観も食感も大きく異なるために、多くの日本人には不評だったが、エスニック系の飲食店などでは、むしろ本来の組合せに近くなるなどの評価を得たケースもあった。

しかし、一体にタイ米を「まずい米」の象徴のようにマスコミが報道し、我々もそのように評判を立てたのは、それまで「外国のコメは一粒たりとも輸入しない」と宣って海外米をシャットアウトしておいて、コメ不足になると一転海外米に頼るという醜態をさらした上に、入ってきたコメに罵詈雑言を浴びせるという**恩知らずなことを日本人はしてしまった**のではないかと、今もって思っている。

さらに言えば、それまで経済成長やバブルやらで、口を肥えさせ、標準米には見向きもせず「高級米」に溺れていた日本人の食卓と、それに応じて作付けを高級米に振り向けた農業施策が、冷害にひどく弱いササニシキの作付面積増を招き、冷害の影響をもろに受けたという点も記憶されるべきであろう。実際、これ以降、ササニシキが減衰し寒さに強いコシヒカリが主流になる。この騒動は、94年の作柄が回復したことで終結するが、**日本の食料事情の危うさ**をはしなくも露呈した事件だった。

94年4月、**『機動武闘伝Gガンダム』**（Gガン）の放映が始まる。正直私はこの作品を、ガンダムシリーズに位置づけてもよいのか逡巡するところもある。これまでのガンダムとはまったく違うテイストの作品で、ガンダムを用いた「ガンダムファイト」という格闘大会を描いたものだったからである。

少年ジャンプ的トーナメント型マンガや、当時流行していた格闘ゲーム（格ゲーと呼んでいた。当時絶大な人気を誇った「ストリートファイター」などのアーケードゲームのこと）に追随したような内容が私には受け入れがたかった。しかし、当時の子どもたちには人気があり、製作者側の意図は達したのではないだろうか。

前作『Vガン』が、子どもに対象年齢を下げようとして、逆に深刻なテーマになってしまって、提供の玩具メーカーとしては当てが外れていたのを取り返す形になった。私の知る限り子ども人気はぐんぐん上がっていった。また、私の周りのガレキ界隈も『Gガン』に夢中で、版権がとりやすいのかGガン関連のガレキが展示販売会ではよく売り出されていた。

テレビドラマの『**家なき子**』が放映開始されたのも、この年の4月である。天才子役と呼ばれた安達祐実の「**同情するならカネをくれ**」というキラーワードは、ドラマを見ていない人にまで響き、流行語大賞になった。いかにも、バブルが弾け経済不安と将来不安に覆われ始めた日本社会にふさわしいセリフだった。

日本経済が不況感にさいなまれ、人々が不安を感じる世相は、これまでに次第に露わになって来ていた大きな問題を、ついに噴出させた。

6月27日、**松本サリン事件**が発生したのである。当初、警察やマスコミのミスリードで、家族が被害者である第一通報者に対する犯人説が浮上し、ほとんど**マスコミによる冤罪事件の様相**まで呈したが、翌年「**オウム真理教**」による犯行と判明する。警察の初動捜査に問題があったこともたしかだが、当時のマスコミの挙動は世相の不安感に悪乗りして耳目を集めるの観があった。

事実の判明後、各報道機関は一定の謝罪行動はとったが、その反省を生かして今日があるという評価は難しい気がする。

▼ギャグテイストの作品を2本と異世界召喚もの

94年の後半を迎えるころ、私の中ではちょっとしたアニメブーム状態がやってきていた。仕事や組合活動で忙しくもあったが、関心を持つ作品が多く放映されて、またその多くを受容できる体力・精神力がある年齢であった。さらに、ガレキ製作とガレキの展示会「**ワンダーフェスティバル**（**ワンフェス**）」と、「**JAF-CON**」（2001年に終了）に出かけていたので、立体製作の魅力が後押しをする形で、アニメに対しても広い関心が持てたというところもある。

9月に始まった、テレビアニメ『**愛と勇気のピッグガール とんでぶーりん**』（94年9月）は、**池田多恵子**のマンガ『**とんでぶーりん**』（94年連載開始）を原作にしたアニメ。中学1年生の主人公がブーリンゴ星の王子様・トンラリアーノ3世（トンちゃん）に出会ったことで、スーパーヒロイン「ぶーりん」として活躍することになる。そのヒロインの姿はなんとピンクの「ブタ」の姿だった、というギャグテイストの強い変身ヒロインもので、ラブコメの要素もあり、そこはかとない感動もあり、という物語である。

もともとが幼年〜小学生向け雑誌に連載されていたが、アニメ版はもう少し広い層に向けて作られていた。また、その愛嬌のあるキャラクターは美少女アニメの変形としても受け入れられ、元の可愛い少女よりも「ぶーりん」の姿でガレキは作られることが多かった。私は、ガレキとの出会いを通じて初回からこのアニメを見るようになった。

そして、原作マンガが大好きだったのでとても楽しみにしていたのが**『魔法陣グルグル』**である。**『魔法陣グルグル』**（94年10月）**衛藤ヒロユキ**によるギャグマンガを原作（92年連載開始）とするアニメで、略して『グルグル』と呼ぶ。

衛藤ヒロユキはデビュー時、**『ドラゴンクエスト4コママンガ劇場』**等の作品を書いており、RPG（ロールプレイング）ゲームに通じていた。『グルグル』もRPGの世界をマンガに移したような作品世界で、無責任で怠け者、なにをするにも投げやりな性格の少年「ニケ」が、自分の息子を「勇者」と決めつけた親により、強引に（厄介払い？）魔王を倒す冒険に旅立たせられる。途中で絶滅したミグミグ族の唯一の生き残りの少女「ククリ」とパーティを組み、さまざまな魔物を倒しながら、ドタバタギャグのような旅を続ける。

ギャグ要素を除くと、まさに**ファンタジーRPG**の世界観で、何かというとゲーム画面のように四角い黒塗り枠に白抜きのメッセージが入るのが、ドラクエそのものだった。作者は絵がうまくデザイナーのようなポップな絵が、ギャグマンガの作風と相まってオシャレだった。また、テクノポップスやDJに通じている作者の個性が生きるのが、**マンガの世界に音楽的なテイストが添えられる時**であった。踊り出すような一コマ一コマに痺れた。

ギャグはかなり攻めたもので、サブキャラはもちろん、モブで現れる登場人物たちのほとんどが変態か中身のないナルシストで、かなりシュールに笑いを取ろうとする果敢さも好きだった。

アニメは、原作を食うとオリジナルストーリーなどで、間を埋めなくてはならないが、まさにアニメ版はしばらくすると原作を食ってしまい、オリジナルストーリーを挟んだ後、視聴者を驚かせる展開で終了する。ふたりはついに魔王のもとにたどり着くのだが、ボス戦の直前にニケが持ち前のいい加減さで「やっぱりやーめた」と、あっさり踵を返してしまうのである。さすがに、視聴者の多くが呆れそして怒った。アニメ版の『グルグル』は、しばらくの間「トンデモ作品」扱いされた。

同様に楽しみにしていたのが**『魔法騎士レイアース』**（魔法騎士は「マジックナイト」と読む。94年10月）である。CLAMPによるファンタジーマンガ（93年連載開始）を原作にしたアニメである。登場人物等に自動車の名前が多く使われているところが、物語とは別の注目ポイントである。

最近のアニメで定番となっている**「異世界召喚」もの**で、東京タワーで偶然出会った中学2年生の3人の少女たちが、「セフィーロ」と呼ばれる異世界に召喚され、「魔法騎士（マジックナイト）」としてセフィーロを救う戦いを繰り広げる、という大枠を持つ。

召喚されたセフィーロは魔物によって変わり果てた姿になっていた。それは、神官ザガートがセフィーロの世界秩序を支える「柱」であった、エメロード姫をさらってしまったからである。マジックナイトの少女たちは、ザガートを倒し、エメロードを救いだすように依頼される。読み始めた当初は、**『はてしない物語』**（ミヒャエル・エンデ、79年）の系譜に当たる作品かと思ったが、いわゆる救世物語どころかかなり拗れた話になっていく。

と、ちょうどこの項を書いている最中に（2024年秋）に、この作品のリメイクの話が流れてきた。これから見る方のために、ネタバレを懼れてこれ以上の作品評はやめておこう。

放映初期のオープニングを飾った主題歌**「ゆずれない願い」**（歌、**田村直美**）が大ヒットして、田村直美は95年の『第46回ＮＨＫ紅白歌合戦』で、この曲を歌唱した。

書店業界に働くものとして非常に有難かったのが、この年の10月13日、**ノーベル文学賞を大江健三郎が受賞**したことである（94年10月）。しばらくは、さまざまな大江作品が売れた。この年には岩波新書の『大往生』（**永六輔**著、94年３月）が発売と同時に、高齢化社会に対する関心の高さに共振して社会現象的にヒットし、「大往生」は流行語大賞に新設されたトップテンに選ばれている。これも発売以降長きにわたってよく売れた。まだまだ、出版・書店業界には良い風が吹く余地があったのである。

これを頼りに、私たちの労組は「より収益性のある店内改革」の可能性を労使で探るべく提案や協力提供を申し入れたり、親会社との関係性についての将来像を探った。親会社は、書店業界総体としての将来予想をもとに、子会社問題を全体的な経営構想の一環という位置づけで臨んでいた。自助努力で経営を「改善」するという姿勢は評価したが、親会社の経営総体の大きな改変の中では、些細とは言わないまでも本質的な改善につながるものとは評価しなかったようだった。

しかし、難題を抱えながらの私たちの職場の状況ばかりに悩んでいる暇はなかった。95年は、予想以上の社会的・世界情勢的な大きな波乱を巻き起こしつつ始まったからだ。

第九章 一九九五

XXI 1995 1995年という年――オウム、震災、エヴァンゲリオン

1995年1月1日、**山梨県上九一色村のオウム真理教の施設で「サリン」製造の証拠が出た**とスクープ報道がなされた。憶測だらけでミスリードされていた「松本サリン事件」に対する見方が一挙に変わった。世間がオウム真理教に厳しい目を向ける中、オウム真理教はさらに活動を先鋭化する。4日に、「被害者の会」会長をオウム真理教信者がVXガスで襲撃する事件を起こした。恐怖をあおることで、自分たちへの攻撃を封じようとしたのだ。

人々が社会への不安を募らせる中、自然災害が日本を襲う。**「兵庫県南部地震**（阪神・淡路大震災）**」**の発生である。

1月17日午前5時46分、淡路島北部・明石海峡付近を震源とする都市直下型地震が発生、震源の深さ16㎞、地震の規模はマグニチュード7・3の日本で初めて大都市直下を震源とする大地震

だった（関東大震災は相模トラフを震源としている）。死者は発生当時戦後最多の６４３４人、行方不明者は３人、負傷者は４万３７９２人、68万９７７６棟の建物が被害を受け、被害総額は約10兆円に達したと記録される。

震災による被害の状況は時々刻々報道され、あまりの被害の大きさと、日本でも指折りの主要都市や町が、多くの人々が暮らす住宅街が、そして、人々の営みと日常が、無残に破壊しつくされた姿に日本国中が衝撃を受けた。日本が地震国であることは、誰もが肝に銘じていたはずだが、都市直下型の地震による街の破壊は、人々の予想をはるかに超えていた。テレビに映し出される惨状は、日本中の都市部に住む人々にとっては明日の自分たちかもしれなかった。それはあまりにリアルな恐怖だった。

そしてその恐怖は、２０１１年の3月に東日本を襲った大地震によって繰り返されることになる。

出版・書店業界として非常に深刻な問題も同じ1月に起きている。1月に発行された雑誌「マルコポーロ」（文藝春秋）に、「ホロコースト（ユダヤ人大虐殺）は作り話だった」とする記事が掲載され、イスラエル政府やユダヤ人団体が抗議、「マルコポーロ」編集長は解任され、**「マルコポーロ」が廃刊処分になった**のである。いわゆる陰謀論や歴史修正主義は、一定の関心を引くことから需要に対する応答という形で、しばしばメディアに登場し問題になるが、ここまで大きな問題になったのは珍しく、書店としては同様の本の扱いに苦慮することになる。

そして、日本中を恐怖に陥れた**「地下鉄サリン事件」**が3月に起こる。

3月20日、東京の帝都高速度交通営団（現在の東京メトロ）の地下鉄車両内において、オウム真理教の信者によりサリンが散布され、乗客及び職員、救助にあたった人々に大量の死傷者が出るという大惨事である。日本はおろか世界でも比類なき、民間人を化学兵器で殺傷するという**大規模な無差別テロ事件**であった。

そのころ、多くの事件にオウム真理教が関与しているという確信を得た警視庁による、オウム真理教関係施設への強制捜査がすぐにでも始まるという状況まで来ていた。この強制捜査を何とか妨害・攪乱する目的で行なわれた事件であるとされる。* その証言を信じるならば、大変に凶悪でありながら、幼稚で妄想的な逆効果以外の何ものでもない犯罪を犯し、全く無関係な多くの人々に被害を与えたことになる。

当日のことはよく覚えている。いつものように出勤し開店準備をしていると、同僚や店の近くの通行人がざわめき出した。曖昧情報ながら「大手町で事故があった」、「毒がまかれたらしい」というのである。私は、のんきにも、「自分が乗ってる時はそんな感じもなかったから、何か大げさなことを言ってるんでは？」思いながら作業を続けた。しかし、そこから後に入ってくる情報はどんどん深刻の度合いを増していった。しかも、事件が起きたのは複数の地下鉄車内で、千代田線（上り）、丸ノ内線（上り）、日比谷線（上、下）の名前が挙がっていた。私はまさに該当路線の利用者で、事件発生時刻の8時直前に発生駅を通過していた。「数本遅い電車に乗っていたら、事件車両に当たっていたかもしれない」。さすがにちょっと背筋にぞくりと走るものを感じた。

凶悪事件で自らの首をさらにきつく絞める形になったオウム真理教は、二日後の3月22日に教団全施設の強制捜査を受ける。3月30日には、捜査をやめさせる目的で**「警察庁長官狙撃事件」**を起こしたとされるが（真相不明、未解決）、妨害は効をなさず、この年の4月から**次々に教団幹部や各事件の関係者が逮捕**され、ついに5月16日に**教祖の麻原彰晃**（本名、松本智津夫）**が逮捕**され、一定の決着を見た。[**]

＊供述や証言は、どれも無責任で理解しがたい内容で、我々の感覚からすると信憑性にも疑いが残るが、犯罪の実態に沿う形で松本智津夫をはじめとする教団幹部の多くが、死刑判決を受けた。

＊＊95年10月30日に「オウム真理教」に対して解散命令が出る。

▼95年のアニメ作品、まず2本

アニメ話に戻ろう。私のアニメ視聴本数が格段に増えていたことは先に述べたが、この年の春に印象深い2作品が放送開始になる。

1本目は**『愛天使伝説ウェディングピーチ』**（ウエピ、95年4月）。**富田祐弘**の原作・原案によるクロスメディア作品で、マンガとアニメが並行して連載、放映された。

富田祐弘はテレビアニメの『セーラームーン（第1作＝無印セラムン）』のシリーズ構成とメイン脚本家を担当した優秀な作家であり、彼の原案と物語に同じく『無印セラムン』の**キャラデザを担当した只野和子**が組んで誕生したのが『ウエピ』である。その意味では**『セーラームーン』**

の直系ともいうべき作品である。

『セーラームーン』にハマっていた私は、当然こちらもハマった。３人の少女をメインとする戦闘美少女ものだが、タイトル通り戦闘コスチュームがウェディングドレスで、戦闘に応じてコスチュームチェンジすることを「お色直し」と呼んだり、「サムシング・フォー」、「花束（ブーケ）贈呈」、「結納返し」など、結婚式に由来するネーミングのオンパレードで、見ている側が突っ込みを入れたくなるような面白さがあってかなり好きだった。ただ、女の子にとって「愛情が至上のもの」と考えたり、「結婚を愛の極致」と規定する感性には、現在となってはやや疑問が呈されるかもしれない。

もうひとつの作品は**『新機動戦記ガンダムW』**（GW、95年４月）。この作品の登場によって、「ガンダム」の世界は一挙に**「少年向けロボット戦闘もの」の係累からの離陸を達成**する。**『機動武闘伝Gガンダム』**が、対象年齢を低年齢層に修正しようとした作品だったのに対し、『GW』では、主人公を含む５人の主要人物がミドルティーンで、それぞれ個性ある少年に設定されている。対象年齢を上方に設定し直す形だが、５人の主人公がそれぞれ美少年で、ヒロイン的存在に当たるお嬢様が、単なる美少女ではなく、強い個性と自立心、行動力を備えており、女性ファンを意識した作品にもなっている。

実際、この作品を端緒に「ガンダム」は女性ファン、特に「やおい」や「ショタ」系、同人誌系女子にも強い訴求力を持ち、もはや「ガンダム」は大人のファンもつかむ少年向け戦闘ロボットアニメ（ガンダムはロボットではないが、便宜的に分類されることが多い）という分類から、**女性**

ファンが多くついた戦闘ロボットアニメへと変容する。

『GW』の主な舞台は地球だが、地球とスペースコロニーとの対立という「ガンダム的世界観」をベースに、相対する勢力がそれぞれの大義をぶつけ、権謀術策を凝らして戦い合うという複雑な構造を持っている。

戦闘特性の異なる五つの「ガンダム」に騎乗してスペースコロニーから密かに送り出された5人の少年は、それぞれ互いの存在を知ることなく地球で活動を始める。折に触れて、哲学や歴史人物の箴言等が引用される発言のキザさがシビれポイントである。軍人的な命令への忠誠と、組織的な思惑で変転する戦略に翻弄されながら、少年たちは人間的な成長と、複雑な状況の中で得たそれぞれの大義を貫きながら、本当の「解決」を目指す。

1年間を費やすからこそ描くことのできる豊かな物語で、多分相当意識したであろう女性人気も意図通り十分に燃え上がって、『GW』は大変に好評であった。おかげで、**「ガンダム」シリーズ**を今日まで継続させるための、**中興の祖**ともいうべき位置に立っている。

▼特撮映画とゲームの話を少し

特撮映画の話になってしまうが、この年の3月に公開された**『ガメラ 大怪獣空中決戦』**は特に触れておきたい。**金子修介**監督による**「平成ガメラシリーズ**（3作）**」**の第1作目となる。もともと「ガメラ」は東宝の「ゴジラシリーズ」に対抗して大映が製作した人気シリーズだったが、「怪獣少年」であった少年時代の私にとっては、「ゴジラ」に比べると子ども向けで格下扱いであった。一方で、生まれて初めて劇場で見た映画が『ガメラ対バルゴン』だったりもするのだが。しかし、平成ガメラシリーズは、金子修介という優れた監督と、樋口真嗣という特撮監督がタッグを組み、『**機動警察パトレイバー**』を生み出したヘッドギアの結成メンバーである伊藤和典が脚本を書くという夢のようなチームが作った作品である。3作しか作られなかったが、どれもが傑作である。

『**ゴジラvsモスラ**』（92年）の頃からか、私は同僚の小学生の息子さんと「特撮好き」で意気投合して、ゴジラ映画やガレキの展示会（ワンフェス）などに一緒に行くようになっていた。親御さんも快く彼を私たちに預けてくれたので、子どものいない私たちにとっては良い遊び相手で、また可愛い甥っ子のような存在だった。平成ガメラの第1作目が多分一緒に映画を見た最後になった。ガレキのほうは大人の私たちと一緒ではないと入場できないので以降も一緒に行ったのだが、さすがに中学生ともなると映画は友達と行くようになったのだろう。子どもと手をつなぐなどという経験をあまり持っていない私としては、あの小さく柔らかい手の感触は、今でも懐かしく愛おしい。

続けて、これも、アニメ話ではないが、家庭用ゲームの『**ときめきメモリアル**』（94年5月）も一応挙げておこう。「ＰＣエンジンSUPER CD-ROM2（スーパーシーディーロムロム）」という、やや マイナーなゲーム機向けのソフトだったのにもかかわらず大ヒットした。家庭用ゲームに「恋愛シミュレーション」というジャンルを持ち込んだ嚆矢になるゲームソフトであり、これを機に同種のゲームが多く登場するようになった。「**恋愛シミュレーションゲーム**」の世界観や攻略手法など、マンガやアニメ、ライトノベル（ラノベ）の世界観構築やストーリーマップにも大いに影響を与えた。

▼『エヴァ』開始の年

そして10月、日本のアニメーションの歴史にひとつのモニュメントが打ち立てられる。**『新世紀エヴァンゲリオン』**（エヴァ、95年10月、庵野秀明原作・監督）が放映を開始したのである。

私は放送当初は「ありふれたロボット格闘もの」程度の認識で見ていたのだが、まったく違う次元の作品だった。私のオタク仲間界隈もすぐに反応し始め、思わせぶりな内容に対して、てんで勝手な解釈や論評が溢れた。

そんなこともあって『新世紀エヴァンゲリオン』は、本放送が終わった後も、さまざまな解釈が飛び交った。その後に映画版などが続々出てきたので、さらにことは複雑になっている。以下は、あくまでも本放送終了と、その後に映画版で補完された「本来の」最終話（25、26話相当）の頃を思い起こしての**「私的なエヴァ観」**に基づくまとめである。

この作品がまず優れていたのがさまざまな部分に込められた演出である。たとえば、黒地に白の極太明朝体（活字フォントの名称）の文字列を直角に折り曲げて配置したサブタイトルの表記がかっこよかった。これは市川崑へのリスペクトとされるが、エヴァでフォント愛に目覚めた方も多いのではないだろうか。

▼音楽的演出ほか演出手法について

次にオープニングアニメのかっこよさ。オープニングテーマの「残酷な天使のテーゼ」（歌、高橋洋子）は今でも歌い継がれる名曲である。また、鷺巣詩郎による劇伴音楽の見事さがこの作品に大きな効果をもたらした。この劇伴は、今でもテレビ番組のBGMでよく用いられるほど印象深い。また、庵野の趣味ではないかとも思うが、クラシック音楽を上手に用いている。『エヴァ』は優れた音楽演出でも後々参照されるだろう。そして、主題歌とオープニングアニメーションのシンクロの仕方のかっこよさは特別だ。

これは、自己流の分析法だが、オープニングやエンディングの演出に関心を持った時に私が試みるカット割やスピード感を把握する方法を、説明させていただきたい。

アニメ作品（たいていのドラマも同様）のオープニングやエンディングの音楽と画像の演出を見るとき、カット割はそれにつけられた楽曲を4拍単位に区切るとわかりやすくなる。拍の取り方がわからない方は、子どものころ行進する時にやらさせた「オイッチニ、オイッチニ」という数え方を、その曲に合わせてやってみるとよいだろう。

楽譜を見ると、「4分の4拍子」とか「4分の2拍子」など、音楽の作法上の「拍子」が書かれているが、ここでは楽譜は忘れて単純に曲に合わせて4つ数えて一単位にするのである。

そうすると、カット割・シーン割はその4拍を基準にしているように見えてくるはずである。基本的な切り替えは4つで画面を刻む。しかし、それを繰り返すだけでは単調になるので、3拍目で画面を切り替えるケースも多用される（1、2、3と数えたところで次のカットが来る）。スピード感を出すために2拍で切り替わるケース、さらに1拍ずつ切り替えてダッシュするかのように見せることもあれば、逆に8拍以上切り替えないことで印象を深くすることもある。

たとえば、3拍目で画面が切り替わる場合、4拍で区切るよりも滑らかにシーンが切り替わるように思える。1拍ずつ区切ると、1カットがより強く訴えかけてくるなど、オープニングやエンディングの映像が非常に考え抜いた演出を施されていることがわかるのではないだろうか。画面が4拍以上固定している場合でも、中の一部分が動いたり、画面の中に新たな要素がインサートされたり、工夫は無限にある。

一時期オタクの世界で「**マッドビデオ**」というものが流行った時期がある。アニメや映画などの断片的なシーンをつなぎ合わせて面白おかしい作品にするという二次創作だが、この場合も音楽に合わせてカット割をするセンスの良さが問われていた。『エヴァ』のオープニングは、それを想起させるような細かさとセンスの良さを目一杯展開していたと思う。主題歌が今も歌い継がれる名曲だったことも相俟って、その演出は非常にセンスが良くオタク好みするばかりでなく、一般の視聴者にも共感できる上質なものだったことは、ブームの大きな推進力だっただろう。

また、本編の画も遠くから望遠レンズで大写しに撮ったかのように、炎天の陽炎で揺らいで見える信号機の赤ランプの明滅で登場人物の心象を暗喩したり、最新鋭の機械類の表示やパイロットランプの表記が英語ではなくあえて日本語（「危険」とか「警告」とか）であったり、細かいところが素晴らしくスタイリッシュなのだ。

どこを取っても、何かを語りたいオタクどもにはたっぷり餌を与えようというような、サービスっぷりの作品であった。オープニングにユダヤ教の「カバラ」を表す系統樹っぽい図形が現れたり、対決する相手が「シト」(「使徒」をあえてカタカナ表記にしていることは言うまでもない)で、それぞれの名前が「第1シト　アダム」、「第2シト　リリス」(第1、第2シトはそれぞれ起源種ともいうべき存在で戦闘対象ではない)、「第3シト　サキエル」、「第4使徒　シャムシエル」など、ユダヤ教聖書偽典の『エノク書』由来の天使の名前がついていて、人類も「第18シト　リリン」とされるなど、古代のユダヤ教やその異端を意識した話なのかと、視聴者の思考をミスリードする。一方で、「ロンギヌスの槍」(磔刑後のキリストを刺したという聖遺物)などのキリスト教由来の用語も出てくる。

また、「ディラックの海」、「死に至る病」など物理学や哲学に由来するペダンティックな語彙を縦横に用いる。主人公が所属する組織が「ネルフ」で、それを統括するのが「ゼーレ」と呼ばれ、ゼーレが密かに『裏死海文書』の預言を実現(「人類補完計画」)しようとしていることなど、ほぼ陰謀論にも近い設定である。しかも、それらの組織も国家規模に大きい割には、はっきりした位置づけが不明なままである。

▼最後の2話騒動

大まかな物語設計は、西暦2000年に起きた大災害セカンドインパクト(巨大隕石の衝突だったと公表されている)によって世界中で人口の約半数が失われた世界。15年後の新東京市(元の東京は破砕されて、今は箱根付近にある）を襲う「シト」と呼ばれる巨大生物。そこに、少年碇シンジが、ネルフの総司令であり、母の亡きあと長く別れて暮らしていた父碇ゲンドウに、ネルフに呼び出されるところから話は始まる。呼び出した父は冷たく、いきなり現れた「シト」と闘うように命じられる。シトに対抗するためにつくられた人造人型巨大生物兵器「エヴァンゲリオン」のパイロットになることだけが目的で、シンジは招かれたのである。父としての情を見せないゲンドウへの反発と、何の前提もなく戦いを命じられる戸惑いと恐怖のあまりシンジはそれを拒絶するが、代わりに出撃したのは満身創痍の少女綾波レイであった。**「逃げちゃダメだ」**、という有名なセリフと共にエヴァに乗り込むシンジ。その後、次々と襲い来る「シト」に対し、シンジ、レイ、そして途中から加わる惣流・アスカ・ラングレーの三人は、苛烈な戦いに身を投じていく。

という大きな物語の外骨格に、父子問題というアドレッセンス小説のような繊細なテーマが内面的な背骨のように物語の中心を貫いている。主人公碇シンジはまだ14歳の少年で、母亡きあと父からも引き離されて育った、自己肯定感が弱く、親の愛に飢えて育った繊細な少年は、ようやく会えた父親から道具扱いされ、また命をかけた戦いまで命じられて深く傷つく。

一方、あたかも人類の未来のために冷徹な司令官を担っているかに見える父の碇ゲンドウは、実は愛する妻ユイと再び接するためだけに「人類補完計画」を利用しており、物語の終盤のいまさら感がたっぷり漂う頃になってシンジへの思いについてあれこれ言い訳する。碇ゲンドウは、私に言わせれば過剰な妻依存症の新手のマザコン野郎であり、毒親である。60の半ばも過ぎたいい大人が物語の登場人物に言うセルフではないと思いつつも「おまえには好きになる要素がなさすぎる」。約30年たってなお、私はこう思い続けている。

テレビ版では、最後の2話がこれまでの話を完結させる形に結び付かず、それまであれこれ推察し解釈して楽しんでいた視聴者や、通常のアニメのように「話が整合的に完結」する最終回が来ることを期待していた視聴者の憤激を買う。最終2話は「スケジュールが間に合わず、とりあえずの終結をさせた」という、擁護論もあったが、「好きであるがゆえに批判する」という人々の熱意は荒れまくり、そのヒートっぷりがさらに社会的な関心に繋がり、**『エヴァ』騒動**とでもいうような社会現象になり、それを機に興味をもってこのアニメを見始める人が多く出るなどして、ついには『エヴァ』を大ブームの次元にまで押し上げた。

『エヴァ』最終2話の別回答、ないしは本来の回答ともいえる作品**『新世紀エヴァンゲリオン劇場版 Air/まごころを、君に』**（97年）が公開されて、一旦「エヴァ」の最終回騒動は終わった。ここまで批判され、ここまで愛され、そして、ここまで歴史に足跡を残したテレビアニメは稀少である。

▼世界観だけでいい

私の個人的な見解では、**そもそも『エヴァ』には中身がないのではないか**と思っている。

庵野秀明という人は、ものすごく耽美的で極アニメ的な世界観を構築するのがうまく、すべてがその作品の世界観に収束していくような求心力あるイメージを積み重ねていくタイプの作家だと思う。「世界観」だけがしっかり確立していて、その世界観には出口がない。はたから見ると、終結しない世界観は「破綻」に見える。しかし「世界観」だけで充分に完結した循環構造を堪能できる者にとっては、殊更に物語を完結して作品世界を外界に「排棄」する必要はないのである。『新世紀エヴァンゲリオン劇場版 Air/まごころを、君に』で、庵野監督は一通りの完結めいた物語を仕立て上げた。これはこれで見事な作品だが、間違いなくこれも視聴者を裏切る混沌の中に溶け込むかのような終結である。すでに多くの方が言うように、映画版の終結は、アメリカの小説家**グレッグ・ベア**による87年のSF小説**『ブラッド・ミュージック』**（邦訳も87年）に酷似している。グレッグ・ベアの物語は多分に皮肉や諦念を込めて多幸感ある終末としているが、庵野は煉獄そのものとして描く。そのうえで、**『デビルマン』**（**永井豪**のマンガ）の最後のコマの静謐に相通じる、諦念の果てにうっすらと浮かぶ未来を予感させている。

多くの批判や疑念が『新世紀エヴァンゲリオン』を最終的には価値ある大作品にまで押し上げた。そして来たる**21世紀に向けてアニメブームを一挙に盛り上げた**、間違いなく日本アニメの画期をなす傑作である。

▼Windows 95の登場

さて、この話題も触れておかなければならない。11月にマイクロソフトが**Windows 95**日本語版を発売した。**日本でのパソコンブームの加速**を強く意識させた製品（OS）である。私は、自らのあまりの悪筆に悩まされていて、そのくせ自分が努力してまともな字を書くような訓練も乗り気ではなかったので、高機能なワープロソフトが使用できるパソコンなる機器が登場したことをとても歓迎していた。

それで92年ごろ、Windows 3.1搭載のパソコンを買っていた。使用したソフトの「一太郎」は思った以上に優秀でワープロ機能以上の編集もできるのが驚きだった。しかし、何をするにも遅いのが難点だった。メモリを増やしてもあまり変化しなかった。Windows 95へのアップグレードは魅力だったが、結構高かったので出費を迷った。

とはいえ、世間的にはWindows 95の登場は、それまでパソコンに関心も縁もなかった人たちにまで影響を与えるほどに衝撃的だった。宣伝がうまかったのだろう、数年のうちにパソコンユーザーが増えていき、多くの職場にもパソコンが導入され始めた（共用パソコンが数台。今のように一人一台などという贅沢はできなかった）。後に98年7月にWindows 98が登場するに至って、ほぼ家庭に一台パソコンがあるという時代が見えてきた。

今、会社のデスクにパソコンがないという環境は想像しにくいかもしれないが、95年ごろによ うやく、誰もが深い知識なしにパソコンを操れるという時代がやってきたのである。そして、パソコンと共存する環境は人の空間認識や、時間認識を大きく変化させうるものだった。その影響はやがてマンガやアニメの世界でも物語の世界観に、マンガやアニメを製作する現場の仕事の在り方など、さまざまな形で及び始める。

そんなこんなで、ひどく騒がしかった95年は暮れていった。

第十章　一九九六～九七

XXII　1996 - 97　コギャルとポケモン、そしてパカパカ

『エヴァ』によって衆目を集めた**「アニメブーム」**だが、テレビアニメについて見てみると、むしろキー局のテレビ欄では一部の長寿作品や安定したシリーズものを除くと、テレビアニメの占有時間帯がゴールデンタイム以外へと移り始めている。

かつて夕飯の時間帯は子ども中心で家族団欒アニメ作品を見ていた、という生活様式からゴールデンタイムは幅広い層に訴求する番組が多くなっていったからだ。ランキング形式の歌謡番組や、お笑いタレントやアイドルなどが仕切るバラエティ番組、教養系や豆知識系のバラエティも増えていく。

従来のアニメ番組は、17：00～19：00など子ども向けに適した時間帯に移動し、オタクや青年層向けのアニメは深夜帯に振り分けられる。アニメ番組があることで親にとっては、夕飯準備の

時間帯に子どもに手のかからない猶予ができるし、深夜帯ならばある程度表現をどぎつくしても許されるために、作品の自由度が大きくなる。

したがって、この時のアニメブームは、これまでアニメ作品に興味がなかったような人々にまでアニメ作品の門戸を広げるというよりは、どちらかというと、**それまでのアニメファンの欲求・願望を満足させるような方向に進化**した。たとえば、深夜ならばゴールデンタイム時には許容されないようなどぎつい表現や、子ども受けや一般受けしないテーマへの参入が可能であるなどである。

1996年ごろから、テレビのキー局はアニメの放送作品数を削り始めた。唯一例外だったのが**テレビ東京**で、むしろアニメ作品の放送に積極的になっていった。アニメファンは、テレビ東京をアニメ番組の専門チャンネルのような有難いテレビ局だと恩義に感じるほどだった。また、れっきとした首都圏のキー局でありながら、災害や事故が起きたときに、他のチャンネルが「右に倣え」と号令がかかったように通常番組を中止して、速報や続報、解説などのために時間を割いていても、一人泰然と通常番組を放送している。つまり他局ならつぶされるアニメ番組をやっているというマイペースぶりに、アニメファンは多大なる信頼を寄せた。

同時に、キー局がやらなくなった分UHF局が新作のアニメ番組を放送するようになった。日本のアニメが、良くも悪くも「子ども向け」「一般向け」作品の倫理コードの呪縛から少し自由になったことが、アニメ作品の幅の拡大にもつながった。

さて、96年のテレビアニメの第一発目はやはり『**名探偵コナン**』(96年1月)に飾ってもらおう。知らぬ人とてない名作だが、**青山剛昌**の同名マンガ（94年連載開始）を原作とする探偵・推理ものである。

高校生でありながら卓越した推理力で探偵として活躍していた工藤新一は、悪の組織の取引現場を偶然見てしまったことから毒薬を飲まされる。一命はとりとめるも、薬の副作用で新一は身体が退行化し小学生の姿になってしまった。正体を隠すために、「江戸川コナン」と名乗り、コナンの正体を知らない幼なじみの毛利蘭やその父親で少し抜けたところのある毛利小五郎とともに、さまざまな事件を解決しつつ、自らの本来の姿を取り戻すために、悪の組織に迫ろうとする。

マンガもテレビアニメも、今日まで続くロングランの作品だが、**緻密に伏線が張られていて、その伏線回収も年単位でじっくりと寝かされた末に行なわれる**。映画版も毎年作られているが、劇場版にふさわしくテレビ版よりもダイナミックで大がかりなシチュエーションで描かれる。「毎年毎年コナンの映画を見るために生きている」と豪語する同僚もいたが、（アニメ版の）コナンファンには女性が多く、そして劇場版への思いがとても強いという印象を持っている。

これはゲーム作品だが、2月に後にマンガやアニメに大きな影響を与える、『**ポケットモンスター 赤・緑**』（96年2月、任天堂ゲームボーイ）が発売され大ヒットとなる。

現在も強い人気を誇るゲームなので、多くの方はご存じと思うが、画素数もゲーム機としてのスペックも大きくない機器を使って、モンスターの「収集、育成、対戦、交換」という一連のタスクをこなすという非常によくできたゲームで、モンスターは単なる倒すべき敵ではなく、バトルの結果自らが収集に成功したモンスターは、自分のために戦う味方となるなど、対戦ゲームでありながら、育成シミュレーションゲーム・RPGの要素もあり、ゲームシステムが単調ではない。

メディアミックスの面でも成功し、テレビアニメが放送（97年）されると、さらに人気が高まり長期的ブームとなった。また、対戦型ゲームでありつつ女子人気も高く、年齢男女を問わない人気ゲームとしての地位を固めたことも高く評価される。登場するモンスターの種類も豊富で、獲得したモンスターをカプセルに入れて持ち歩くので、「ポケットモンスター」（略して**「ポケモン」**）と呼ぶが、その造形の愛らしさやコミカルさが、ポケモン人気を長期的にわたって支えている。約1年後（97年4月）、**テレビアニメ化**されるが、その話は放映開始の時に取り上げよう。

▼ガンダムXとコギャル

96年4月1日に**東京ビッグサイト（東京国際展示場）が開場**した。91年の想い出として紹介した「コミケ幕張メッセ追放事件」の際に、コミケを救った「東京国際見本市会場（晴海）」の後継会場である。これを機にコミケはここを会場に開催されている。他にも多くのオタクイベントが開催される**「オタクの聖地」**でもある。

同じ4月に、**『GW（ガンダムW）』**の後番組として**『機動新世紀ガンダムX』**（略称GX、私はXの文字の形から「バツ」とよんでいた、96年4月）が始まった。

地球連邦軍と宇宙革命軍との間で行なわれた大戦争によって人類の大半が死滅した荒廃した地球。孤児のガロードは、ティファという少女との出会いに導かれて、幻のモビルスーツ「ガンダム X」を発見し、コロニーと地球の戦争に巻き込まれていく。じつはティファはニュータイプであり、その力を利用しようとする者たちから狙われていた。戦いの旅の中で、ガロードたちは、最初のニュータープを遺伝子レベルにまで解体して閉じ込めたD．O．M．E．（ドーム）にたどり着く。このファーストニュータイプが語るニュータイプとは、そして人類の未来とは。

このように、「無印ガンダム」から大なり小なり、**「ガンダム」の世界観を通底していた「ニュータイプなるもの」を俎上に上げた、自己言及的・メタな構造を持つ作品**である。ある意味、「ガンダムの世界観」をいったんリセットするかのような立ち位置にあり、私自身は好きな作品だったが、テーマが暗すぎたのと「ニュータイプ」に思い入れのあるガンダムファンには受け入れがたいものがあったらしく、あまり人気が出なかった作品である。

96年は、もはやバブルという言葉に拒否反応が起きるほど、**バブル崩壊後の反動**が身に染みる状況になっており、やや荒れた雰囲気があった。

しかし、この頃、女子高生を中心にひどく「華やかに」あるいは「派手やかに」世相を牽引する一種の文化現象のようなものが起こる。そのいくつかの象徴的な現象を挙げると。まず**「コギャルブーム」**である。

そして、そのファッション的なアイコンとして歌手の**安室奈美恵**をファッション的規範とする「アムラー」が闊歩した。コギャルの代表的なアイテムとしては「ミニスカ（ミニスカート）・ルーズソックス」がある。この基本形は90年代の初めごろには流行していたが、時々刻々と現れ出るトレンドに応じて装飾が付加されていき、この頃がひとつの最盛期だった。長いつけまつげや、派手なケータイ・ストラップを複数ガチャガチャ吊り下げるなど、ティピカルな傾向を持ちつつも、個人的なバリエーションが強調されて、人それぞれの個性が尊重されるあるファッションブームだった。

一方で、グループ歌手の**PUFFY**などをまねて、着くずしてよれよれになったデニムなどを羽織り、下はだぼだぼのパンツルックという、自由な雰囲気を謳歌したファッションも流行る。どちらも流行の中心に10代の女性達がいた。「皆が同じような着こなしのファッションをしているブーム」ではなく、「明確な基本形はあるけれども着こなしや個人的嗜好を個々に極めていくバリエーション豊かなファッションブーム」。そんな多様で、新しい価値観に基づく少女文化（**JK文化**）はこの頃に確立したのではないだろうか。

9月に**藤子・F・不二雄**が死去した。私にとってはマンガ家コンビ藤子不二雄の名前がどうしても近しく感じるが、87年にコンビを解消して、**藤子不二雄Ⓐ**と藤子・F・不二雄とそれぞれのペンネームで「独立」することを発表していた。享年62、若すぎる。藤子不二雄Ⓐは最近まで活躍していたが、2022年の4月に88歳で世を去った。子どもの頃から当たり前のように存在していたマンガ家の退場はいつも寂しい。

この9月には16年ぶりにテレビに「**ウルトラマンシリーズ**」が帰ってきた。『**ウルトラマンティガ**』（ティガ、96年9月）である。『**ウルトラマン80**』（80年4月）がやや不振に終わった後、テレビでの「ウルトラマン」は長く封印されていた。**満を持しての復活**で、主人公にはV6の**長野博**を配し、ヒロインは『ウルトラマン』の主人公ハヤタを演じた黒部進の娘である**吉本多香美**が演じるなど、始まる前から話題に事欠かなかった。

本作から続けて、『**ウルトラマンダイナ**』(97年9月)、『**ウルトラマンガイア**』(98年9月)と作品内の世界線を揃えた「ウルトラマン」シリーズが製作され、特に「**平成ウルトラマン3部作**」と呼ばれる。

私は『**ウルトラセブン**』(67年10月)までは「ウルトラマン」シリーズの大ファンだったが、『セブン』の次作の『**帰ってきたウルトラマン**』(71年4月)まで3年間が開き、その間に怪獣少年から卒業してしまったため、『セブン』以降の「ウルトラシリーズ」は再放送などでしか見ていなかった。そのため『ティガ』は、約30年ぶりに、本放送をリアタイ*したウルトラマンであった。

＊「リアルタイム」の略、録画などではなく、放送時間に視聴することをこう表現する。

▼96年後半

96年の後半は非常に思い出深い作品が多く放映された。その中でまず印象的なのが『**機動戦艦ナデシコ**』(ナデシコ、96年10月)である。これはオリジナルテレビアニメであり、大きく見ると地球の侵略に抗して戦う宇宙戦艦と、主人公の操縦する戦闘ロボットが活躍するSFロボット活劇で、主人公とヒロインをめぐるラブコメであり、全体としてみると、深刻な戦闘ものというよりはコメディータッチの作品である。「ナデシコ」という名の**宇宙戦艦の戦いが中心的な主題**だが、物語には伏線がかなり複雑に張られ、マニアックな要素があるため、オタク人気は『エヴァ』同様高かった。

主人公はナデシコに搭載されたロボット（人型機動兵器と称される）の搭乗員となるテンカワ・アキトだが、少なくても前半は、どちらかというと主人公の幼なじみでナデシコ艦長のミスマル・ユリカというヒロインがド天然で陽気なキャラクターの魅力を全開させて主人公っぽかった。しかし何よりも、この作品を人気作品に押し上げたのは、ナデシコのオペレーターである少女（11歳の設定）ホシノ・ルリ（愛称ルリルリ）の存在だった。可愛くて子どもっぽい容姿に似合わず不愛想な毒舌キャラで、口癖が「バカばっか」。もはや、**オタクの心のど真ん中を射るために作られたとしかいえないキャラクター設定**だ。ガレキの世界でも人気が高く、多くの原型師がルリを作り、よく売れたはずだ。

次に**『ハーメルンのバイオリン弾き』**（ハーメルン、96年10月）も大いに楽しんだ。『ハーメルンのバイオリン弾き』は**渡辺道明**の**ファンタジーマンガ**（91年連載開始）を原作にしたテレビアニメである。西欧中世に似た世界を舞台に、巨大バイオリンを担いだ勇者が北の都に住む魔王を倒す旅を描いたファンタジーで、敵を倒す手段が、主人公が抱える大きなバイオリン（ほとんどチェロほどもある）で奏でる魔曲、という設定が非常に面白かった。原作マンガに比べ、アニメはやや生真面目な雰囲気で、作画そのものは綺麗だったが、**驚くほど止め絵が多く**、ネットの実況をリアタイしていると、「さっきからピタリと止まってるよ（泣）」などと書き込まれているのもこの作品を見る醍醐味だった。

ただ、この止め絵が「予算やスケジュールに起因しない、純粋に演出上の意図を反映したもの」という擁護論はやや贔屓目が過ぎると私は思っている。アニメを商業作品として製作するときに、本来動いてなんぼのアニメ作品を、あえて動かさないという特殊な実験的技法を用いるのは、百歩譲っても見ている人たちが納得し成功してこそ意味がある。この作品が「紙芝居」と揶揄される結果になったのは、作り手にとっては受け止めるべき課題だったと思う。

とはいえ、クラシック音楽をモチーフにした魔曲や劇伴音楽（作曲担当、**田中公平**）は素晴らしく、声優も熱演で、シリーズ後半の主題歌（「未完成協奏曲」）は日本の誇るテノール歌手**錦織健***が歌うなど、その点では豪華で素晴らしい作品だと思う。また、押井守だったか、「**結局アニメは音**（音楽や声優）だ」（絵や動きよりも、音が与える効果の大きさを言っているのだろう）という名言をこの作品は証明した。

*錦織健はアニメ好きを自認しており、このオファーも喜んで受けたと語っているのを聞いた。

『**逮捕しちゃうぞ**』（96年10月）は、**藤島康介**によるマンガ（86年連載開始）を原作とするアニメで、規格外に破天荒な女性警察官コンビがミニパトを駆使して事件などを解決していくギャグ・コメディで、後に実写ドラマ化もしている。『逮捕しちゃうぞ』は藤島康介の実質的なデビュー作だが、絵が巧く特に女性キャラは特徴的な魅力がある。

88年に連載開始したマンガ『**ああっ女神さまっ**』は特に人気があり、93年から94年にかけて**O**

VA版が5作作られて大変に人気を博した。当時のOVAの代表作のひとつであり、私の関心分野であるガレキの世界でも主人公のヴェルダンディをはじめ、その妹スクルドなど**数多くのガレキ作品**が誕生した。

藤島はセガサターンの人気ゲームソフト、『**サクラ大戦**』シリーズ（96年〜）のキャラクター原画を担当し、ゲームの面白さもさることながら主人公をはじめとする藤島ならではの少女のキャラクター画が作品の人気に貢献したことから、『サクラ大戦』シリーズの成功の立役者のひとりである。

NHKは恒常的に、また堅実にアニメ作品を世に送り出しているが、96年の10月に放送を開始したのが『**YAT安心！宇宙旅行**』（96年10月）である。オリジナル・テレビアニメだが、後発してマンガ版もできた。

人類はすでに宇宙を征し、だれでも手軽に宇宙旅行を楽しめるようになっていた。主人公の星渡ゴローは行方不明の父親を探すために、宇宙旅行会社「YAT」のツアーに参加したが、誤って宇宙船を壊してしまう。弁済のためにゴローは「YAT」でタダ働きをすることになる。それは同時に父親探しの旅でもあった。

というような骨格に、ギャグやお涙頂戴などが散りばめられた作品である。放映が恙なく終わった後に続編が作られる（98年）人気作である。

11月にバンダイが発売した携帯型のゲーム機「たまごっち」がブームになった。あまりの過熱により慢性的な品薄状態になり、売り惜しみや、法外な値段で売るなどの社会問題も発生した。

ゲーム機が小さく、こまめに世話をし、時間をかけてたまごっちを育成するゲームであったために、学校や職場でもポケットなどに忍び込ませて、こっそり育てている人もいた。このゲームは、もともと女子高生をターゲットにしていたという。**コギャルやアムラーといった女子高生がトレンドを作る時代らしい出来事**だった。

ちなみに付け加えると、あまりのブームにメーカー側も慌てて増産体制を作ったが、ゲーム内容が小型機の宿命でそれほどの拡張要素がなく、早くに飽きられてしまった（98年初め）。せっかくの当たり商品だったが、メーカー側は最終的に大量の剰余在庫に頭を抱えたようだ。

いずれにせよ私はこういう育成ゲームはあまり関心がなかったので、熱心に育てている友人たちの姿を傍目に見ているだけだった。客観的に見ればかわいいんだか、かわいくないんだかも判定しかねる、たまごっちには師走も正月もなく、こんな小さな液晶内のセイブツにエサをやったりフンの世話をしたり、と健気に世話しながら、たまごっちユーザーにも1997年がやってきた。

▼ゲームと組合

ところで、この前年、長く議論を続けてきた親会社との「（書店側の）経営問題について」の方向性に大きくかかわる事件が起こっていた。ここ数年、親会社側の交渉の主体となっていた人物が病に倒れて、当面交渉バッターが2人の人物に交代したのである。すでにリーダーシップのある人物として書店側でも有名な2名の登場は、交渉を白紙に戻すことはないという親会社の決意表明だった。1人は特に子会社問題にはかなり辛辣な意見を持っているという印象もあったので、身構えた。

最初の対面の場では、「当面の間（前任者の快癒を願っての言葉だろう）、自分たちが担当する。基本的に議論の経過は共有しており、この間それを自分たちも良しとしてきたのだから、いままでの議論の内容は尊重する。その点は心配しなくてよい」と、説明された。その上で、「親会社も、業界の状況をひじょうに厳しいものとして見ている。のっぴきならない状況だから議論する。その点では、中途半端なことはできない。おかしいものはおかしいと言わせてもらう」という但し書きもついた。「手ごわいな」と思うと同時に、労使交渉である以上駆け引きは当然あるにしても、議論に対してはフェアであろうという意志も感じた。

いずれにしても、良きにつけ悪しきにつけ交渉バッターが変わると、状況の進行度合いは劇的に変わるものである。私たちの運命も、これから荒波をゆくが如き難しい航海になるはずだった。残念なことに、私たちはこの船の呑気な乗客ではなかった。漕ぎ手も舵取りも自分たち自身で担わなくてはならない。心は縷々乱れたが、腹を括るときが来たと思った。

先に述べた通り、「たまごっち」はまったく関心の外だったが、この当時私は結構熱心なゲーマーでもあった。仕事に組合にゲームに、と今考えれば一体何をしているんだろうという節操のなさだが、やはり若さゆえの無駄な元気があったのだろう。

そもそものところでいえば、私は運動神経がなくシューティングやアクションゲームなどはとてもできる気がしなかった。そんなわけでファミコンブームもスルーしてきた。ところが結婚をする段になって、相方のお父さんが大変なゲーマーであることが発覚した。

「おや、松岡さんはゲームをやらないのかい？」と聞かれた後、次に会ったときに、大きな紙袋にファミコン（新品）とメガドライブ（新品）、そして数本の自分がやり終えたゲームソフトを入れて、「これを持っていきなさい」とプレゼントしてくれた。相方は父親が常日頃ゲームをしている姿を見てきたわけだから、違和感なく家にゲームが入り込むことを受け入れた。私はやはりスピード感のあるゲームは不得手だったが、シミュレーションゲームやロールプレイングゲーム（ＲＰＧ）は自分の気質に合っていた。『ドラクエ』や『ファイナルファンタジー』*、なにより**『ファイアーエムブレム 暗黒竜と光の剣』**（90年4月）というゲームにハマった。

＊2024年10月現在、90歳を目前に控えた今も、新しいゲームソフトを購入しては「ボス戦が難しくて何度やっても攻略できない」などとボヤいている。

97年1月、私のゲーム人生を大きく左右する作品が登場する。**『ファイナルファンタジーⅦ』**（ＦＦ7）である。それまで、スーパーファミコンだったプラットホームを、よりハイスペックなプレイステーションに変え、要所要所に3Ｄポリゴンのアニメーションを挿入することで、圧倒的な没入感を演出する革命的な一作であった。また、物語も壮大で、ＣＤ3枚に詰め込まれた作りこまれた世界観は私にとって、「ゲームは、こういう世界を楽しむためにあるのか」という感慨と感銘の連続だった。このゲームは何度もリピートした。また10月に**『ファイナルファンタジーⅦ インターナショナル』**という、アメリカ版に沿った追加要素のあるソフトを改めて購入し直してプレイしたり、今に至るまで、この作品を越えるプレイ回数を持つゲームはないと言って間違いない。

一方で、私の個人的な感想では、「たぶん、ＦＦ７は、ゲームの理想形を極めてしまった」という充足感を私に与え、この後に来るどのゲームもＦＦ７以上にのめりこめないだろうと思った。根のところで、シューティングやアクションは遊べないようなゲーム全体が好きというわけではない私のような人間にとって、「これ以上スペックが上がって美麗なアニメーションが盛り込まれても、自由度が上がってもＦＦ７で自分のゲーム人生は終わったと感じるだろう」という予感がしたのだ。その後もしばらくはゲームを楽しんだが、段々に遠ざかっていった。

▼印象深かった2本

この年の2月に、普段私があまり見ないタイプのアニメにハマった。**『勇者王ガオガイガー』**（ガガガ、97年2月）である。

何かと叫びまくる暑苦しい作品ではあるのだが、背景に冷静なメタ視点があるような感じで、半ば突っ込みを入れながら楽しく見ることのできる作品であった。とはいえ、話の骨格自体は結構深刻であったりするのだが。

話は、当時の現代（97年）に始まる。突然現れた生命体（宇宙生命体？）から、ある夫婦のもとにひとりの赤ん坊が託される。場面が変わって当時の近未来（２００３年）に、少年パイロット獅子王凱は謎の宇宙船との衝突で瀕死の重傷を負うが、凱の父によりサイボーグとして生き返る。

地球侵略を企てるゾンダーという敵勢力とそれを打ち破るべく組織された勇者隊、そしてその一員となった凱は巨大ロボット、ガオガイガーとなって戦いを続ける。戦いの中で、凱の前に現れた不思議な少年は、かつて夫婦に託された赤ん坊の成長した姿だった。

と、改めて物語の概要を戦闘シーン抜きで考えると、割合整然としたSF作品なのだが、アニメ総体で見ると、「勇者シリーズ」(90年の**『勇者エクスカイザー』**から、96年の**『勇者指令ダグオン』**まで7作、勇者シリーズの8作目にして最終作が『ガガガ』である)の熱さがしっかり残っている。一方で、玩具ありきの作品ともいえる「勇者シリーズ」の中では唯一変形合体要素がなく、**物語の魅力で玩具に訴求しようという意欲**を感じる。

『ハーメルン』の劇伴や主題歌で活躍した**田中公平**が、ここでも分厚い音響の素晴らしい劇伴を書いていて、主題歌の**「勇者王誕生!」**(歌、**遠藤正明**)の圧もすごい。

3月に**『ケロケロちゃいむ』**が放映開始された。**藤田まぐろ**によるマンガ(95年連載開始)を原作とするアニメだが、私はこの原作マンガが好きだったので、結構楽しみにしていた。原作のイメージ通りの作品で、楽しんで見ていたが割合短期で終わってしまった。

カエル族の姫君ミモリ(カエル族といっても姿は人間の美少女)は、その兄のいたずらで水をかぶるとカエルに変身してしまう魔法がかけられた少年アオイの呪いを解くために、姿を消した兄を探してアオイと共に冒険の旅に出る。というラブコメ+ギャグ作品だが、絵柄の可愛らしさと、ファンタジーであると同時に既成のおとぎ話のパロディ的要素もあり、気が抜けるような面白さがある。

放映時にはそこそこ人気があったとは思うのだが、その後あまり話題にもならず、映像ソフトなどの販売もあまりなされていないようである。その不遇さに少しだけ同情票を入れた気持ちもあるが、なんと言っても本当に印象深い作品として挙げておきたかった。

▼ポケモン、ウテナ、はれぶた

さて、3月、先述したテレビアニメ『YAT安心！宇宙旅行』第25話を見ていた多くの子どもが身体に異状を訴えるという事件が起こる。NHKは事態を検証するも、原因にたどり着かなかった（このあとの12月の「ポケモンショック」参照）。

4月よりテレビアニメ**『ポケットモンスター』**（ポケモン）が放送開始。ゲームの『ポケットモンスター』を原案とするアニメである。主人公のサトシとポケモンのピカチュウが仲間とともにポケモンの収集やライバルとのバトルなどで成長していく冒険物語である。この作品も今日にまでシリーズが続く**国民的アニメ**と言ってよいだろう。2023年にサトシ、ピカチュウをコンビとするシリーズは一旦区切りを迎えて、新たな主人公たちの物語が始まっている。

ゲームでは、最初のパートナーはピカチュウではないポケモン3体から選択する形であったが、**アニメ版では見た目の可愛いピカチュウをパートナーにしたことが人気に拍車をかけた**。実際今でもグッズやお菓子などのイメージキャラクターとしてのピカチュウ人気は衰えることを知らない。また、海外でも「ポケモン」は人気が高い、国を越えて「カワイイ」のという美的基準が生まれたのは喜ばしいことだろう。

次に、またテレビアニメ史に大きな足跡を残した作品を紹介できるのはうれしい。**『少女革命ウテナ』**（ウテナ、97年4月）である。原作・**ビーパパス**、原案・**幾原邦彦**、**さいとうちほ**、監督・**幾原邦彦**によるオリジナルテレビアニメで、メディアミックス展開された。やや詳細な形で原作等を記したのは、作品の成り立ちに説明の要があるからである。

『ウテナ』のアイデアの大本は幾原邦彦にある。幾原は『美少女戦士セーラームーン』シリーズのメインスタッフの一人だったが、新しいアニメ制作のあり方を模索して制作集団「ビーパパス」を結成した。この制作集団に少女マンガ家の**さいとうちほ**を加えて作り出したのがテレビアニメの『ウテナ』である。

前衛的な演出手法が盛り込まれ、話の内容も音楽の使い方や方向性も異色で、賛否・好悪を分けたが、どちらの側もその**意欲的な姿勢や**、**耽美な画作り**は評価していたと思う。男装の麗人など宝塚歌劇を思わせるキャラクターや、王子様や前近代的な「決闘」での決着、同性愛や近親愛の要素を臆せず扱い、哲学的なキザなセリフや、さまざまな幾何学模様やアイコン、薔薇の花をイニシエーション的な要素としてちりばめて、倒錯的な、あるいはひどく抽象化された舞台劇のような雰囲気を醸していた。

書割のような背景や、モブの少女たちのうわさ話のシーンが影絵で表現されるなど、複雑耽美なシーンとごく単純化されたシーンの使い分けが「芸術」的な雰囲気を盛り上げた。

そして、**J・A・シーザーの劇伴**がひじょうに効果的だった。前衛劇の舞台などで活躍した作曲家J・A・シーザーの本領が発揮された合唱曲**「絶対運命黙示録」**は、クライマックスのシーンに必ず流される。いかにもアングラな耽美な雰囲気と、クラシックのオペラ曲のような高踏とが混在して、耳から離れなくなる。

ここで用いられた演出は、後々の作品に至るまで、継承的に用いられていることから、**多くのクリエーターたちにかなり濃厚な影響を与えた**と言ってもいいだろう。

私のアニメ人生で、特別中の特別な作品が7月に放送が開始された**『はれときどきぶた』**（はれぶた、97年7月）である。**矢玉四郎**原作（80年刊行）の児童文学作品を原作にしたテレビアニメである。書店員である私は、『はれぶた』の存在は良く知っていたし、人気もあったので、「どんなものか」と数話を通読もしていた。とはいえ、児童文学のアニメ化ということで、私の中では「子ども向けの絵本のような作品」とタカをくくっていた。しかし、この時『クレしん』の初回放送と同じような、引っかかりを覚えて、初回放送をチェック、同様に一挙にドはまりした。

母親たちに日記を読まれて恥ずかしい思いをした主人公畠山則安（あだ名は十円安＝じゅうえんやす）は、腹いせで「うその話」を日記に書く。「明日の天気ははれ、ときどきぶた」。ところがその嘘が本当になり、翌朝空一面にぶたが浮かんでいて、次の瞬間一斉にぶたが降ってきた。則安は慌てて日記を消すが一匹の子ぶたが残ってしまう。という原作通りに話が始まるのだが、どこか演出法というのか、物語の書法が変わっているのだ。

見続けるうちに、**原作はどこへやら、世界観はちゃんと残しつつも可能な限り遊びつくそう、弾けつくそう**という、ありふれた言葉でいえば「カオス」が繰り広げられた。最もまともなのが十円安とその友達で、大人たちはみんな癖強の変人だらけ。十円安の相棒になったぶたは、鼻で人の頭を吸うと、その人の考えていることが現出するという「技（あえて能力とは言わない）」を持っていて、人々の妄想が現実化するので、さらに話はややこしくなる。

面白い作品だった。のめりこんだ。銀座山野楽器でCDだったか、グッズを売るというので、妻とふたりで出かけて行った。監督の**ワタナベシンイチ**氏が、ワゴンの前に立って呼び込みをしていた。トレードマークのもじゃもじゃ頭と、ルパン三世のようなコーディネートのブレザー姿。忙しいだろうに気さくに会話に乗ってくれ、ファンに会えるのが楽しそうに見えた。以前にもまして、『はれぶた』は特別な作品になった。

先に紹介した、私の同僚の特撮好きの息子さんとは、相変わらずガレキの展示会のワンフェスに連れだって通っていた。彼が、つないでいた手を放して「××さんだ！」と駆け出した。ゴジラのぬいぐるみ＊を作っている有名なクリエーターさんだった。特に有名人らしいところがなく、他のブースと変わらない混雑の中を見分けたのである。子どもの目はすごいなと思った。ブースで売っていたのが、なんと『はれぶた』のソフビ貯金箱だった。ガレキ商品はレジンの組み立てキットが主流な中で、さすがに怪獣のぬいぐるみを作る人だけあって、中空の塩ビで作った完成品で、普通にお店で売っていそうな完成度だった。ご本人は、とても温和で、優しい目をした人だった。『はれぶた』ファンということで会話が弾み、交流が生まれた。

なにより同僚の息子さんがすっかり懐いてしまった。あの嬉しそうな顔が見ることができたのも幸せだった。

＊私たちが良く持っているようなキャラクターや動物のもふもふとした人形と差別化するた

めに「着ぐるみ」と呼ぶ人もいる。××さんはスーツアクターが中に入って演じる怪獣の造形製作をする有名なクリエーターだった。

この作品は、異常に遊びまくった作品であったが、それがうけて大変にコアなファンが多数ついて、話数の延長を重ねた末に予定の2倍強の期間放映された。

この作品をきっかけに、ワタナベシンイチ監督は、強めのメタギャグや、原作の枠を大きく超えたカオス的展開、ミュージカル的な演出など、「**ナベシンワールド**」と呼ばれる独自のセンスを持つ監督・演出家として評価される。加えて、『はれぶた』の成功は、脚本の**浦沢義雄**と音楽の**増田俊郎**の存在も大きい。

浦沢義雄は、『巨泉×前武ゲバゲバ90分!』(69年10月)の構成作家などを経て、東映の特撮美少女ものなどの脚本を数多く書き、『忍たま乱太郎』のメインの脚本家として現在に至るまで活躍する才人で、シュールなギャグを得意としている。ナベシンワールドを支えるのにうってつけの脚本家である。

音楽の増田俊郎は、『デ・ジ・キャラット』、『だぁ!だぁ!だぁ!』、『エクセル・サーガ』などコミカル、ギャグ色のある作品に強く、『はれぶた』の劇伴も作品にマッチしているばかりでなく、音楽としての個性や完成度が高く、今でもバラエティ番組などのBGMでよく使われている。

終盤に差しかかった頃、『はれぶた』ファンが語らってナベシン監督を囲むオフ会を開催した。

東京大学近くの修学旅行生がよく利用している旅館の大広間だった。ファンがナベシン監督を労う会のはずが、ほとんどナベシン監督が仕切って、アフレコごっこなど場を楽しませる名人だった。作画などのスタッフも参加してくれて、和やかにほぼ徹夜で騒いだ。怪獣の着ぐるみを作っている××さんも参加して、ナベシン監督は怪獣映画の着ぐるみを作っているということに興味津々な様子だった。

そろそろ酒が回ってきたころ、私の近くにいた作画スタッフが空になった紙皿をひょいと取り上げて、持っていたサインペンでさらさらと「たまちゃん」(則安の妹)を書き始めた。みんながナベシンの一挙一動に盛り上がっている最中で、そのいたずら書きを気に留める人は他にはいなかった。あっという間に皿の丸みを輪郭に見立てて髪目口で、アニメそのままの「たまちゃん」が出来上がっていった。そして、彼女は何もなかったかのように紙皿の「たまちゃん」をもとのところに戻した。手すさびであっという間にクオリティの高いキャラを描いて、なんということもなく手放してしまう。ふと手持無沙汰になったときにすらすらと絵をかいてしまう。その技量と素早さに「これがプロか」と思った。

私は宴会などの人の中に長くいるのが苦手なので、終電前に帰宅した。相方は社交的の才を発揮して最後まで参加して上機嫌で帰ってきた。

この頃ちょっと面白いなと感じたのが、「ＩＢＭのコンピュータがチェスで(人間の)世界チャンピオンに勝利した」というニュースだ(５月)。ＳＦで描かれるような出来事が一瞬目の前に降臨したような気がした。チェスや囲碁、将棋などの複雑なゲームは、まだ応用力のある人間に分があるという意見が多かったからである。コンピュータの演算能力と、「人間的」な領域に迫る自律的な思考能力は、予想以上に速い進化を遂げていた。人が作ったはずのマシンが人の予想能力を越えていく時代が目の前に来ている、そう感じた。

▼酒鬼薔薇事件

5月27日、神戸市須磨区の中学校校門に切断された男児の頭部が置かれるという事件が発生する。**「神戸連続児童殺傷事件」**と呼ばれる事件の始まりだが、犯行声明の内容から、報道などでは**「酒鬼薔薇事件」**と呼ぶのが一般的だった。

猟奇殺人であり、挑戦状のような犯行声明が送られてきたことから、マスコミなどがもっともらしく犯人像を推理したり、心理分析的に犯行目的を特定して、さんざん自慢げに報道しまくったが、6月28日に犯人が逮捕されると、それが14歳の中学生だったことに衝撃が走った。それまでの的外れな見込み報道にマスコミは面目を失うどころか、さらに少年犯罪に的を変えて過熱報道を重ねて恥じるところがないように思えた。「松本サリン事件」の反省はどこへやら、という気がした。この事件でも少年の嗜好を格好の材料として、宮崎事件同様、ゲームやマンガ、アニメの有害性を説く「専門家」が多数出て、**オタクは白眼視された**。

犯行は2月に始まり、2人が死亡し、2人が重軽傷を負い、計5人の児童が被害を受ける事件と判明した。この事件は未成年者の犯罪に対する考え方に大きな杭を打ち込む結果となり、「少年法の改正」(2000年)のきっかけになったと目される。

9月に**『夢のクレヨン王国』**（97年9月）の放映が始まる。**福永令三**の児童文学『クレヨン王国シリーズ』を原作とするテレビアニメである。原作本の第1作は**『クレヨン王国の十二カ月』**で64年に講談社児童文学新人賞を受賞し、以降次々と続編が刊行されていた。児童書としてはコアなファンがいたこともあり、書店員の私としてもこの作品がアニメ化されることはとても興味があった。

この頃、**アニメーションのデジタル化**が進んでおり、この作品もデジタル技術が駆使されていた。原作の色彩感のある雰囲気はデジタルの彩画に向いていたこともあり、生き生きとした作品になった。話は原作をテレビアニメに向くようにアレンジした女の子向けのファンタジックメルヘンアニメで、原作ファンも違和感なく見ることができたと思う。また、一般向けアニメとしても充分鑑賞に堪えるクオリティだった。

アニメ版の話の枠組みは、クレヨンの12色の大臣が12カ月をそれぞれの色で治めているクレヨン王国の王女シルバーが、復活した死神を倒すために、オンドリのアラエッサやブタのストンストン、そして12人の野菜の精をお供に国中を旅するという冒険譚である。

死神を倒すためには、シルバー王女の「12のわるいクセ」を直さなくてはならないという児童文学らしい成長譚や、最初の頃は敵か味方かわからない謎の美少年が出てくるなど、ラブコメの要素もあり、好評だったことで、大幅に放映期間を延ばした成功作である。

12月1日から始まった「地球温暖化防止京都会議」において**「京都議定書」**が採択される（97年12月11日）。この議定書は長く世界にとって、何より日本の環境政策にとって大きな存在感を示すことになる。

▼ポケモンショック

そして、日本のアニメ史上稀にみる、「**アニメ鑑賞で人的被害**が出る」という珍事件が起こる。12月16日に放送されたテレビアニメ『ポケットモンスター』第38話を見た子どもたちが、頭痛や吐き気、めまい、重いケースでは失神などの症状で、病院に運ばれる事件が起こったのである。病院に運ばれた子どもは650人を超え、病院に行くまでもなかった子どもたちはさらに多かったと考えられる。

調査の結果、作品内で使われたパカパカと呼ばれる強い光や色彩の明滅を一定時間継続して凝視したことによる「**光過敏性発作**」であろうと判断された。それはすでに、他番組でも起きていたと考えられ、先に触れた『YAT安心!宇宙旅行』第25話で発生した身体異状も、この時点で遡って原因が判明する形となった。『ポケモン』は放送休止となり、テレビ業界での検証やガイドライン作りが進んだ。「ポケモン再開」を希望する声が大きく、ようやく翌年4月には再開できた。

バブル崩壊後の日本経済の混乱は、銀行の統合や破綻など、金融業界を揺るがしたが、11月に「**山一證券破綻**」というショックなニュースが飛び込んでくる。バブル後に発覚した「損失補填」、「総会屋への利益供与」問題などの不祥事や「阪神淡路大震災」の影響などにより、傍目からも風前の灯火であったとはいえ「山一證券」の名は、あまりに有名で、まさかなくなるという発想が世間にはなかった気がする。社長が自主廃業を発表する席で「社員は悪くありませんから…」と号泣する姿は、何度も放送された。

また、年末に公開された映画『**タイタニック**』（監督：ジェームズ・キャメロン、97年12月日本公開）人気が、社会現象のようになっていた。豪華客船の沈没というテーマは、いかにも映画チックで、「タイタニック難破事故」はそれまでにも映像化されてきたし、フィクションでは過去に『**ポセイドン・アドベンチャー**』（監督：ロナルド・ニーム、73年日本公開）という大型客船の沈没を描いた名作パニック映画もある。

大型客船が大洋の真ん中で沈没し始めるという極限状況で、人々が逃げまどい、生きるために奮闘するというアクション要素や緊迫感、その中で繰り広げられる恋愛・友情・家族愛などの情感など、さまざまな人間ドラマが絡み合い、強力なリーダーシップをとるヒーローによって、数人の人々が何とか窮地を出す。いわば群像劇＋ヒーロー劇というパニック映画の鉄板ネタといえる。

『タイタニック』はあえて物語の核心を一組の若い恋人たちに起こる悲劇という要素に集中した。大きな船の運命に比べれば、あまりに小さな存在であるふたりの若者と大型客船の破滅と重ね合わせながら、超大作を成り立たせた見事な手際の作品である。

たしかに多くの人が感動するはずである。私は、恋愛話そのものはそれほど心動かなかったが、プロローグで、無人探査機が海底深くに沈むタイタニック号の朽ちた姿を捉えたドキュメント映像と、終盤に老女が忘れ形見を「えいっ」と海洋に投げるシーンに泣いた。

第十一章　一九九八〜九九

XXIII　1998・99　人類千年期の終わり、そしてディアスポラ

1998年は、手塚治虫と並び評される日本マンガ界の重鎮**石ノ森章太郎の死去**という悲しい知らせとともに始まった（1月28日）。石ノ森章太郎の作品はどこか暗く、「人間に対して楽天的な雰囲気を持っていた手塚治虫」、「人間の本性や行く末にやや悲観的な雰囲気のある石ノ森章太郎」というコントラストで、私の中では双璧をなす存在だったが、手塚の死後およそ10年を隔てて、そのもうひとつの巨星が21世紀を見ることなく落ちてしまった。

一方、私にとって嬉しいニュースとしては、3月に**奈良県明日香村のキトラ古墳で四神白虎図や天文図が発見**され、考古学や古代史に関心のある人々を興奮させたことだった。私も、日本古代史は関心があるので嬉しかった。早速担当している歴史書の棚に大和朝廷・各地の古墳コーナーを作った。歴史書、特に「考古学」と「古代史」は一つトピックスがあると、その直接的な

関連書でなくても、古代史全体に広範に関心が集まるので、こういうニュースは個人的にも仕事的にもありがたいのだった。

4月、『**サイレントメビウス**』の放送が始まる。オタク界隈ではすでにコアな人気があった**麻宮騎亜**によるマンガを原作（88年連載開始）とするテレビアニメで、91、92年には劇場版も公開されており、公開終了後も話題になっていたので、レンタルビデオなどでもよく見られていた。

『サイレントメビウス』は、映画『**ブレードランナー**』（監督：リドリー・スコット、82年7月日本公開）を継承するかのような世界観の近未来を背景に、戦う美少女達を描いた**サイバーパンク**であり、麻宮騎亜の代表作で、男女問わずコアなファンがいた。

人口増加が止まらず、環境破壊による酸性雨が降りしきる近未来のＴＯＫＹＯで、妖魔（ルシファーホーク）と呼ばれる異世界（ネメシス）の住人たちが引き起こす事件に対処していく少女たちの物語である。

麻宮の描く特徴的なキャラクターの画風と、ＳＦテイストの高い作品世界は、多くの人々の強い支持を得た。

同じ4月にこれもまた、大変にハマった作品の『**カウボーイビバップ**』（COWBOY BEBOP、カウビ、98年4月）が始まった。こちらはサンライズ制作のオリジナルテレビアニメで、ＳＦ活劇にジャンル分けされようか。同じ近未来を描いても、『サイレントメビウス』がどこか陰鬱な未来像だったのに対し、『カウビ』はカラッとしたラテンないしはハワイアンな明るい雰囲気が漂う。自由に太陽系内を行き来する近未来を舞台に、おんぼろ宇宙船「ビバップ号」に乗って旅する賞金稼ぎ達の活躍を描く。

タイトルにはカウボーイとあるが、どちらかというと**アメリカの明るめのハードボイルドドラマのテイスト**が強く、キザで洒落た会話やスタイリッシュな銃撃シーンなど、「ビパップ」（ジャズ）音楽の雰囲気が全編に漂う。ハードボイルド的シリアスな場面も多いが、全体を貫いてポップな軽さやリズミカルで音楽的な雰囲気のするコメディ感が占める。

この作品の高い完成度には、音楽を担当した**菅野よう子**の存在が大きく、質の高いジャズ、ブルース、ロック、クラシック、テクノ、果ては民族音楽など多彩なジャンルの音楽を劇伴として書き下ろしている。菅野よう子はおよそジャンルの壁など軽々と飛び越して見せる才能ある作曲家で、『カウビ』をはじめ彼女の携わった仕事をみていると、「この人はどんな音楽でも書けてしまうのではないか」と舌を巻く。本作に限らず、彼女の音楽もまた、現在もBGMとしてよく使用されている。

この菅野よう子にとって、もうひとつの代表作が『**∀ガンダム**』（∀：ターンエー、99年4月）である。

『∀』は**異色のガンダム作品**である。作品の世界線が無印ガンダムの系譜から表向きは離れており（遠い昔、「黒歴史時代」と呼ばれる時代として記憶されている）、20世紀初めのアメリカをイメージしたと思われる時代背景の中で繰り広げられる群雄割拠の史劇と言ったらいいのだろうか、さまざまな勢力が覇を唱えて絡み合う複雑な物語である。

大きく言えば、遠い昔に月に移民した「月の民（ムーンレイス）」が、地球攻撃に先立ち地球への潜入工作員として3人の少年を送り込むところから物語は始まる。主人公のロランはそのひとりであり、川で溺れているところを土地の領主の2人の姉妹に助けられて、その家の下働きとして雇われる。地球に対して敵意をなくしていくロランは、月の民の地球に対する攻撃をトリガーに起動したホワイトドール（∀ガンダム）の搭乗員となり、地球のために戦うことになる。さまざまな思惑で絡み合う各勢力の戦いの混乱の最中、地球との和平を結ぶことを密かな目的に、月の女王であるディアナが地球に降り立つ。

長くなるので、話の一端を紹介するだけに留めるが、奥深い話の一端はおわかりになるだろう。アメリカ近代の雰囲気を基盤にしつつも、土俗的な神話や民俗学に通じる要素もあり、SF戦争もののアクション的な要素もある。多岐にわたる作品の構成要素に対応して、菅野よう子のマルチな音楽能力が遺憾なく発揮される。

有名なメカニックデザイナーの**シド・ミード**が『∀ガンダム』のデザインを担当したことも話題になった。ガンダムのグランドデザインを排したとさえ思われる異質なデザインに、多くのガンダムファンが「これじゃないんだよなぁ」と落胆の声を上げるほど、不評を託った。しかし、ガンダムの中でも一頭地抜けた特別な空気感があるこの作品を彩る機体としては、これは非常に合っているのではないかと思う。私は長い間ガンプラ（ガンダムのプラモデル）を作っていなかったが、『∀ガンダム』は手に取った。

▼「現実的」と「非現実的」が錯綜する時代

7月にMicrosoft Windows 98日本語版が発売された。このOSはWin95以上に安定感があり、その使いやすさが職場に家庭に広くPCを行き渡らせた要因ではないかと思っている。もはや、職場の一人一人の席にパソコンが鎮座まします状態が当たり前の光景になり始めていた。

7月に**『Serial experiments lain』**（「レイン」または「lain」、98年7月）放映開始。これはアニメオリジナル作品であるが、その後ゲームなど、クロスメディア展開した作品である。

インターネット環境が整い、先に述べたようにwin98によって、PCが職場や家庭に「普通に」存在し始めるタイミングで現れた**電脳ホラー作品**とでもいう作品である。

元より人間の関係性は、人間相互の肉体的接触によるよりは、言葉などの情報を媒介にして観念的に係留されている部分が大きい。高度に張り巡らされた情報ネットワークによって人々が結びついたとき、ネットワークが一個の実体のようにネットに繋がれた人々にとっての集合意志になって、繋がった人間の個体をも支配するようになる。

その外的な世界とネットワークのあわいに、この作品の表面上の主人公、14歳の少女岩倉玲音（いわくられいん）と、ネットワークの中にあまねく存在しついには現実世界へと侵食的に溢れだす集合意思のlain（実体のない裏主人公）が存在する。

このようなネットワークによって人々が連結された世界は、主体の幽霊化のような現実と仮想の輻輳的な存在、どちらもがドッペルゲンガーのような非在としてとらえられるようなディストピア的世界である。

脚本の**小中千昭**は、後に世界的に映画などの映像作品に影響を与えた**「Ｊホラー」の立役者**のひとりであり、その手法は**「小中理論」**とまで言われた。この作品に一貫して流れる、陰鬱なけだるさや、ホラーシーンではないのに人の振る舞いや表情の変化でぞっとする雰囲気を出すなど、作品全体に内面的に放射されるＪホラー味が、小中千昭の面目躍如たるところだ。

現在起こっているＳＮＳを媒介にした、人間関係の紐帯の仮想的現実性と、仮想的現実性世界の中での「現実的」と「非現実的」が錯綜しているかのごとき現象がある。人間の本質的な存在性にまで干渉するかのような中傷合戦や、人間関係の実態を持たない純粋の悪意だけで結びついた犯罪の実行集団など、**かつて「ニューメディア」の美名で広がっていった情報インフラは、必ずしも人々の幸せを担保するものではなくなった。**

インターネットなどの市井の個人にまで発信能力を付与する情報技術が出始めたころは、先にも述べたような「ニューメディア」という明るい未来が「予告」されていた。「誰もが自由に世界に向けて発言できる」、「個々人にまで行き渡る情報手段の獲得は、無限定な空間的共有可能・双方向性なものとして自由発言ができる民主的な社会を進歩させる」。予想は外れ、わずか20年後の今日、確執や差別・嘲笑、犯罪などの、断裂や分断の道具でさえあるようになってしまった。

現象面から言えば、まったく同じような事象を描いた（あるいはそういう意図を持った）作品ではないが、**『lain』の預言した世界は決して荒唐無稽ではなかったことがわかる。**いわば、21世紀に向けた黙示録とでもいう作品だろう。

▼人類の終わり？

経済的に低迷し、何かと嫌なニュースの多い世紀末にあって、一幅の安定剤となったのが、NHK教育で始まった『**おじゃる丸**』（98年10月）だった。1000年前のヘイアンチョウから現代にやってきた、「5歳の妖精貴族」坂ノ上おじゃる丸を主人公に、現代世界の月光町を舞台にドタバタ劇を繰り広げる。

つねに平安貴族風の赤い着物を着用し、青い烏帽子をかぶり「やんごとなき雅なお子様」を自認しているが、どこまでもマイペースで、本人には悪気なくとも、人の迷惑になることをしでかす一面もある。現代の世界にやってきたいきさつも、エンマ大王の錫を盗み出し、エンマから逃げている内に誤ってタイムスリップしたのだった。

ゆったりとのんびりしたヘイアン貴族のおじゃる丸は、何をするにも**時代錯誤的**であったり、普通人の常識から外れた**頓珍漢**なことが多いが、とにかく無邪気で憎めない。

登場する人がみんな、**呑気でおおらか**なので、私たちもおじゃる丸には寛容にならざるを得ない。これも今日まで、息長く愛されている作品である。

今になって気づいたが、「おじゃる丸」がわざわざ1000年前からやってきたのは、この時の私たちが、彼が本来生きた時代を起点にする1000年紀の終わりの年が目の前だったからなのかも知れない。

そして、ついに、1000年紀最後の年、「**ノストラダムスの予言**」で「恐怖の大王が降り立つ」とされた1999年を迎えることになる。もちろん地球は滅びなかった。滅びなかったから、私は今こんな文章を書いている。

▼「今風だなぁ」のアニメ

1999年は、「『**ユーロ**』**という通貨単位**がヨーロッパで使い始められた」というニュースで明けた。欧州連合に加盟する11カ国の通貨単位を「ユーロ」に統一するというものである。ヨーロッパという大きな単位で、経済のみならず国家運営の要である通貨を統一するというのは、「国」という人間を強く縛り付ける歴史的怨念の結晶のようなものが、人類史において無効化していくきっかけになるかもしれないという希望を感じた。一方で、フランとかペセタとか、お国柄を感じさせる通貨の名前が失われるのは淋しくもあった。

この年の2月に『**おジャ魔女どれみ**』(99年2月)が放映開始となる。これは小学校中学年ぐらいまでの女子を想定したテレビアニメだと思うが、早い段階でオトナの視聴者をも引き付ける作品としてヒットした。男女問わずオタク人気も高く、ガレキの世界でも主人公や特徴あるサブキャラクター(サブキャラ)などが多く作られた。

小学3年生・春風どれみが、本物の魔女・マジョリカと出会ったことから、魔女見習いとして活躍することになる。幼なじみの藤原はづき、転校生の妹尾あいこが魔女見習い仲間に加わり、なにかしら騒動が起こり解決していく、というギャグコメディ調の成長譚である。

もともとは1年で完結する物語として企画されたが、最初期から高い評価と人気が出たことから、次年度からも続編が作られ、結局、**第4シリーズ**まで作られた。登場人物たちは、年次ごとに学年が上がっていくというリアリティが、単なるコメディではない印象を与えた。話のテーマが、高学年になると、それに対応して実際の子どもたちの世界に起こるシリアスな問題を取り上げるようになった。

シリーズ終了後も、**断続的に続編、外伝**が作られており、いかに愛されていた作品かと改めて思う。

10月に始まった『**地球防衛企業ダイ・ガード**』（99年10月）は、毛色が変わっていた。当時「**今風だなぁ**」と思った作品である。ジャンルにしてしまえば、「巨大ロボットもの」でしかないのだが、タイトル通り、**地球の、国家の危機を守るのが民間会社で、ロボットを操縦する一サラリーマン**だというところが面白かった。

現実の社会状況や行政事情などがリアルに織り込まれているのは『**パトレイバー**』風だし、現場のサラリーマンが実戦の正面で戦うというあたりは、『パトレイバー（特に映画版）』に影響を受けたとされる『**踊る大捜査線**』（テレビドラマ、97年1月〜、後映画版が断続的に作られている）を意識していると思われる。

「**サラリーマンだって、平和を守れるんだ！**」というキャッチフレーズには、まったく政治性や社会性がこもっていないメッセージで、そういった大言壮語的なメッセージまでもがメタ化されているところが「今風だなぁ」という感想に繋がる。

さて、99年は、私の職業人生において、大きな決断の年になった。

親会社との「子会社の経営問題」をめぐる議論は、すでに親会社からのひとつの提案に収束し、それをめぐる交渉の形に姿を変えていた。

それは、親会社の交渉担当によるこの間の議論の総括から始まった。「出版社にとって、書店は自分たちの本を生かしてくれる大切な場であり、積極的に守らなければならない業種である」、「それを鑑みて、かつて我々の先輩が立ち上げて今日まで皆さんが守り育てたこの書店は、心から大切なものと思っている」。「しかし、皆さんの努力や創意工夫を見てきたけれどもそれが必ずしも功を奏していないことは、皆さんも自覚していると思う。また、我々親会社も充分な策を打ち出せなかったではないかと言われれば、まったくその通りで申し訳なく思う。しかし、お互いに努力をして、この結果に至った。これが現実であろう」。「繰り返し述べてきたが、ここから先出版関連業界は大変に厳しい時代を迎える」。「だから、親会社自身も、多くの資産を手放して出版社としてあらしめるための体力を作っている。つまり経営のスリム化、効率化の策を講じてきた」。

「そのうえで、これまでの皆さんとの交渉や議論の過程を、行きつ戻りつ検討を重ねたが、やはり親会社としては、これ以上皆さんの書店を子会社として維持し続けて着実に利益を上げていくことは不可能だという結論に至った。親会社として責任をもって皆さんの生活や仕事を保証するためには、これ以上の負担を増やして元も子もない状況に陥ることを早い段階で止めることが必要だと思う。つまり、手遅れにならないようになるべく早く決断をしなければならない」。

これ以上聞くまでもなかった。子会社である書店を畳むという決断をしたということである。吹き上がる感情もあったが、我々従業員の処遇についての提案を聞く前にキレるわけにはいかない。交渉とは嫌なものだ。

「当然、ここで働かれている方は、明日からどうやって食べていくんだ、と不安になるだろう。私たちにとっても、皆さんは同じ船の乗組員だと思っている。大変なことをお願いするということはわかったうえで、皆さんの処遇に関してこのように思っている」。正念場である。

「『特に希望をしない』という方を除いて、皆さん全員親会社に来ていただきたいと思っている」。ここまでは想定の範囲であった。親会社が子会社の労組との労働争議を抱えることを望まないことはわかっていたからだ。組合は一言尋ねた。「身分はどうするつもりか？」

「詳しい労働条件等は、合意が結ばれないと議論できないが、社員の皆さんは全員、親会社の社員として採用する。これが、かなり踏み込んだ、そして重い決断だということはご理解いただけるはずだ」。ここから先は、私たち組合内部で、議論しなければ何も判断できない。

「提案は受け取る。世間一般の親会社があまりしないような、大変に誠意のある提案であることも理解している。しかし、これはここにいる我々だけで判断することも、会社側に何らかの質問をして何らかの感触を与えることも立場上できない。全員で議論・検討する充分な時間をいただきたい」。

ついに、大きな決断の時が来た。私は書店業が好きだし、職業人生を書店員として終えるのがささやかな夢であった。しかし交渉を間違うと、親会社の支えを失う。書店の経営基盤は強くなかった。経営を分けているとはいえ、親会社の支援が担保されなければ独自に金融機関と渡り合える能力はなかった。書店員を続けるために、親会社とのもやい綱を断ってしまうと、私たちだけで景気後退期の荒波を漂流できる見込みは皆無に等しかったのである。

▼2000年問題

10月放送開始の**『無限のリヴァイアス』**（リヴァイアス、99年10月）は、サンライズ制作のオリジナルテレビアニメで、**シリアスなSF群像劇で、SFや複雑な権力闘争劇が好きな、「濃い目のオタク」から支持**された。

大まかにいうと**『十五少年漂流記』**（ジュール・ヴェルヌ作、1888年発表。近年は原題直訳に近い『二年間の休暇』とも）と**『蝿の王』**（ウィリアム・ゴールディングの小説、1954年刊行）を足してSF化したような内容である。

航宙士養成所が何者かに襲われ、子どもたちだけが外洋型航宙可潜艦「黒のリヴァイアス」で脱出する。子どもたちを救助してくれると期待していた軌道保安庁からはなぜか攻撃を受ける始末で、仕方なく子どもたち487名は、さまざまな攻撃から自分たちを守りながら宇宙を漂流することになる。

巨大とはいえ宇宙船という閉鎖的な環境に500名近い子どもたちが残されたことで、複雑な社会的諸問題、人間関係が形成される。少年少女達が自らのリーダーシップや権勢欲、恋愛や友情、近親憎悪などの絡み合いの中で、外敵よりも船内の多数派工作や、食料や物資の配給などをめぐる駆け引き。その相克の中での権力掌握・独裁など凄惨な内部抗争で、生死にまでかかわるような対立関係のほうが深刻な問題として船内を覆っていく。

といった、全体として個々人の立ち位置や、権力の変転による振る舞いの変化など、非常に複雑でキャラクターを把握するのも大変で、話のどす黒さに胃の痛むような作品だった。しかし、この作品は本当に**「やり切った」感がある作品**で、20世紀を締める作品のひとつになるのにふさわしい名作だった。

年末最大のトピックスは**「2000年問題」**だった。端的には「コンピュータのデータ処理において、これまでデータ量を節減するために西暦の4桁のうち上位2桁を省略し下位2桁だけを処理対象としていた」という状態のまま世紀末を迎えてしまったのである。このまま2000年代に入ってしまうと、たとえば、「2001年と1901年の区別ができない」状態が発生するかもしれないと不安視された。2000年に入るや否や、年号の誤認によるデータ処理の誤りやシステムの不具合が発生することになると、混乱では済まない状況になるかもしれない。公的機関、民間、家庭に広く普及したパソコンに混乱が発生すると金融や運輸・交通などのインフラに障害が出ることが予想された。

私たちの職場では数名の社員が元日に出勤して、レジや会社のパソコン等の動作確認をすることにしていた。もし障害が発生したことがわかったところで、具体的にどう対処できるのかはわからなかったのだが。

大晦日に、ロシアのエリツィン大統領が辞任して、**プーチン首相が大統領の代行**も兼任することが発表された。「泥臭い酔っ払いおじさんより、シュッとした若い政治家に交代することは、ロシアの人々にとっても望ましいのかもしれない」、そういう雰囲気があった。私は、「せっかく民主化したロシアなのに、KGB出身の政治家に抵抗がないのは不思議だな」と感じはした。ただ、当面は他人事でしかなかった。

▼ひとまず終了

私たちの組合は、合宿等を含めての長い討論の結果、ひとつの結論に達していた。親会社からの提案を受け入れて、「組合員全員が親会社に雇用されること」、「書店を清算すること」という大枠についての合意を決意したのである。一方で、「この書店は長らく親会社の分身として顧客に愛されてきたのであり、閉店は親会社そのものへの悪印象になるだろう」。「ただ経営上困難だからと店を閉めてしまうと、そういった顧客にどういうショックを与えるか想像に難くない」。「定期刊行物もここでしか買えないと通ってくれる方もいる」。現書店を解散した後も、規模を縮小するなどして、本当の意味での出版社の直営店として最少人数で顧客への窓口を存続できないかとのあがきである。もちろん認められるものではなかった。

ところが親会社の担当者は、「どういう形でも店売部門は存続させない」としたうえで、「とは言え、皆さんの思いは理解するし、顧客への配慮については我々も同じ思いだ。跡地にどんな業種の店が入っても良いとは考えていない。確約はできないが、できる限り今の状態を保てる書店を誘致したい」と回答した。理念や願望を言えばきりがない。組合員の生活の現実に対処してその組合であろう。親会社の切るカードは、多くの書店の争議や労使紛争を見てきた立場からすると、ほぼ満点に近いものだった。

しかし、私は頑固な人間なので、生活の理（利）を考えれば会社のカードは抗しがたいとわかっていても、自分たちの決断が多くの書店の同志や、とりわけ長い争議を闘っている仲間の信頼に悖ることになるという思いを断ち切ることができなかった。組合の仲間もそれぞれの立場や感情から、すんなりと受け入れられたわけではなかっただろう。煩悶の末何とか合意の交渉をみんなで意を決した後も、その後も悩みや不安は癒えることはなかった。

私個人としては、できる限り組合として筋の通る終わり方をしたいと思った。顧客への配慮や、細かい業務の整理など店の問題や、親－子労働組合間の合意形成、そして何よりも賃金や労働条件のすり合わせ、散々に議論をした。最後のほうに残ったのは当時書店で雇用していたアルバイトの処遇だった。こればかりは、親会社の雇用対象にはし難かったので、彼らが閉店によって突然解雇される事態は避けなければならなかった。もっと踏み込めば、彼らも雇用形態は違っていても、権利を持った労働者なのだから何らかの形で、雇用を保証する必要があると思った。

そこで、アルバイトへの処遇として「次に入るのが書店であればそこに継続雇用すること、そうでない場合は親会社が責任をもって他の書店に雇用斡旋すること」を要求した。「決まった後からいろいろ言いだすのを我慢して聞いていたが、アルバイトのことまで！」、親会社はアルバイトまで処遇しなければならないという発想がなかったのだろう。一瞬気色ばんだ。しかし、すぐに落ち着いてこちらの言い分を聞いて、それも了承した。

細部だけでいえば、多くの点で自分たちの思いや理念に沿った妥協や修正を受け入れてもらった。その度量の深さは当時から尊敬の念を覚えていた。とはいえ、引き出した多くの妥協・譲歩を全部足しても、組合には勝利のかけらも宿っていない、というのが私の総括だった。自らの職場の歴史に幕を閉じ、長い伝統を持つ労働組合を解散し、書店業界から去るという決断は、少なくても私の中では「大いなる敗北」だった。

しかし、組合にとっての勝ち負けなどは、私たちの人生や生活の中では局面的なことで、「その先にどういう人生が送れるか」が重要だとも思った。私たちを引き受けるにあたって、私たち全員をどこかにまとめて放り込むというような乱暴なことは親会社はしなかった。ほぼ全員が別々の職場に配置され、一般の中途採用の社員と同じような扱いをした。

これは分断策ではなく、特殊な形で入社する私たちへ違和感を避けるための施策として納得したし、これからそれぞれで道を開く必要のある私たちにとっては、正しい扱いに思えた。とは言いながらも、我々は新しい職場に移行するにあたって、ディアスポラを経験したのである。自慢ではないが、親会社が内心警戒していたような、旧来の関係を頼んで子会社の仲間が社内で徒党を組むこともなければ、仕事の上で浮いてしまうこともなかった。それぞれが自らの職場に馴染み、仕事の流れの中で十分に自分の立ち位置を定めることができた。

当時の私たちに未来ある「負け」をもたらした、子会社労働組合との交渉に終始フェアな姿勢で当たった担当者や、その背景にいた親会社経営、相談に乗り側面支援をしてくれた親会社労組に対しては、――もう相当に時間もたったし、会社を去った今や自分がそのどこにも所属していないので初めて言えるのだが――「心から感謝している」。私は親会社に合流した後も、扱いにくい、くそ生意気な従業員だったかと思うが、あの感謝の念は常に心の一部に置いていたつもりである。

アニメ話で締めくくれなかったが、それも私らしいだろうと言い訳をしながら、１９９９年の終わりとともに、私の「アニメ語り」もおしまいにしよう。

∞ 拝啓、10歳のぼくへ、そして21世紀の私に

今私は21世紀に生きています。しかし、なんと期待外れな未来人に私はなってしまったのだろう。

散髪をしながら読みふけったマンガ雑誌の、特集ページにはこんな未来が描かれていたよね。人々は、見上げるような高層ビル街に住み、その間を透明なチューブが縦横にめぐらされ、その中を空飛ぶ車や、スマートな流線型の列車が行き交っている。人間はほんの少し働くだけで、ロボットや電子計算機が人間の生活を快適に整えてくれる。

もっと高く空を見上げると、海外旅行のような気軽さで月や火星旅行に連れて行ってくれる観光ロケット見える。もしかしたら、面妖な姿をした宇宙人が隣人になっているかもしれない。

人間はというと、今よりも頭脳が発達しているので、頭でっかちな姿になっていて、男女関係なくみんな禿げ頭だ。人類は進化するたびに体毛を失っていったから、21世紀には頭髪もなくなっているんだ。そんな姿はちょっと嫌だけど、身体のことなら良いことのほうが多い。21世紀にはガンの治療薬ができていて、ガンは完全に治る病気になっている。望めば、調子の悪い身体のパーツは機械に置き換えることもできる。みんな長生きするんだ。

すべてうそ。何ひとつ叶わない。ひとはそんなに賢くもなく、進化もそこまでは早くはない。

だから、マンガやアニメや読書などに血道を上げずに、しっかり勉強して平凡に生きられるようにがんばれ。あ、プラモデルなどもってのほかだからね。

＊＊＊＊

私は、テレビアニメの最初の作品『鉄腕アトム』を初回から見て育った「テレビアニメ第一世代」に属すると思っている。そんな自分が、世紀を跨いで今もアニメの新作をチェックしてあれこれ考えたり笑ったりしていることは、不思議と言えば不思議である。オトナになりきれなかったのだろう。

そんな自分がどんな作品を気に入り、影響を受けたか。また、そのころ私は何をしたり見たりしてきたか。そんなことを書いてみると、同じ時代を生きてきた人たちが、当時を私とは別の視点で見ていたことを思い出すよすがともなろうか。そんな思いがある。

21世紀を迎えるところで終えるのは、思い返すことが多くてそこまでが長くなりすぎたこともある。それよりも、新たな作り手がどんどん出てくる中で、私も中年になって、社会の見方や自分に対する理念めいたものが経験則に左右されるようになって、それまで直感や感性で見ていたものと、中年の私の感性とを惰性でつなげることはあまり気持ちが良くないのであった。ここから先の、私のアニメ話は、それまでの私の話と明確に話を分けるべきと考えた。

私が、書店を離れ親会社に合流したことの意味や責任には、私自身を前後に分ける、大きな意味があると思った。合流したのは2000年の9月だが、区切りとしては決断を終えた後にやってきた1999年という区切りの年、というのは節目としては意味があると思う。

21世紀も四半世紀が過ぎようとしている。テレビアニメは相変わらず百花繚乱ともいうべき状況で、そして相変わらず面白い。中年になった私が、アニメとどう付き合い、そして自分では認めたくもないが高齢者と呼ばれるに至る今日、どう思っているか。

機会があれば、また語ることもあるだろう。

ただし、まずは2000年以降も、落としてはならない作品が多くあることを言わずに終えられるか、と思う。それらは、今回のアニメ語りの任の範囲ではないとはしつつも、本当に私にとって避けがたいいくつかの作品名を、21世紀の記憶として残しておくことにする。随分とほかの方々とは違う選択も多いだろう。その違いが、私は面白いところだと思う。

附録1　2000年代おすすめアニメ紹介（五十音順）

2000年以降の作品で私が特に気に入った、あるいは気になった作品を紹介する。優劣や製作の前後関係を示すことは意図していないので、タイトルのあいうえお順になっている。読みやすさを考慮して作品データは最小限にした。必要に応じて続編や映画版も備考に入れたが、すべての作品に施すわけではない。

【作品タイトル】**あずまんが大王 THE ANIMATION**
【アニメ監督／制作会社】錦織博／J.C.STAFF
【おすすめポイント】「全力で脱力するぞ！」とでも言おうか、日常系学園ギャグコメディであり、妄想系不条理萌えアニメでもある。気が抜けるようなへなちょこギャグマンガだが、高校生活のイベントなどを取り込んで、3年で卒業するリアルタイム感もある。卒業のエピソードがエモい。【原作】あずまきよひこ「月刊コミック電撃大王」【放映年月】2002年4～9月【話数】全26話

【作品タイトル】**あの日見た花の名前を僕達はまだ知らない**
【アニメ監督／制作会社】長井龍雪／A-1 Pictures
【おすすめポイント】あの日突然別れた幼なじみ「めんま」は何を言いたくて友のもとに再び現れたのか。秘密基地で過ごした日々の思い出を、また散り散りになった友を取り戻しながら、幼なじみたちの時が再び流れ始める。泣けるアニメの金字塔である。【原作】超平和バスターズ【放映年月】2011年4～6月【話数】全11話

【作品タイトル】**ヴァイオレット・エヴァーガーデン**
【アニメ監督／制作会社】石立太一／京都アニメーション
【おすすめポイント】心を失った名もなき少年兵だった少女が、戦後代書屋をしながらさまざまな人生と出会い、大切な人が残した「愛してる」の意味を探し求める。荒れ果てた荒野に咲くからこそ何よりも美しい、そんな一輪の花を描いた絵画のような愛おしい作品である。【原作】暁佳奈［ＫＡエスマ文庫］【放映年月】２０１８年１〜４月【話数】全13話【備考】テレビシリーズは２０２０年の劇場版で完結する。２０１９年映画版は、純粋な外伝。◆『ヴァイオレット・エヴァーガーデン 外伝 - 永遠と自動手記人形 -』（劇場映画）監督・藤田春香（２０１９年）◆『劇場版 ヴァイオレット・エヴァーガーデン』監督・石立太一（２０２０年）

【作品タイトル】**ヴィンランド・サガ**
【アニメ監督／制作会社】籔田修平／SEASON1：WIT STUDIO　SEASON2：MAPPA
【おすすめポイント】氷に覆われた大地に生きる逞しい人々、殺し合うものの矜持と醜さをむき出しにする戦士たちが活躍する11世紀初頭のヨーロッパ北方を舞台に、数奇な運命に翻弄されながら、一人の少年が、理想の地「ヴィンランド」の建国を夢見て生き抜いて行く本格的史劇。人間の本源的な生命力や、絶望の中で摑み取る理想など、心揺さぶられる作品。【原作】幸村誠［「週刊少年マガジン」、「月刊アフタヌーン」］【放映年月】SEASON1：２０１９年７〜12月／SEASON2：２０２３年１〜６月【話数】SEASON1：全24話／SEASON2：全24話

【作品タイトル】**映像研には手を出すな！**
【アニメ監督／制作会社】湯浅政明／サイエンスSARU
【おすすめポイント】夢想家のアニメ好き女子高生が、個性ある二人の友人と「映像研」を立ち上げ、いろいろな障害にもめげず試作アニメの制作上映を目指すギャグアニメ。アニメの制作過程や、マネージメント

などが描かれ、学びもある作品。【原作】大童澄瞳［月刊！スピリッツ］【放映年月】２０２０年１～３月【話数】全12話

【作品タイトル】**狼と香辛料**
【アニメ監督／制作会社】高橋丈夫／IMAGIN
【おすすめポイント】中世ヨーロッパをモデルにした世界で、商人の知恵と工夫で生き抜く青年と、北の故郷を目指して連れになった少女（賢狼の化身）の道中記。前近代の商活動を描く珍しいシチュエーションと、ホロの可愛らしさにひきこまれる。【原作】支倉凍砂［電撃文庫］【放映年月】２００８年１～３月【話数】全13話【続編】作品名と放映期間話数のみ◆『狼と香辛料II』（２００９年７～９月／全13話）◆『狼と香辛料　MERCHANT MEETS THE WISE WOLF』（第１期：２０２４年４～９月、第２期の予定あり）＊２０２４年10月現在

【作品タイトル】**おそ松さん**
【アニメ監督／制作会社】藤田陽一／studio ぴえろ
【おすすめポイント】赤塚不二夫の名作「おそ松くん」が帰ってきた！　といっても、原作のリメイクではなく、20歳を過ぎても相変わらず親の脛を齧る「ガチニート」に成長した（?）６人の兄弟によるギャグアニメ。個性ある６人の兄弟はダメンズ要素も加味されていて、女性にもおすすめ。【原作】赤塚不二夫［『おそ松くん』］【放映年月】第１期：２０１５年10月～１６年３月／第２期：２０１７年10月～１８年３月／第３期：２０２０年10月～２１年３月【話数】第１期：全25話＋ＳＰ１他／第２期：全25話／第３期：全25話

【作品タイトル】**薬屋のひとりごと**
【アニメ監督／制作会社】長沼範裕／TOHO animation

【おすすめポイント】近世中国風の架空の王朝で起こるさまざまな事件を、後宮官女猫猫（まおまお）が持ち前の頭脳と医事の知識を駆使して解決していく歴史ファンタジー。猫猫に思いを寄せる絶世の美男子宦官の壬氏（じんし）などキャラクターの魅力と、父との葛藤（主に父の側の葛藤）、適度なラブコメ感と推理ミステリーがうまく溶け込んで引き込まれる。【原作】日向夏「小説家になろう」【放映年月】２０２３年10月～２４年３月【話数】全24話（第２期製作の予定あり）

【作品タイトル】**けいおん！**
【アニメ監督／制作会社】山田尚子／京都アニメーション
【おすすめポイント】廃部寸前の女子高軽音部を、４人の女子高生が持ち前のゆるーい空気感と割合固い友情とで立て直す。非・熱血部活ドラマ。高校１年生から後輩を得て、３年生までを描く。「女子バンドブーム」を巻き起こした脱力系部活コメディ。【原作】かきふらい［「まんがタイムきらら」、「まんがタイムきららキャラット」］【放映年月】第１期：２００９年４～６月／第２期：２０１０年４～９月（２期のタイトル表記は『けいおん!!』）【話数】第１期：全12話／第２期：全24話

【作品タイトル】**この世界は不完全すぎる**
【アニメ監督／制作会社】馬引圭／100studio
【おすすめポイント】ベイル王国の村娘ニコラは、ドラゴンから救ってくれた不思議な男と旅をするようになる。男はオンラインＶＲゲームのバグのデバッガーで、ゲーム世界に閉じ込められている。つまりここはゲームの中の世界で、ニコラはゲーム内の登場人物である。現実世界とゲームとが入り混じるメタ世界話だが、奇妙なリアルを感じる。【原作】左藤真通［コミックＤＡＹＳ］【放映年月】２０２４年７～９月【話数】全13話

【作品タイトル】**最終兵器彼女**
【アニメ監督／制作会社】加瀬充子／GONZO DIGIMATION
【おすすめポイント】平凡な高校生が巻き込まれる突然の戦争。逃げ惑う主人公は、「敵」を打ち倒していく少女を見た。それは、自らを「最終兵器」と化した恋人の姿であった。崩れ行く世界の中で、二人の愛はどこへ向かうのか。切ない、そして滅びの美学ともいうべき感傷が愛おしくなる。【原作】高橋しん「ビッグコミックスピリッツ」【放映年月】２００２年７〜10月【話数】全13話

【作品タイトル】**終末トレインどこへいく？**
【アニメ監督／制作会社】水島努／EMTスクエアード
【おすすめポイント】池袋で始まったとある事件で世界が一変する。世界は地域ごとに脈絡のない変てこ世界になり、地域間の通信がほとんど不可能になった。「吾野」に住む女子高校生たちは池袋で行方不明になった友達を救い出すために、自ら「西武線」の電車を運転して「池袋」を目指す。アニメだからこそのシュールで極彩色の異空間。友情と冒険、変わり果てた人々との出会い、ハチャメチャで妄想そのもののような世界で遊び切る。アニメでなければできない表現空間。【原作】apogeego【放映年月】２０２４年４〜６月【話数】全12話

【作品タイトル】**涼宮ハルヒの憂鬱**
【アニメ監督／制作会社】石原立也／京都アニメーション
【おすすめポイント】変人で独善的だが憎めない美少女「涼宮ハルヒ」を中心に、究極の普通人の主人公と、異能力者や宇宙人、未来人などが、寄ってたかってのハルヒの無意識の力から世界の破壊を防ぐためのご機嫌取り。ＳＦ学園もの不条理ギャグだが、青春ドラマとしての酸っぱさもある。【原作】谷川流「ザ・スニーカー」【放映年月】第１期：２００６年４〜７月／第２期：２００９年４〜10月【話数】第１期、第２期とも、それぞれ全14話

【作品タイトル】**葬送のフリーレン**
【アニメ監督／制作会社】斎藤圭一郎／マッドハウス
【おすすめポイント】長命種のエルフ族の魔法使いフリーレンは、かつてともに魔王討伐の偉業を成し遂げた勇者のパーティに50年ぶりに会いに行く。50年の時は仲間を老いさせ、仲間の死を看取ることをきっかけに、人の生に思いをいたす旅に出かける。人生に向き合うかのような静謐で思索的なアニメである。【原作】山田鐘人（原作）、アベツカサ（原作作画）［週刊少年サンデー］【放映年月】２０２３年９月～２４年３月
【話数】全28話（第２期の予定あり）

【作品タイトル】**男子高校生の日常**
【アニメ監督／制作会社】高松信司／サンライズ
【おすすめポイント】「今日は風が騒がしいな」と思ったら思い出す、他愛ない男子高校生だった昔を。アニメの日常系学園ものでは、珍しく男子高校生の生態を日常系ギャグにした作品。誰もが通る「バカ」で「自意識過剰」な、忘れたいほど恥ずかしい黒歴史を思い出すだろう。【原作】山内泰延［ガンガン ONLINE］
【放映年月】２０１２年１～３月【話数】全12話

【作品タイトル】**夏目友人帳**
【アニメ監督／制作会社】大森貴弘／ブレインズ・ベース
【おすすめポイント】怪（あやかし）が見える能力のために、孤立しながら育った主人夏目貴志が、相棒のニャンコ先生と身近に起こる怪異を収めていく中で、かけがえのない友と普通の生活を得ていく成長譚。田舎のゆったりとした空間で、静かに語られる物語は自然と見ている側も癒される。【原作】緑川ゆき［「LaLa」、「LaLa DX」］【放映年月】第１期：２００８年７～９月／第２期：２００９年１～３月／第３期：２０１１年７～９月／第４期：２０１２年１～３月（５期以降は備考にて）【話数】第１期～第４期：それぞれ全11話

【備考】長期にわたるシリーズなので、詳細は省く。以下「シリーズ正式タイトル（対応期数）」と5期以降はそれに加え「放映期間（放送時話数）」を記す。「夏目友人帳（第1期）」／「続 夏目友人帳（第2期）」／「夏目友人帳 参（第3期）」／「夏目友人帳 肆（第4期）」／「夏目友人帳 伍（第5期：2016年10月〜12月21日（全11話））」／「夏目友人帳 陸（第6期）」：2017年4月〜6月21日（全11話）／「夏目友人帳 漆（第7期）：2024年10月〜（2024年10月現在放映中）

【作品タイトル】日常
【アニメ監督／制作会社】石原立也／京都アニメーション
【おすすめポイント】タイトル通り「日常」系アニメだが、それは我々が知っている日常ではない。常に何かが狂っている。不条理に歪んでいる。しかし、それがふわふわとして心地よい。何かと荒れがちな心の居所をチューニングするのに格好の作品。【原作】あらゐけいいち［「月刊少年エース」他］【放映年月】2011年4〜9月【話数】全26話

【作品タイトル】はたらく細胞
【アニメ監督／制作会社】鈴木健一（第1期）、小倉宏文（第2期）／david production
【おすすめポイント】私たちの体の中で、細胞や免疫機関が日夜働いている。それを擬人化したシチュエーションが良い。赤血球や白血球が人の姿で活躍する姿を通して、身体の仕組みがわかるという啓蒙的側面もあるが、それぞれの擬人化がうまく当たっていて、アクションあり、感動ありのアニメが説得力を持っている。【原作】清水茜［月刊少年シリウス］【放映年月】第1期：2018年7〜9月＋特別編：2018年12月／第2期：2021年1〜2月（第2期の正式タイトルは『はたらく細胞!!』）【話数】第1期：全13話＋特別編／第2期：全8話

【作品タイトル】**ハチミツとクローバー**
【アニメ監督／制作会社】カサキケンイチ（第1期）：長井龍雪（第2期）／J.C.STAFF
【おすすめポイント】美大に通う若者たちの青春群像劇で、少女マンガでありながら男性ファンも多くつかんだ泣けるマンガを、かなり忠実にアニメ化している。パズルのように登場人物の思慕の念がすれ違い、全方位片思いのラブロマンス。シリアスでありつつコメディ要素もある青春群像劇。【原作】羽海野チカ［CUTiEcomic」（宝島社）／「コーラス」（集英社）他］【放映年月】第1期：2005年4～9月／第2期：2006年6～9月【話数】第1期：全24話／第2期：全12話

【作品タイトル】**ぱにぽにだっしゅ！**
【アニメ監督／制作会社】新房昭之／ガンジス、SHAFT
【おすすめポイント】日常系学園ギャグアニメだが、不条理ギャグやSFパロディ要素もあり、一筋縄ではいかない不思議な空間が広がる。びっくり箱を開けるような摩訶不思議な作品である。【原作】氷川へきる［月刊Gファンタジー：原題『ぱにぽに』］【放映年月】2005年7～12月【話数】全26話

【作品タイトル】**乙女ゲームの破滅フラグしかない悪役令嬢に転生してしまった…**
【アニメ監督／制作会社】井上圭介／SILVER LINK
【おすすめポイント】異世界転生ものの一類型に「悪役令嬢もの」「転生悪女もの」があるが、これはその最も成功した一例である。悪役ゆえの破滅パターンを回避するために、地に足を付けて工夫努力をする主人公のコミカルで、強かな生きざまは見ていて頼もしくもほほえましい。【原作】山口悟（原作・原案）［ゼロサムオンライン」【放映年月】2020年4～6月【話数】全12話【続編】監督等は正編と同じなのでタイトルと放映期間・話数のみ記す。◆『乙女ゲームの破滅フラグしかない悪役令嬢に転生してしまった…X』2021年7～9月（全12話）

【作品タイトル】**魔法少女まどか☆マギカ**
【アニメ監督／制作会社】新房昭之／シャフト
【おすすめポイント】魔法少女ものの概念に一撃を与えた問題作。美麗な画像と、次々と裏切られる既成概念。そして、あまりにも可愛くあまりにも曲者ぶりを発揮する、魔法少女リクルーター「キュゥべえ」の魅力に溺れつくす視聴者が続々と現れた。絶望系の要素もあるが、基本的には救済伝説になるのだろうか。ぜひ、それぞれの目で判断していただきたい。【原作】Magica Quartet【放映年月】２０１１年１～４月（東日本大震災の影響で放映休止時期含む）【話数】全12話

【作品タイトル】**蟲師**
【アニメ監督／制作会社】長濱博史／ART LAND
【おすすめポイント】擬似民話・伝説としてとても良くできた物語である。特定はされないが、明治末期～昭和初期の日本を舞台に、自然と人との接点に現れる怪現象が描かれる。今の日本人の内奥にも存在する民俗的な古層を抉り現れる怪異譚とでも言っておこう。【原作】漆原友紀［「月刊アフタヌーン」他］【放映年月】２００7年４～９月【話数】全26話【続編】作品名と放映期間話数のみ◆『蟲師　特別篇　日蝕む翳』（２０１４年１月、全１話）◆『蟲師　続章』（第１クール：２０１４年４～６月、全10話／第２クール：２０１４年10～12月、全10話）

【作品タイトル】**メイドインアビス**
【アニメ監督／制作会社】小島正幸／キネマシトラス
【おすすめポイント】可愛らしい絵柄の少女を主人公に少年ロボットとともに繰り広げる冒険ファンタジーアニメ。と、思いきや生理的な恐怖や、人間の欲望の醜さなどが、可愛らしく色彩豊かな世界観のまま描かれるファンタジックホラー。【原作】つくしあきひと［「まんがライフＷＩＮ」、「ＷＥＢコミックガンマ」］
【放映年月日】第１期：２０１７年7～９月／第２期：２０２２年7～９月（第２期の正式タイトルは『メ

イドインアビス　烈日の黄金郷』）【話数】第1期：全13話／第2期：全12話

【作品タイトル】**もやしもん（第1期）／もやしもん リターンズ（第2期）**
【アニメ監督／制作会社】矢野雄一郎／白組
【おすすめポイント】フッウはおぞましい姿を想像しがちな細菌がどれも親しみやすいキャラクターにされている。悪玉菌でさえちょっと愛おしくなる。可愛らしく、そしてちょっとためになる、細菌ファンタジー。
【原作】石川雅之『イブニング』他」【放映年月】第1期：2007年10～12月／第2期：2012年7～9月【話数】第1期：全11話／第2期：全11話

附録2　2000年～偏向的おすすめ作品一覧（年代順）※太字は付録1でコメントした作品

『とっとこハム太郎』（2000年7月）
『アルジェントソーマ』（2000年10月）
『地球少女アルジュナ』、『地球防衛家族』（2001年1月）
『ノワール』、『ジャングルはいつもハレのちグゥ』（2001年4月）
『カスミン』、『しあわせソウのオコジョさん』（2001年10月）
『ラーゼフォン』（2002年1月）
『あずまんが大王 THE ANIMATION』、『.hack//SIGN（ドットハック・サイン）』（2002年4月）
『最終兵器彼女』、『陸上防衛隊まおちゃん』（2002年7月）
『魔法遣いに大切なこと』（2003年1月）
『LAST EXILE』、『キノの旅』、『宇宙のステルヴィア』（2003年4月）
『住めば都のコスモス荘 すっとこ大戦ドッコイダー』（2003年7月）
『R.O.D -THE TV-』（2003年9月）
『GUNSLINGER GIRL』、『プラネテス』（2003年10月）
『マリア様がみてる』（2004年1月）
『妄想代理人』（2004年2月）
『ケロロ軍曹』『MONSTER』（2004年4月）
『サムライチャンプルー』（2004年5月）
『蒼穹のファフナー』（2004年7月）
『ローゼンメイデン』、『灰羽連盟』2002年10月、『げんしけん』、『巌窟王』（2004年10月）
『交響詩篇エウレカセブン』、『英國戀物語エマ』**『ハチミツとクローバー』**（2005年4月）

『かみちゅ！』（２００５年６月）
『**ぱにぽにだっしゅ！**』（２００５年７月）
『地獄少女』、『蟲師』（２００５年10月）
『怪 ～ayakashi～』（２００６年１月）
『**涼宮ハルヒの憂鬱**』、『シムーン』（２００６年４月）
『コードギアス 反逆のルルーシュ』（２００６年10月）
『らき☆すた』、『おおきく振りかぶって』（２００７年４月）
『電脳コイル』（２００７年５月）
『モノノ怪』、『BACCANO! バッカーノ！』、『さよなら絶望先生』（２００７年７月）
『**もやしもん**』（２００７年10月）
『**狼と香辛料**』（２００８年１月）
『**図書館戦争**』（２００８年４月）
『**夏目友人帳**』（２００８年７月）
『とある魔術の禁書目録』（２００８年10月）
『**けいおん！**』（２００９年４月）
『化物語』（２００９年７月）
『四畳半神話大系』（２０１０年４月）
『それでも町は廻っている』（２０１０年10月）
『魔法少女まどか☆マギカ』（２０１１年１月）
『**あの日見た花の名前を僕達はまだ知らない。**』、『STEINS;GATE（シュタインズ・ゲート）』、『TIGER & BUNNY』、『電波女と青春男』、『**日常**』（２０１１年４月）
『ゆるゆり』（２０１１年７月）
『ちはやふる』、『未来日記』（２０１１年10月）

『**男子高校生の日常**』（２０１２年１月）
『黒子のバスケ』、『這いよれ！ニャル子さん』（２０１２年４月）
１月『たまこまーけっと』、『ヘタリア The Beautiful World』、『ラブライブ！』（２０１３年１月）
『進撃の巨人』（２０１３年４月）
『のんのんびより』、『弱虫ペダル』（２０１３年10月）
『東京喰種トーキョーグール』（２０１４年７月）
『響け！ユーフォニアム』（２０１５年４月）
『**おそ松さん**』『ワンパンマン』（２０１５年10月）
『この素晴らしい世界に祝福を！』、『昭和元禄落語心中』、『僕だけがいない街』（２０１６年１月）
『文豪ストレイドッグス』、『Re:ゼロから始める異世界生活』（２０１６年４月）
『幼女戦記』（２０１７年１月）
『正解するカド』（２０１７年４月）
『**メイドインアビス**』、『異世界食堂』（２０１７年７月）
『少女終末旅行』、『宝石の国』、『魔法使いの嫁』（２０１７年10月）
『宇宙よりも遠い場所』、『ゆるキャン△』、『ラーメン大好き小泉さん』、『**ヴァイオレット・エヴァーガーデン**』（２０１８年１月）
『ヲタクに恋は難しい』（２０１８年４月）
『邪神ちゃんドロップキック』、『ハイスコアガール』、『**はたらく細胞**』（２０１８年７月）
『転生したらスライムだった件』、『ゴブリンスレイヤー』（２０１８年10月）
『どろろ（第２作どろろ、２０１９年版とも）』、『臨死!!江古田ちゃん』、『約束のネバーランド』（２０１９年１月）
『鬼滅の刃』（２０１９年４月）
『ダンベル何キロ持てる？』、『女子高生の無駄づかい』、『Dr.STONE』、『**ヴィンランド・サガ**』（２０１９年

7月）
『本好きの下剋上 司書になるためには手段を選んでいられません』（2019年10月）
『映像研には手を出すな！』、『地縛少年花子くん』、『虚構推理』（2020年1月）
『ギャルと恐竜』（実写＋アニメ2020年4月）
『呪術廻戦』（2020年10月）
『蜘蛛ですが、なにか？』、『はたらく細胞!!』（2021年1月）
『ゴジラ S.P〈シンギュラポイント〉』、『ドラゴン、家を買う。』、『スーパーカブ』、『86‐エイティシックス』、
『乙女ゲームの破滅フラグしかない悪役令嬢に転生してしまった…』（2021年4月）2020年4月、
X は2021年7月
『古見さんは、コミュ症です。』（2021年10月）
『平家物語』（2022年1月）
『SPY × FAMILY』（2022年4月）
『リコリス・リコイル』、『ユーレイデコ』（2022年7月）
『後宮の烏』、『うる星やつら』（2022年版）（2022年10月）
『江戸前エルフ』（2023年4月）
『自動販売機に生まれ変わった俺は迷宮を彷徨う』（2023年7月）
『葬送のフリーレン』（2023年7月）2023年9月
『鴨乃橋ロンの禁断推理』、『薬屋のひとりごと』、『ミギとダリ』、『SHY』、『アンダーニンジャ』、『星屑テレパス』（2023年10月）
『異修羅』、『佐々木とピーちゃん』、『即死チートが最強すぎて、異世界のやつらがまるで相手にならないんですが。』、『姫様〝拷問〟の時間です』（2024年1月）
『終末トレインどこへいく？』、『転生貴族、鑑定スキルで成り上がる』、『怪獣8号』（2024年4月）
『新米オッサン冒険者、最強パーティに死ぬほど鍛えられて無敵になる。』、『僕の妻は感情がない』、『ラーメ

ン赤猫』、『俺は全てを【パリイ】する 〜逆勘違いの世界最強は冒険者になりたい〜』、『しかのこのこのここしたんたん』『小市民シリーズ』、『異世界失格』、『かつて魔法少女と悪は敵対していた。』、『負けヒロインが多すぎる！』、『この世界は不完全すぎる』、『ダンジョンの中のひと』、『天穂（テンスイ）のサクナヒメ』、『逃げ上手の若君』（２０２４年７月）

あとがき

言視舎の杉山尚次君は、高校1年生の時の同級生である。お互いに文章を書いたり何かを表現したりすることが好きなことを除けば、勉強家でスポーツ好きで活発な彼は、先行きもしっかり見据えているような、正しく生きている高校生だと思っていた。それだけのことであれば、学生生活の一時期に相まみえて、そのあとは互いに思い出すこともなくなるような多くの学友たちのひとりであったかもしれない。

ところが、縁のある人というのは不思議なもので、こちらのあるいはあちらの意図とはまったく関係ないところで、動線を交わらせてしまうのである。そして、その時に初めて、本当に見るべき相手の姿が遅まきながら見えてくる。杉山君はそういう友人のひとりである。

高校を卒業して2~3年たったころか、高校のことなど薄情なくらい記憶のかなたに葬っていた。大学の授業をサボって高田馬場の「ムトウ」というレコード店に向かっていた私は、高田馬場から早稲田方面に歩いてくる杉山君と出会った。東北地方の大学に進学したと聞いていたので、まさかここにいるはずのない人である。「おう、何でここに」と互いにのけぞって、喫茶店で他愛のないことを話した。今考えれば、相当な奇遇であるのだが、若いというのは先に延びている時間に過信があるものだ。また何かの折に会えるというぐらいの気持ちで軽々と「また会おうね」と別れた。

そして大学卒業後、私が就職に迷走して小出版社の営業マンとしてうろうろしている時期に、そこそこ有名な出版社で働く杉山君と再会することになる。

私が文章を書くことが好きだということを知っていた彼は、私の趣味であるクラシック音楽の知識を生かして、文章を書く機会を何度か紹介してくれた。それをきっかけにありがたいことに、大手のレコード配給会社からエッセイを依頼されたりもした。

しかし、私には文章を書いて糧を得るというイメージはなかったし、大学生活の教訓で、外側から規律正しく生活する習慣を強制しないと、生来の無精な性格から好き勝手に寝たり起きたりする生活に堕して、健康を損ない社会不適応者になる自信もあった。

それからも、杉山君からは折に触れて「何か書かないか」と誘われたが、引き受けて申し訳ない結果になるのを懼れてずっと断り続けてきた。それなのに、ここに来て執筆を引き受けてしまった理由は、じつは自分でもわからない。ふと気が付いたのは、「杉山君に借りを返したい」という思いがあるのだということだった。金銭、物品、その他の何かを貸し借りしたわけではない。ただ、私のような無精で人間関係が不得手な人間に、常に気をかけ声をかけてくれる律義さは、すでに「恩」と言ってもよいものだと感じたのである。

私がアニメ好きだと知っても、多くの人が陰に陽に投げかける「60も半ばになってまだアニメがどうとか言ってやがる」という視線ではなく、「等しく老いてきた我々の世代に、日々の楽しみのひとつの提案として、60歳から楽しめるようなアニメの魅力を伝えるおすすめ本みたいなものを書いてみては?」と、提案してくれる根っからの編集者魂に、応えざるを得ない迫力があったという面もある。

とはいえ、私も本当はアニメオタクというには味の薄い人間で、アニメに関して何かを究めるつもりで見ているわけでなく、BLとかスポーツものとか、ほとんど押さえていないジャンルも多い。そんなことで、人に何かをお勧めできるのか?と思い、いったんは断るつもりでいたが、「そういうところも含めて、特徴のあるピックアップになるのではないか」と諭されるに至って、私もひとつの考えが湧いた。

たしかに、私たち1958年生まれというのは、物心がついたころに『鉄腕アトム』のテレビ放送のスタートに立ち会い、テレビアニメの草創期を、まさにテレビアニメのターゲット層として成長してきた。それはテレビアニメの第一世代と名乗れるかもしれない。

また、さまざまな分野で「マニア」などと呼ばれてきた人たちが、「オタク」というひとつのカテゴリーに統合されていく過程をハイティーンから青年期の時代に経験し、オタクへの白眼視・偏見時代を耐え、さらに「オタク」が不健全な偏愛者のように語られる氷河期を生き抜き、気が付くと「オタク」が世間からひとつの文化的表象のように認知され、ついには世界的にもれっきとした文化的グループの一カテゴリーとして認められるようになった、「オタク」解禁の時代まで生きてきた。私は真正には程遠いライトオタクだが、それでもオタク地層のかなり古い層の時代から生き延びてきた「生きた化石」の仲間には入れてもらえるだろう。

記録にも記憶にも残らない人類の歴史の中で数限りなく存在し消えていった者たちと同じよう

に、私も化石にもならないまま一介の市井の「オタク」として、時の流れに押しやられていくだろう。

そういう人間のひとりであるからこそ、自分の生きてきた道のりと、なぜかずっと自分の嗜好品として随伴し続けてくれたアニメ作品たちとを絡めて回顧するならば、どこかで同じ時代に同じ作品を見ていた人が、まさにその同じ目線から「何言ってんだ」とか、「それは本当はこうだったんじゃないかい」とか、「ああそんなだったな」とか、いろいろな回想のパルスを放ってくれるのではないかという思いに至ったのである。


最近、昭和ものがリバイバルしていると言われる。いつの時代もレトロなものはブームになる。当時を知るものからすれば、今の目で見ると滑稽なまでにもっさりとしたものが、最近の人たちにとって「トレンド」と言ってもよいほど魅力的だったりするのは面映い。

それは、人は確実に老い古びてゆくが、文化や作品は常に「今」を生きているからだ。「あんな昔のものを」と笑うとき、「あんな」の指先は自分に向いているのだ。そんなことを考えて、私は自分が見てきたアニメ作品や、自分の生きてきた時代を筆記してみた。なにか、どこか、引っかかるものがあれば幸いである。

無精な私のやる気を削がないように、不断に励ましてくれた杉山君に感謝。また、20代前半で大人の道を踏み外して後、私が唯一自分らしくいられたオタク的な人生街道を、むしろ先に立って引っ張ってくれた私の相方にもお礼を言いたい。

また、自分の親ほどにも年が離れているのに、「ゴジラ」や「ガレキ」の趣味に付き合ってくれた私の同僚のご子息にしっかり届くように、大きな声で「いつもそばにいてくれてありがとう」を言いたい。

ダメおやじ 58
地球防衛企業ダイ・ガード 274
ちびまる子ちゃん 196
鉄腕アトム 26
デビルマン 47
天才バカボン 45
ドカベン 75
ときめきトゥナイト 109
Dr. スランプ アラレちゃん 99
ど根性ガエル 54
とっとこハム太郎 67
ドラえもん 54
ドラゴンクエスト 184
ドラゴンクエストIII そして伝説へ… 184
ドラゴンボール 147
ドラゴンボールＧＴ 148
ドラゴンボールＺ 148
どろろ 30
ななこＳＯＳ 116
忍たま乱太郎 217
忍風カムイ外伝 31
のらくろ 40

は・ま行

ハーメルンのバイオリン弾き 248
ハイスクール！奇面組 144
ハクション大魔王 37
パタリロ！ 108
バビル２世 53
はれときどきぶた 258
バンパイヤ 28
美少女戦士セーラームーン 205
ひみつのアッコちゃん 36
ひみつのアッコちゃん（リメイク） 182
ベルサイユのばら 91
ポケットモンスター 256
What's Michael? 171
まいっちんぐマチコ先生 103
まじかる☆タルるートくん 197
魔法騎士（マジックナイト）レイアース 224
マジンガーＺ 50
魔法陣グルグル 223
魔法使いサリー 17
魔法使いサリー（リメイク） 182
魔法の天使クリィミーマミ 122
魔法のプリンセス ミンキーモモ 108
マンガ日本経済入門 165
マンガ日本昔ばなし 65
マンガはじめて物語 84
みつばちマーヤの冒険 66
みゆき 113
ムーミン 36
無限のリヴァイアス 277
六三四の剣 140
六三四の剣 青春編 140
名探偵コナン 242
めぞん一刻 148
もーれつア太郎 35
桃太郎伝説 184

や・ら行

ヤッターマン 68
ＹＡＴ安心！宇宙旅行 250
YAWARA! a fashionable judo girl! 191
勇者王ガオガイガー 254
遊星仮面 21
幽☆遊☆白書 213
夢のクレヨン王国 263
らんま１／２ 177
リボンの騎士 17
Serial experiments lain（レイン） 270
レインボー戦隊ロビン 15

本書に登場する主な20世紀テレビアニメ（主題的に取り上げた箇所のみ）

あ行

愛天使伝説ウェディングピーチ　229
愛と勇気のピッグガール とんでぶーりん　222
赤き血のイレブン　39
あさりちゃん　108
あしたのジョー　38
あしたのジョー２　92
アタック No. 1　36
アニメンタリー 決断　44
あらいぐまラスカル　77
アルプスの少女ハイジ　57
いなかっぺ大将　40
宇宙海賊 キャプテンハーロック　82
宇宙戦艦ヤマト　60,62
宇宙戦艦ヤマトⅡ　84
海のトリトン　46
うる星やつら　100
エスパー魔美　164
美味しんぼ　173
おジャ魔女どれみ　273
おじゃまんが山田くん　93
おじゃる丸　272

か行

怪物くん　28
カウボーイビバップ　267
科学忍者隊ガッチャマン　50
風の谷のナウシカ　133
ガラスの仮面　127
ガンバの冒険　66
キテレツ大百科　170
機動警察パトレイバー　191
機動新世紀ガンダムＸ　244
機動戦士ガンダム　86
機動戦士Ｚ（ゼータ）ガンダム　137
機動戦士Ｖガンダム　217
機動戦艦ナデシコ　247
機動武闘伝Ｇガンダム　220
きまぐれオレンジ☆ロード　163
キャンディ♡キャンディ　77
キューティーハニー　55
巨人の星　25
銀河鉄道９９９（スリーナイン）　84
キングコング　23
キン肉マン　114
ＧＵ－ＧＵガンモ　127
グレートマジンガー　59
クレヨンしんちゃん　209
ゲゲゲの鬼太郎　24
ゲッターロボ　59
ケロケロちゃいむ　255
コメットさん　29
昆虫物語 みなしごハッチ　182

さ行

サイボーグ００９　25,26
サイレントメビウス　267
サザエさん　34
さすがの猿飛　127
サスケ　29
佐武と市捕物控　29
シティハンター　161
じゃりン子チエ　102
少年アシベ　200
少女革命ウテナ　257
新機動戦記ガンダムW　230
新世紀エヴァンゲリオン　233
スーパージェッター　21
SLAM DUNK　219
世紀末救世主伝説 北斗の拳　130
００１／７ おや指トム　23
聖闘士星矢　155
装甲騎兵ボトムズ　115
それいけ！アンパンマン　173

た・な行

ダーティペア　138
∀ガンダム　268
タイガーマスク　35
逮捕しちゃうぞ　249
タイムボカン　67
タッチ　113,137

松岡秀幸（まつおか・ひでゆき）
1958年生まれ。元書店員、出版社社員。音楽ライターも経験している。

装丁……足立友幸
DTP制作……REN
編集協力……田中はるか

60歳からはアニメ三昧　20世紀アニメ年代記《クロニクル》1963～

発行日❖2025年1月31日　初版第1刷

著者
松岡秀幸

発行者
杉山尚次

発行所
株式会社**言視舎**
東京都千代田区富士見2-2-2 〒102-0071
電話03-3234-5997　FAX 03-3234-5957
https://www.s-pn.jp/

印刷・製本
中央精版印刷㈱

ISBN 978-4-86565-287-1　C0095